Ursachen des Geburtenrückgangs –
Aussagen, Theorien und
Forschungsansätze zum
generativen Verhalten

Ursachen des Geburtenrückgangs – Aussagen, Theorien und Forschungsansätze zum generativen Verhalten

Dokumentation von der Jahrestagung 1978 der Deutschen Gesellschaft für Bevölkerungswissenschaft e.V.

eingeleitet von:
Max Wingen

Beiträge von:

Karl Schwarz
Hans Linde
Peter Marschalck
Hilde Wander
Josef Schmid
Charlotte Höhn
Wolfgang Lengsfeld / Katharina Pohl
H. G. Moors
Gerd-Rüdiger Rückert
D. J. van de Kaa
Detlev B. Rein

Band 63
Schriftenreihe des Bundesministers für Jugend, Familie und Gesundheit

Verlag W. Kohlhammer
Stuttgart Berlin Köln Mainz

In der Schriftenreihe des Bundesministers für Jugend, Familie und Gesundheit werden Forschungsergebnisse, Untersuchungen, Umfragen usw. als Diskussionsbeiträge veröffentlicht. Die Verantwortung für den Inhalt obliegt dem jeweiligen Autor.

Herausgeber: Der Bundesminister für Jugend, Familie und Gesundheit
Postfach, 5300 Bonn 2
Gesamtherstellung: Palatia-Druck Heitzer GmbH, 6744 Kandel, 1979
Verlag: W. Kohlhammer GmbH Stuttgart Berlin Köln Mainz
Verlagsort: Stuttgart
Printed in Germany
ISBN 3-17-005270-5

Inhaltsverzeichnis

I. Einführung: 7
Zur Bedeutung der Erforschung der Ursachen des Geburtenrückgangs (Max Wingen)

II. Zur demographischen Lage und Zusammenfassung der Tagungsergebnisse (Karl Schwarz) 19

III. Einzelbeiträge
— Theorien zu den Bestimmungsgründen des generativen Verhaltens — 29

Mackenroths Theorie der Generativen Strukturen aus heutiger Sicht — Möglichkeiten ihrer Weiterentwicklung (Hans Linde) 31

Zur Theorie des demographischen Übergangs
(Peter Marschalk) 43

Ökonomische Theorien des generativen Verhaltens
(Hilde Wander) 61

Zur soziologischen Konzeption menschlicher Fruchtbarkeit
(Josef Schmid) 77

— Neuere Untersuchungen und Analysen zum Geburtenrückgang und zur Bevölkerungsfrage — 93

Bedeutung und Ergebnisse von Modellrechnungen zur Bevölkerungsentwicklung (Charlotte Höhn) 95

Theoretischer Ansatz und Ergebnisse einer Längsschnitt-Untersuchung des Bundesinstituts für Bevölkerungsforschung über das generative Verhalten in den Familien
(Wolfgang Lengsfeld/Katharina Pohl) 113

Theoretischer Ansatz und Ergebnisse der niederländischen
Untersuchung zum generativen Verhalten 1975 (H. G. Moors) 123

Schicht-Indikatoren des generativen Verhaltens
(Gerd-Rüdiger Rückert) 137

Regionale Unterschiede der Geburtenhäufigkeit
(Karl Schwarz) 155

Zum Bericht der Niederländischen Kommission für Bevölkerungsfragen (D. J. van de Kaa) 169

Aussagen der Bundesregierung und der Parteien zur demographischen Lage. Eine Dokumentation (Detlev B. Rein) 189

I. Einführung

Zur Bedeutung der Erforschung der Ursachen des Geburtenrückgangs

I

Die Frage nach den Ursachen des Geburtenrückgangs der letzten Jahre wird in mancher Hinsicht kontrovers diskutiert. Nach wie vor wird ein Mangel an umfassenden, empirisch abgesicherten Untersuchungen beklagt, die geeignet wären, vielfältigen Spekulationen vorzubeugen. Bei einer Erörterung der Ursachen des Geburtenrückgangs ist zunächst an die *grundlegende Unterscheidung* zu erinnern zwischen zwei verschiedenen Faktorengruppen, nämlich zwischen

1) Veränderungen im Altersaufbau der Bevölkerung und damit in der zahlenmäßigen Besetzung der Heiratsjahrgänge, ferner Veränderungen in den Geschlechterproportionen, im Familienstand (Heiratshäufigkeit) und in der Ehedauer (sog. demographische Faktoren), und demgegenüber

2) Veränderungen des generativen Verhaltens in der Ehe und damit vor allem der ehelichen Fruchtbarkeit, d. h. der Zahl der in der einzelnen Ehe geborenen Kinder (sog. nicht-demographische Faktoren).

Bleibt diese Unterscheidung, wie in der öffentlichen Diskussion nicht selten zu beobachten, unberücksichtigt, so ergeben sich Mißverständnisse und geradezu Fehlbeurteilungen der tatsächlichen Situation. Es werden beispielsweise Geburtenrückgänge, die tatsächlich durch veränderte generative Verhaltensweisen bedingt sind, unter Verweis auf Verschiebungen in der Altersstruktur der Bevölkerung zu erklären versucht und damit letztlich eben nicht wirklich erfaßt; oder es werden umgekehrt Erhöhungen der Geburtenzahlen, die allein aus der unterschiedlichen Besetzung von Heiratsjahrgängen resultieren, vorschnell als Ausdruck eines wieder ansteigenden Niveaus der Geburtenhäufigkeit in den Ehen, also als Ausdruck neuer Wandlungen im generativen Verhalten gedeutet. Selbstverständlich können auch beide Faktoren *gleichzeitig* wirksam sein; so dürfte der in den allerletzten Jahren in der DDR zu beobachtende Anstieg der Geburtenzahlen (1976: + 7,5 %; 1977: + 14,2 %) zum kleineren Teil auf stärker besetzte Altersjahrgänge im Heiratsalter und weit überwiegend auf eine Erhöhung der ehelichen Geburtenhäufigkeit zurückzuführen sein.

Was heute in erster Linie interessiert, sind die Ursachen für das *veränderte generative Verhalten,* also für den deutlich zurückgegangenen Kinderwunsch in den Ehen und den daraus resultierenden Rückgang der Geburtenzahl. Vergleicht man die Zahl der ehelich Lebendgeborenen des Jahres 1977 mit derjenigen der Mitte der 60er Jahre (1966), so stellt sich die annähernde Halbierung (- 46 %) zu rd. drei Fünftel als durch Veränderungen des generativen Verhaltens bedingt dar, während sie sich immerhin zu etwa zwei Fünftel demographischen Faktoren zuschreiben läßt, allerdings nicht einem Altersstruktureffekt.

Eine wachsende Bedeutung gewinnt nämlich in jüngster Zeit offensichtlich der Rückgang der *Heiratshäufigkeit:* Aus dem Vergleich der Bevölkerungsweisen des vorindustriellen Europa und der heutigen europäischen Industriegesellschaften, wie sie etwa in Mackenroth's Theorie der generativen Struktur zu erklären versucht wurden, ist uns die Vorstellung geläufig, daß die Heiratshäufigkeit heute nicht mehr eine jener *instrumentellen* Variablen zur Regulierung der Bevölkerungsentwicklung in Abstimmung mit gesellschaftlichen Ressourcen darstellt, wie in der vorindustriellen Gesellschaft. Hinzu kommt die Erfahrungstatsache, daß die Heiratshäufigkeit bisher über viele Jahrzehnte praktisch nahe an ihrer oberen Grenze lag und insofern fast eine „Quasi-Konstante" war. In jüngster Zeit beobachten wir hier jedoch eine signifikante Änderung, die beinahe einen Umbruch signalisieren könnte: In den letzten 10 Jahren ist die Heiratshäufigkeit in der Bundesrepublik Deutschland um reichlich ein Viertel zurückgegangen. Dieser Vorgang erscheint insofern recht bemerkenswert, als nunmehr neben den — unmittelbaren Einwirkungen entzogenen — individuellen Entscheidungen der einzelnen Ehepaare über ihre Kinderzahl *zusätzlich* die Heiratshäufigkeit offenbar zu einer weiteren im individuellen Entscheidungsbereich angesiedelten variablen Grösse wird, ohne daß sie von außen politisch regulierbar wäre. Das Problem der Bevölkerungsentwicklung wird damit offensichtlich nicht leichter, sondern eher noch schwieriger.

II

Mehrere „klassische" Ansätze in der Bevölkerungswissenschaft erweisen sich als unzureichend, wenn es darum geht, die jüngste Geburtenentwicklung auf Grund veränderten generativen Verhaltens zu erklären oder auch nur in eine größere Perspektive einzuordnen. So gibt das bekannte Schema des „demographischen Übergangs" zwar retrospektiv eine Beschreibung von Bevölkerungsvorgängen, ohne diese aber letztlich erklären zu können.

Gerh. Mackenroth (1953), der in seiner Theorie der generativen Strukturen der Bevölkerungslehre bedeutsame Anstöße (und für eine — seiner Meinung nach mit der Bevölkerungslehre untrennbar verbundene — Bevölkerungspolitik richtungsweisende, leider schon wieder weithin in Vergessenheit geratene prinzipielle Hinweise) gegeben hat, läßt im Blick auf die demographische Entwicklung in Westeuropa eine nicht ganz konsistente Position erkennen: Im Grunde geht er für die modernen Industrienationen Europas davon aus, daß nach Abschluß des demographischen Übergangs (von der Agrar- zur Industriegesellschaft) sich über die einzelehelige Geburtenbegrenzung eine neue stabile Bevölkerungsweise im Sinne einer quasi-stationären Bevölkerung, gekennzeichnet durch eine um den Wert von 1,0 oszillierende Netto-Reproduktionsrate, ausbilden werde. Insoweit darf man fragen, was sein Konzept der generativen Struktur zur Erklärung des *gegenwärtigen* Geburtenrückgangs wirklich beitragen kann — am ehesten vielleicht noch mittelbar die Einsicht, daß es am Ende des demographischen Übergangs gerade *nicht* zu einer (neuen) Gleichgewichtssituation kommen muß, zumindest ein sich vorübergehend ausbildendes angenähertes Gleichgewicht von Geburten- und Sterberate als ausgesprochen *labil* zu gelten hat. Andererseits spricht G. Mackenroth davon, daß im ,,voll durchstilisierten Industrialismus'' nicht mehr ausgefüllte ,,demographische Hohlräume'' entstünden, und gibt Anlaß für Spekulationen darüber, daß in den speziellen historischen Ordnungsformen des Industriekapitalismus eine Fortpflanzungsnorm *unter* dem Reproduktionsniveau angelegt sei. Damit werden zwar höchst bemerkenswerte Hinweise auch im Hinblick auf die gegenwärtige demographische Situation gegeben, die auch zu weiterführenden Untersuchungen anregen können; zugleich muß jedoch daran erinnert werden, daß schon Mackenroth das westliche Sozialsystem bereits stark mit sozialen Elementen durchsetzt sah. Die längerfristige Entwicklung der Fruchtbarkeit sah er auf ein ,,Richtmaß'' hin ausgerichtet, das sich trotz vorübergehender Tiefpunkte erstaunlich stabil eingespielt habe und mit tiefer liegenden Strukturveränderungen innerhalb der westlichen Sozialsysteme korreliere, die mehr und mehr durchsetzt seien mit *Sozialpolitik und Politik der sozialen Sicherheit im weiteren Sinne.* Gerade diese Maßnahmen und institutionellen Sicherungen erscheinen ihm *besonders wichtig für die Gewißheit der Einzelnen,* ,,*mit Vernunft und Anstand Kinder haben zu können*'', und damit *für die Entscheidungen für Kinder im Rahmen der individuellen Lebenspläne.* ,,Wenn die Aussterbepessimisten noch nicht Recht behalten haben, so ist es um der sozialen Sicherungspolitik willen, und wenn sie nicht doch noch Recht behalten sollen, so gilt es, mit einer planmäßig auf — natürlich vernünftig begrenzte — bevölkerungspolitische Ziele ausgerichteten Wirtschafts- und Sozialpolitik fortzufahren'' (Bevölkerungslehre, 1953, S. 130).

Mit dem in diesem Zusammenhang anklingenden Gesichtspunkt der Lebens- und Zukunftssicherheit und seiner Bedeutung für die Entscheidung *für* Kinder im Rahmen des individuellen Lebensplans wird im übrigen sicherlich ein wichtiger Teilaspekt des im vorliegenden Band interessierenden Problems bezeichnet, wie nicht zuletzt jüngste empirische Befragungen für die Bundesrepublik zu bestätigen scheinen.

III

Für eine Ursachenerklärung des Geburtenrückgangs (und des gegenwärtig und auf absehbare Zeit daraus folgenden Bevölkerungsrückgangs) muß entscheidend auf die Bestimmungsfaktoren des veränderten generativen Verhaltens abgestellt werden. Das bedeutet, es geht gerade auch um das nur schwer über- und durchschaubare Feld der *Motivationen,* die den einzelehelichen Entscheidungen gegen oder für Kinder, für eine geringe oder größere Kinderzahl zugrunde liegen. Verläßliche Antworten können hier nicht ohne (zeitaufwendige) zeitliche Längsschnittuntersuchungen gewonnen werden. Die Motivationsforschung steht auf diesem Gebiet in der Bundesrepublik wie auch in den vor ähnlichen Umbrüchen stehenden anderen europäischen Industriestaaten noch sehr am Anfang. Internationaler Erfahrungsaustausch ist daher besonders naheliegend.

Hier rückt in jüngerer Zeit verstärkt die Frage in den Vordergrund, welche Faktoren bei jungen Ehepaaren den Kinderwunsch und dessen Realisierung positiv beeinflussen. Eine herkömmliche Betrachtungsweise stellt in der Regel darauf ab, warum Ehepaare ein Kind bzw. ein weiteres Kind *nicht* haben. Mindestens ebenso ergiebig im Sinne einer Ursachenforschung zum Geburtenrückgang könnte heute die Fragestellung sein, was Ehepaare veranlassen kann, sich *für* Kinder zu entscheiden. Eine solche Sichtweise dürfte auch im besonderen Maße einer inzwischen deutlich veränderten Problemlage bzw. genauer: Entscheidungslage im Bereich der Familienplanung Rechnung tragen; das Neuartige dieser Situation ließe sich auf die etwas überspitzte Formel bringen: Während es in der Vergangenheit einer bewußten Entscheidung bedurfte, wenn ein (weiteres) Kind nicht geboren werden sollte, ist heute die bewußte Entscheidung für ein Kind eine Voraussetzung seiner Geburt.

Mit der Motivationsforschung wird betont auf *individual- und sozialpsychologische* Fragestellungen verwiesen. Hierzu sind in jüngerer Zeit verstärkte Forschungsbemühungen — u. a. mit Unterstützung der VW-Stiftung — in Gang gekommen. Es ist zu hoffen, daß damit weiterführende Einsichten auf diesem recht schwierigen Terrain gewonnen werden können. Sehr hilfreich könnte dabei der Rückgriff auf einen allgemeineren psychologischen Ansatz zur Erklärung menschlichen Verhaltens sein, der von dem *Verhältnis von Motivierung zu „Barrieren"* (oder „Hemmnissen") ausgeht. Zu einem bestimmten menschlichen Verhalten kommt es danach — vereinfacht gesprochen — immer dann, wenn die Motivierungen höher sind als die ihr entgegenstehenden Barrieren.

Demgemäß käme es im Blick auf das generative Verhalten (als eine Form menschlichen Verhaltens) darauf an zu fragen, inwieweit etwa davon ausgegangen werden kann, daß die Motivierung speziell für Kinderhaben in verschiedener Hinsicht eine eher abnehmende Tendenz hat, während die Barrieren eine eher ansteigende Tendenz zeigen. Schon hier wird dann auch eine Tragweite für praktisch-politische Maßnahmen sichtbar: In einem solchen Falle hätten sich Überlegungen, die auf ein „Gegensteuern" hinauslaufen, darauf zu konzentrieren, wie gegebenenfalls die Motivierung erhöht und zugleich die Hemmnisse abgebaut werden können. Dabei gilt es zu sehen, daß auch das generative Verhalten gesellschaftlich überformtes Verhalten ist; als solches wird es dann auch sozialwissenschaftlich erklärbar, und zwar unter Berücksichtigung der dieses Verhalten steuernden wertbesetzten Lebensorientierungen. In diesem Zusammenhang sind freilich, wie in jüngster Zeit deutlich herausgestellt worden ist (H. W. Jürgens), auch unbewußte oder doch nur zum Teil bewußtseinsfähige Faktoren zu berücksichtigen.

Mit diesem gedanklichen Ansatz des Verhältnisses von Motivation und Barrieren kann in zwei Richtungen gefragt werden: Einmal geht es um die Möglichkeit, daß ein bestimmter Wunsch nach Kindern durchaus vorhanden ist, aber die Realisierung dieses Wunsches unter den gegebenen sozialen Bedingungen und unter dem Eindruck der Erfahrungen nach der Geburt eines Kindes zumindest teilweise zurückgestellt wird; hier geht es mit anderen Worten um das Zurückbleiben der tatsächlichen Kinderzahl hinter den ursprünglichen Wunschvorstellungen. Zum anderen ist aber auch mit der Möglichkeit zu rechnen (und dann nach den Gründen dafür zu fragen), daß der Wunsch nach Kindern selbst zurückgeht, sich also die Vorstellungen über die jeweils gewünschte Kinderzahl in den aufeinander folgenden Heiratsjahrgängen verändern. So läßt sich z. B. aus der vom BMJFG geförderten Longitudinaluntersuchung des Bundesinstituts für Bevölkerungsforschung entnehmen, daß der (inzwischen auch aus anderen Untersuchungen bestätigte) sog. „Ein-Kind-Schock" sich in den vergangenen Jahren deutlich auf ein *niedrigeres Niveau* von vor und nach der Geburt des ersten Kindes gewünschter Kinderzahl *verlagert* hat: Während in den 1969/70 untersuchten jungen Ehen vor der Geburt des ersten Kindes die durchschnittlich gewünschte

Kinderzahl bei 2,5 lag und dann nach der Geburt dieses Kindes auf 1,8 (einschl. des 1. Kindes) zurückfiel, lautet der entsprechende Wert für 1975 1,9—2 Kinder (vor der Geburt des ersten Kindes), und es ist mit einem Absinken des Wunsches auf 1,4—1,5 Kinder nach der Geburt des ersten Kindes zu rechnen.

Die damit sichtbar werdenden Aufgaben beziehen sich einmal auf den gezielten Abbau vielfältiger gesellschaftlicher und wirtschaftlicher Barrieren. Zum anderen wird mit der Frage nach den Motivationen für bzw. den Entscheidungen gegen Kinder der zentrale Bereich der *Wertorientierungen* berührt. Die hier zutage tretenden, offensichtlich tief reichenden Wandlungen gilt es zu sehen und ebenfalls zum Gegenstand des Nachdenkens zu machen. Alsdann mag man sich angesichts möglicher unbefriedigender Entwicklungen in den Wertorientierungen fragen, inwieweit hier nicht auch eine Aufgabe berufener gesellschaftlicher Kräfte darin gesehen werden kann, diesen Wandel in den Wertauffassungen nicht einfach sich selbst zu überlassen, sondern im Kontext einer grundwerteorientierten Politik behutsam und in voller Transparenz zu beeinflussen.

IV

Die inzwischen auch in der Bundesrepublik Deutschland intensivierten sozialwissenschaftlichen Untersuchungen zur Erklärung des veränderten generativen Verhaltens (bes. durch das Bundesinstitut für Bevölkerungsforschung) zeigen aber auch, daß nicht wenige unserer herkömmlichen Vorstellungen über die Faktoren, die die Kinderzahl in den Familien beeinflussen, in mancher Hinsicht korrigiert werden müssen. Die Ursachenforschung hat auf dem hier interessierenden Feld zwar nicht eben erst begonnen, aber es gibt gleichwohl immer noch einen erheblichen Forschungsbedarf. Daher kommt gerade auch der Arbeitstagung 1978 der *Deutschen Gesellschaft für Bevölkerungswissenschaft* besondere Bedeutung zu, die diesem Thema gewidmet war. Der Bundesminister für Jugend, Familie und Gesundheit, A. Huber, würdigte die Befassung mit diesem gesellschaftspolitisch immer dringlicher gewordenen Problem der Ursachen des Geburtenrückgangs in einer besonderen Grußadresse wie folgt:

> „Ich begrüße es sehr, daß diese aktuelle Thematik von sachkundiger Seite so umfassend, auch im Hinblick auf neuere Theorien und Forschungsansätze zum veränderten generativen Verhalten, behandelt werden soll. Die Klärung der tieferliegenden Ursachen des Geburten-

rückgangs im eigenen Land wie auch in unseren europäischen Nachbarländern bildet sicherlich eine unentbehrliche Voraussetzung für die Entwicklung von Leitvorstellungen für verantwortbare Formen einer Rahmensteuerung des Bevölkerungsprozesses, wie sie die Bundesregierung schon anläßlich ihrer Stellungnahme zum Bericht der Sachverständigenkommission für den 2. Familienbericht angesprochen hat.

Das auf Ihrer Tagung angesprochene vielschichtige Problem wird sich nicht ohne verstärkte Anstrengungen der bevölkerungswissenschaftlichen Forschung befriedigend lösen lassen. Um so mehr Bedeutung kommt den über den Tag hinausreichenden Beiträgen gerade auch der Deutschen Gesellschaft für Bevölkerungswissenschaft zu. Ich wünsche der Arbeitstagung, die ich auch in diesem Jahr gerne finanziell unterstütze, einen guten und ergebnisreichen Verlauf."

Die auf dieser Arbeitstagung vorgelegten Beiträge, die — in der alleinigen Verantwortung der jeweiligen Bearbeiter stehend — in diesem Band *dokumentiert* werden und (ebenso wie diese Einführung) nicht die Auffassung des Herausgebers wiedergeben müssen, zeigen durchweg sehr wichtige Zusammenhänge auf, die für die Klärung der anstehenden Fragen bedeutsam erscheinen. Über Aussagen zur demographischen Lage und ihre Beurteilung hinaus standen Theorien und Forschungsansätze zum generativen Verhalten besonders im Mittelpunkt der Erörterungen. Sehr zu begrüßen war, daß dabei auch Erfahrungen insbesondere aus den benachbarten Niederlanden (die schon i. J. 1972 die Klärung zentraler Bevölkerungsprobleme einer ,,Königlichen Kommission" übertragen haben) mit eingebracht werden konnten, die hiermit auch dem deutschen Leser sehr viel besser zugänglich sind (zumal auch der von der niederländischen Bevölkerungskommission inzwischen vorgelegte umfangreiche Bericht leider noch nicht in einer angekündigten englischen Zusammenfassung vorliegt). Insgesamt gilt es zu sehen, daß die anstehenden bevölkerungswissenschaftlichen und damit verbundenen bevölkerungspolitischen Probleme sich sehr deutlich über die Grenzen des eigenen Landes hinaus stellen.

V

Eine genauere Kenntnis der Ursachen des veränderten generativen Verhaltens bildet eine notwendige Voraussetzung für weiterführende Überlegungen zum praktisch-politischen Handeln, wo immer die tatsächliche Situation — insbesondere auch aufgrund sorgfältiger Analysen der *Auswirkungen* in den verschiedenen Politikbereichen — nicht befriedigt und

Möglichkeiten einer Korrektur sich abzeichnender Entwicklungen erwogen werden. Wirklichkeit läßt sich nur dann wirksam gestalten, wenn sie ausreichend erklärt werden kann. Nur allzu leicht gerät man sonst in die Gefahr, mit der „allgemeinen Stange mit allgemeinen Nebel" herumzufahren.

Ein besonders naheliegendes und in der politischen Diskussion sehr im Vordergrund stehendes Beispiel für die Tragweite dieses Aspekts ist die Frage nach dem tatsächlichen wirksamen Einfluß der *wirtschaftlichen Lage* von jungen Ehen auf deren Kinderwünsche. Kann ein politisches Konzept, das auf die Verbesserung der finanziellen Situation von Familien mit heranwachsenden Kindern abstellt, auch in demographischer Hinsicht Aussicht auf nachhaltigen Erfolg haben oder sind ganz andere Motivationen für eine Reduzierung der Kinderwünsche wirksam? Kann bei näherem Zusehen überhaupt eine solche Gegenüberstellung von wirtschaftlichen versus nichtwirtschaftlichen Faktoren letztlich befriedigen oder handelt es sich hier nicht um eine „Alternativ-Attrappe", die von der Wirklichkeit der in unterschiedlichen sozialen Schichten in verschiedenen Regionen vorfindbaren konkreten Familiensituationen, die sich überdies im Zeitablauf noch ändern mögen, deutlich abweicht? Wo immer die finanzielle Belastung durch Kinder einen Faktor neben mehreren gleichfalls gewichtigen Bedingungsfaktoren für den veränderten Kinderwunsch darstellt, wäre folglich auch eine gezielte Verbesserung der ökonomischen Situation zwar eine *notwendige,* aber noch keine *hinreichende* Bedingung für den Erfolg einer Politik, die bestehende Barrieren gegenüber der Realisierung von Kinderwünschen abbauen möchte.

Ein anderes Beispiel: Es gibt eine Reihe von eindrucksvollen Zusammenhängen zwischen sozioökonomischen und soziokulturellen Merkmalen von Ehen einerseits und ihrer Kinderzahl andererseits. Dies gilt z. B. besonders ausgeprägt im Blick auf die Erwerbstätigkeit der Frau, aber auch hinsichtlich der Wohnsituation. So ergeben Analysen der letzten Volkszählungsergebnissen sehr eindrucksvolle (formale) Korrelationen zwischen Erwerbstätigkeit bzw. Nichterwerbstätigkeit der Ehefrau und niedrigerer bzw. höherer durchschnittlicher Kinderzahl. Auch zwischen der Wohnsituation und der Kinderzahl ist eine deutliche Korrelation in dem Sinne nachgewiesen worden, daß bei sonst gleichen Bedingungen in Ein- und Zweifamilienhäusern sich größere Familien finden als in Mehrfamilienhäusern. Was aber ist hier Ursache, was Wirkung? Die festgestellten Zusammenhänge lassen die Frage der Kausalität letztlich unbeantwortet. So muß zu den bisher entwickelten Analysemethoden festgehalten werden, daß sie das Geflecht von Ursache-Wirkungs-Beziehungen aus soziokulturellen Faktoren und psycho-sozialen Verhaltensweisen noch nicht befriedigend zu entwirren vermögen.

In der Disskussion um die Ursachen des Geburtenrückgangs wird zu Recht vor der Versuchung gewarnt, noch so eindrucksvolle, auch statistisch nachweisbare Korrelationen voreilig in Kausalbeziehungen umzudeuten. Diese Versuchung mag um so näherliegen, je mehr solche Korrelationen sich auf Sachverhalte beziehen, die je nach der Einstellung des Einzelnen zu den Problemen der Gesellschaft und ihrer Entwicklung sehr viel eher zu dem gehören, was mißfällt, als zu dem, was positiv eingeschätzt und begrüßt wird.

Immer stärker setzt sich die Einsicht durch, daß das veränderte generative Verhalten maßgeblich aus den Strukturen unserer hochindustrialisierten — im gewissen Grade möglicherweise schon im Übergang zu „nachindustriellen" Verhältnissen befindlichen — Gesellschaft insgesamt und den damit einhergehenden geistigen Wandlungen heraus zu verstehen ist. Der Geburtenrückgang erscheint damit als ein Ausdruck grundlegend veränderter Lebensstile, wie sie mit einem Wertewandel in hochindustrialisierten Gesellschaften offensichtlich verbunden sind. Wenn dies so ist, dann hat das von vornherein Konsequenzen für praktisch-politische Überlegungen: Hier geht es dann nämlich um Probleme, die mit finanziellen Aufwendungen *allein* offensichtlich nicht zu lösen sind. *Ebensowenig wie der Geburtenrückgang monokausal erklärt werden kann, erscheint eine monoinstrumentelle politische Reaktion problemangemessen.*

VI

Ursachenforschung auf dem Gebiete des Geburtenrückgangs verweist nicht zuletzt auf die *Langzeitwirkung* demographischer Prozesse — ein Gesichtspunkt, der auch auf der Seite der verursachenden Faktoren zu beachten ist. Gerade Veränderungen im Bereich der Werthaltungen sind ausgesprochen langfristiger Natur. Unter ihrem Einfluß sich vollziehende demographische Veränderungen bahnen sich langsam an und treten erst allmählich hervor; dann aber sind Korrekturen in aller Regel aus denselben Gründen nicht mehr kurzfristig zu erreichen, aus denen die Entwicklung sich auch erst langsam herausgebildet hat.

In diesem Zusammenhang ist auf eine wichtige, oft zuwenig beachtete Konsequenz hinzuweisen, die es dort zu berücksichtigen gilt, wo der Bevölkerungsprozeß mit seinen wohl nie ganz vermeidbaren längerphasigen Schwankungen und seine Auswirkungen in das Fadenkreuz der Politik geraten und zum Gegenstand politischen Nachdenkens werden sollen. Hier sind nämlich *besonders hohe Anforderungen an die politischen und sozialen Institutionen hinsichtlich ihrer langfristigen Orientierung gestellt.* Dies gilt, wie in der einschlägigen Diskussion festgehalten worden ist (G. Kirsch), bereits dort, wo es um reaktive Anpassung an politisch nicht ausdrücklich gestaltete Bevölkerungsbewegungen geht: Ohne langfristige Prognosen und frühzeitige Dispositionen dürfte es danach in den seltensten Fällen möglich sein, die in der Zukunft anfallenden positiven Auswirkungen eines demographischen Prozesses optimal zu nutzen bzw. dessen negative Folgen kostengünstig, wenn überhaupt, aufzufangen.

Den politischen und sozialen Institutionen kommt gerade angesichts der Tragweite der individuellen Entscheidungen im generativen Bereich besondere Bedeutung zu, zumal weil vieles dafür spricht, daß bei diesen individuellen Entscheidungen in der Vielzahl der einzelnen Ehen gesamtgesellschaftliche und in diesem Sinne öffentliche Konsequenzen keineswegs auch nur annähernd gleich großes Gewicht besitzen wie persönliche, unmittelbar auf die private Interessenlage bezogene Folgewirkungen. Um so wichtiger erscheint es, den Entscheidungsprozeß im Bereich des individuellen generativen Verhaltens in seiner Einbettung in übergreifende gesellschaftliche Bezüge möglichst aufzuhellen und sich abzeichnende längerfristige Veränderungen rechtzeitig und aufmerksam zu beobachten sowie im Entwurf gesellschafts- und familienpolitischer Perspektiven zu berücksichtigen. Dazu soll der vorliegende Band einen Beitrag leisten.

Max Wingen

II. Zur demographischen Lage und Zusammenfassung der Tagungsergebnisse

Die Jahrestagung 1978 der Deutschen Gesellschaft für Bevölkerungswissenschaft stand unter dem Generalthema ,,Ursachen des Geburtenrückgangs — Aussagen, Theorien und Forschungsansätze zum generativen Verhalten". Es ist in unmittelbarer Verbindung zur Thematik der vorangegangenen Jahrestagung 1977 ,,Konsequenzen des Geburtenrückgangs für ausgewählte Politikbereiche" zu sehen. In der Jahrestagung 1979 soll der Fragenbereich ,,Geburtenrückgang" mit dem Generalthema ,,Abbau von Barrieren des Kinderwunsches als gesellschaftspolitische Aufgabe" vorläufig abgeschlossen werden.

Eine solche ,,Trilogie" provoziert zwangsläufig die Rechtfertigungsfrage. Sie wäre zu verneinen, wenn sich inzwischen eine Tendenzwende der Geburtenentwicklung abzeichnen würde. Das ist jedoch keineswegs der Fall. Zwar hat sich der Geburtenrückgang nach einer Abnahme der Zahl der Neugeborenen in den vergangenen 10 Jahren um rund 50 % stark verlangsamt, doch fehlen; bezogen auf die deutsche Bevölkerung im Bundesgebiet, über 35 % der Kinder, die — ohne Einwanderung — auf lange Sicht erforderlich wären, damit der gegenwärtige Bevölkerungsstand erhalten bleibt. Gewiß haben zum Geburtenrückgang und der daraus zu erwartenden weiteren Bevölkerungsabnahme, die schon bis zum Jahr 2000 6 Millionen betragen kann, auch demographische Ursachen beigetragen, so z. B. das Faktum, daß heute erheblich weniger junge Leute als früher heiraten und diese auch kaum willens sind, als unverheiratet Zusammenlebende Kinder zu haben. Der Geburtenrückgang kann also nicht nur auf Veränderungen des generativen Verhaltens zurückgeführt werden. Entscheidend bleibt jedoch, daß sich die Deutschen einem Lebensstil angepaßt haben, der mehr als ein Kind oder zwei Kinder aus den verschiedensten Gründen nicht zuläßt. Das steht in unleugbarem krassen Gegensatz dazu, daß etwa 40 % der Bevölkerung bereit sein müßten, drei und mehr Kinder großzuziehen, wenn wachsende Bevölkerungsabnahmen vermieden werden sollen.

Dazu einige neuere statistische Ergebnisse (vom Mai 1977), die gut geeignet erscheinen, die Situation zu illustrieren. Aus 100 in den Jahren 1962 bis 1966 geschlossenen Ehen deutscher Frauen im Bundesgebiet, d. h. aus Ehen, aus denen so gut wie keine weiteren Kinder mehr hervorgehen werden, sind im Bundesdurchschnitt 175 Kinder hervorgegangen. Von diesen Ehen blieben 14 % kinderlos und nur 21 % haben drei und mehr Kinder. Dabei handelt es sich um Ehen, die in einer Zeit geschlossen wurden, in der der Geburtenrückgang kaum begonnen hatte. Daß aus den jüngeren Ehen, je 100, im Durchschnitt nur noch etwa 150 Kinder zu erwarten sind, erscheint daher plausibel. Als besonders krasse Beispiele seien Berlin (West) und Hamburg genannt. Die 1962/66 geschlossenen Ehen in Berlin (West) haben, wieder je 100, 123 Kinder, bei 26 % kinderlosen Ehepaaren, die entsprechenden Ehen in Hamburg 138 Kinder, bei 21 % kinderlosen Ehepaaren. In keinem Bundesland liegen die Zahlen beim oder gar über dem „Bestandserhaltungsminimum", das mit etwa 220 Kindern je 100 Ehen anzusetzen ist. Wenn man schließlich noch bedenkt, daß der Geburtenrückgang alle Teile des Bundesgebietes, die ländlichen wie die städtischen Räume betrifft, so ist die Frage nach den Ursachen des Geburtenrückgangs nicht mehr eine nur theoretisch-wissenschaftliche, sondern auch eine eminent gesellschaftspolitische. Es wurde versucht, darauf mit folgenden Referaten wenigstens eine Teilantwort zu geben:

Mackenroths Theorie der Generativen Strukturen aus heutiger Sicht — Möglichkeiten ihrer Weiterentwicklung (Linde, Karlsruhe)

Zur Theorie des demographischen Übergangs (Marschalck, Bochum)

Ökonomische Theorien des generativen Verhaltens (Wander, Kiel)

Zur soziologischen Konzeption menschlicher Fruchtbarkeit (Schmid, München)

Bedeutung und Ergebnisse von Modellrechnungen zur Bevölkerungsentwicklung (Höhn, Wiesbaden)

Theoretischer Ansatz und Ergebnisse einer Längsschnittuntersuchung des Bundesinstituts für Bevölkerungsforschung (Lengsfeld/Pohl, Wiesbaden)

Theoretischer Ansatz und Ergebnisse der niederländischen Untersuchung zum generativen Verhalten 1975 (Moors, Voorburg)

Schicht-Indikatoren des generativen Verhaltens (Rückert, Wiesbaden)

Regionale Unterschiede der Geburtenhäufigkeit (Schwarz, Wiesbaden)

Zum Bericht der niederländischen Kommission für Bevölkerungsfragen (van de Kaa, Den Haag)

Aussagen der Bundesregierung und der Parteien zur demographischen Lage (Rein, Wiesbaden)

Im Mittelpunkt der Tagung standen die *Theorien zum generativen Verhalten.*

Linde konzentrierte sich auf die Frage, welchen Erklärungswert Mackenroths Konzept der generativen Strukturen oder eine denkbare Fortbildung zur Erklärung des Geburtenrückgangs und des derzeit sehr niedrigen Niveaus der Geburtenhäufigkeit noch haben. Er kam zu dem Ergebnis, daß wegen des Wegfalls der Faktoren „Heiratshäufigkeit" und „Sterblichkeit" das Mackenroth'sche Konzept zur Erklärung der gegenwärtigen Situation nichts mehr beitragen kann. In einem sozial-ökonomischen Anhang der Mackenroth'schen Bevölkerungslehre fänden sich jedoch Bemerkungen, die für das Verständnis der derzeitigen niedrigen Geburtenhäufigkeit in einigen Industrienationen durchaus Erklärungswert besitzen dürften. Linde schlug vor, diese Brücke Mackenroths auf ihre Tragfähigkeit hin zu überprüfen.

Marschalck führte zur „Theorie des demographischen Übergangs" aus, sie sei lediglich eine erklärende, historische Theorie, die keine Prognosen erlaube. Das weitgehend auf empirisches Material zurückgreifende Modell enthalte verschiedene Schwächen, die bei der Interpretation und Theoriebildung bedeutsam seien. Fehlinterpretationen hätten sich insbesondere durch die ausschließliche Verwendung der allgemeinen Geburten- und Sterbeziffern eingeschlichen. Eine allgemeine Theorie des demographischen Übergangs müsse empirisch prüfbar sein und langfristige Prognosen erlauben. Eine solche Theorie erfordere einen strukturtheoretischen Ansatz, bei dem Analogieschlüsse zu vermeiden seien.

Frau *Wander* machte klar, daß die „Ökonomischen Theorien des generativen Verhaltens" vielfach mißverstanden würden. Sie besagten nicht, daß das generative Verhalten ausschließlich ökonomisch determeniert sei; vielmehr würden lediglich wirtschaftstheoretische Begriffe gebraucht werden. Im Kern sei den drei bekanntesten ökonomischen Theorien des generativen Verhaltens die These gemeinsam, daß private Haushalte über Ressourcen verfügen, mit denen sie einen möglichst hohen Nutzen erzielen wollen. Danach ergebe sich die Frage nach der Zahl der Kinder aus einer Kosten-Nutzen-Analyse, bei der materielle oder ideelle Nutzen von Kindern mit anderen nutzenstiftenden Gütern und Diensten konkurrierten. Die Modelle hätten wesentlich zur Klärung konzeptioneller Fragen beigetragen, so beispielsweise zur Unterscheidung zwischen „echten" Aufzugskosten und tatsächlichen Ausgaben für Kinder sowie zur Formulierung des für die generativen Entscheidungen wichtigen Begriffs des erwarteten Lebenseinkommens.

Die Mikro-Soziologie des generativen Verhaltens geht nach *Schmid* von der Vorstellung einer sozialen Rationalität im menschlichen Verhalten aus. Die Präferenzen der Ehepaare für eine bestimmte Familiengröße würden von Entscheidungen beeinflußt, in die die Normen der sozialen Gruppe der untersuchten Paare, Kosten-Nutzen-Erwägungen und das Ausmaß eingehen, in welchem ein Paar aufgrund seiner sozialen Lage im Stande ist, rationale Entscheidungen zu treffen. Das Abwägen der Vor- und Nachteile von Kindern vollziehe sich im Eigentlichen im Bereich der Familie, dazu komme die soziale Umwelt als weitergehender Entscheidungsraum. Die Makrosoziologie des generativen Verhaltens setze sich die Aufdeckung der Ursachenfaktoren eines bestimmten Niveaus der Geburtenhäufigkeit aus Sozial- oder Herrschaftsstrukturen einer Gesellschaft zum Ziel. Der makrosoziologische Ansatz sei jedoch mehr als die bloße Korrelation von Sozialstrukturkategorien mit ermittelter Geburtenhäufigkeit, weil die Makroanalyse aus dem allgemeinen Gesellschaftszustand heraus argumentiere und daher Aussagen von politischer Relevanz hervorbringe. An den Schluß stellte Schmid die These, die postindustrielle Kultur garantiere nicht die sozio-biologische Reproduktion der Bevölkerung. Diese finde nur soweit statt, als sie in die hedonistischen Handlungsmuster die Individuen passe. Der Bruch zwischen den objektiven Interessen der Gesellschaft und den subjektiven Interessen der Individuen liege im Typus der postindustriellen Gesellschaft begründet. Diese habe keine Instanz, die eine Änderung gängiger Praktiken des generatien Verhaltens für richtig befinden oder durchsetzen könnte. Generatives Verhalten entziehe sich somit der sozialtechnischen Manipulation. Staatlich gestützte Eingriffe könnten nur erfolgreich sein, wenn sie mit anderen gesellschaftspolitischen Trends parallel liefen.

Zu den neueren Untersuchungen zum Geburtenrückgang und zur Bevölkerungsfrage stellte Frau *Höhn* heraus, daß Modellrechnungen zur Bevölkerungsentwicklung, vor allem dann, wenn sie über große Zeiträume durchgeführt werden, keine Bevölkerungsprognosen sind. Sie seien vielmehr als Denkmodelle für alternative Zielsetzungen anzusehen. Überspitzt könnte man sogar sagen, daß sie ihrem Zweck für die bevölkerungspolitische Diskussion dann am besten gedient haben, wenn ihre Ergebnisse durch politische oder gesellschaftliche Entscheidungen nicht eintreten. Bevölkerungsentwicklungsmodelle sind insofern Warnsignale und gerade als solche wichtig. Am Beispiel mehrerer vom Statistischen Bundesamt durchgeführten Modellrechnungen wurde das im einzelnen gezeigt. Dabei ergab sich, daß sie auf zu erwartende, schon vorprogrammierte Problembilder (Studentenberg, Ausweitung und Verminderung des Arbeitskräftepotentials, Abnahme und Zunahme der älteren Mitbürger) hinweisen, die Langzeitwirkung eines konkreten Niveaus der Geburtenhäufigkeit aufzeigen und die Möglichkeiten und Grenzen der Beeinflussung der Bevölkerungsentwicklung durch Wanderungen demonstrieren.

Zur Einordnung der Längsschnitt-Untersuchung des Bundesinstituts für Bevölkerungsforschung in die Theorien des generativen Verhaltens führte *Lengsfeld* aus, daß zu Beginn dieser Untersuchung explizit formulierte Theorien auf Familienebene nicht existierten. Deshalb habe sich diese Studie stark an frühere amerikanische Untersuchungen und Ergebnisse der amtlichen Bevölkerungsstatistik angelehnt. Zur Auswertung berichtete der Referent, daß der mit Zusammenhangsmaßen arbeitende Ansatz sich auf der Analyseebene nicht bewährt habe. Deshalb seien typenbildende Verfahren eingesetzt worden, die in erster Annäherung zur Differenzierung von vier verschiedenen Arten des Familienbildungsprozesses geführt hätten.

Wie in deutschen Analysen bewirkte auch in den Niederlanden das Aufschieben der Geburt des ersten Kindes eine Reduzierung der Gesamtkinderzahl einer Familie. Auch der Kinderwunsch war bei der Heiratskohorte 1973 gegenüber den ein Jahrzehnt früher geschlossenen Ehen deutlich gesunken, während Empfängnisverhütung in allen Phasen der Ehe an Bedeutung gewonnen hat. Nach *Moors* benutzte nach einer Untersuchung von 1969 jede vierte Frau die Pille, nach der Untersuchung von 1975 jedoch jede zweite. Die charakteristischen Modelle der Familienbildung in der niederländischen Untersuchung werden zur Schätzung der endgültigen Familiengröße benutzt und dienen somit auch prognostischen Zwecken.

Rückert arbeitete die schichtenspezifischen Unterschiede der Geburtenhäufigkeit heraus, die sich aus sozio-kulturellen und sozio-ökonomischen Merkmalen (Einkommen, Konfessionszugehörigkeit, Ausbildung, berufliche Stellung, Wohnsituation, Erwerbstätigkeit der Frau) ergeben. Die sicher dauerhafteste und theoretisch plausibelste Beziehung besteht nach Auffassung von Rückert zwischen dem Ausmaß der Erwerbstätigkeit der Frau und ihrem generativen Verhalten. Eine Analyse der letzten Volkszählungsergebnisse zeige, daß die durchschnittliche Kinderzahl nie erwerbstätig gewesener Frauen höher ist als die der erwerbstätigen Frauen. Der Wunsch der Frau nach Erwerbstätigkeit ist derzeit überwiegend ökonomisch motiviert. Von daher ist es verständlich, daß verheiratete Frauen trotz Geburt von Kindern versuchen, weiter erwerbstätig zu bleiben oder bald wieder eine Erwerbstätigkeit aufzunehmen. Als Einwand gegen die ökonomisch motivierte Frauenerwerbstätigkeit in den unteren und mittleren Sozialschichten wurde vorgebracht, daß andere Motive, wie das Streben nach sozialer Anerkennung und Selbstbestätigung, in allen Bevölkerungsschichten ebenfalls eine große Rolle spielen.

Aus den Ausführungen von *Schwarz* zu den regionalen Unterschieden der Geburtenhäufigkeit wurde deutlich, daß der Geburtenrückgang nicht darauf zurückzuführen ist, daß sich die Geburtenhäufigkeit in den Gebieten mit früher vielen Kindern dem Niveau in den Gebieten mit schon früher relativ wenigen Kindern angepaßt hat; sie hat vielmehr überall, in den Städten sogar noch etwas stärker als in den ländlichen Gebieten, um fast 50 % abgenommen. Diese aus der Berechnung von Nettoreproduktionsraten abgeleiteten Ergebnisse wurden ergänzt durch Ergebnisse über die durchschnittlichen Kinderzahlen der 1961/65 geschlossenen Ehen in den Gebietseinheiten des Bundesraumordnungsprogramms. 1976 wurden beispielsweise in den Gebietseinheiten Osnabrück und Ems für diese Ehen noch durchschnittlich 2,5 Kinder gezählt, in den Gebietseinheiten Düsseldorf, Frankfurt—Darmstadt und München—Rosenheim aber nur 1,6. Die immer noch sehr großen regionalen Unterschiede der Geburtenhäufigkeit ändern sich auch dann nicht, wenn man den Einfluß der regional unterschiedlichen sozio-ökonomischen Strukturen ausschaltet. In der Diskussion wurde davor gewarnt, Stadt und Land als soziologische Handlungsfelder zu charakterisieren, da das generative Verhalten auch innerhalb dieser Räume starke Unterschiede aufweise.

Im Jahre 1972 wurde die Niederländische Königliche Bevölkerungskommission ins Leben gerufen, um demographische Entwicklungen und deren Auswirkungen auf die niederländische Gesellschaft zu untersuchen. *Van de Kaa* berichtete über die Überlegungen, die zur Gründung dieser Kommission führten, ihre personelle Zusammensetzung und die wichtigsten Ergebnisse. Als bevölkerungspolitisches Ziel wird eine annähernd stationäre Bevölkerungsentwicklung angestrebt. Kurzfristig erscheinen zur Erreichung dieses Zieles jährliche Nettoreproduktionsraten, die 15 bis 30 % unter dem Bestandserhaltungsniveau liegen, angemessen. Erst mittelfristig soll die Geburtenhäufigkeit zur Erreichung einer stationären Bevölkerungsentwicklung wieder steigen. Dazu wurden in der Diskussion eine Reihe von Bedenken geäußert, weil eine Gegensteuerung wohl um so schwieriger wäre, je länger ein stark unter dem Bestandserhaltungsniveau liegendes generatives Verhalten von der Bevölkerung praktiziert wurde.

„Aussagen der Bundesregierung und der Parteien zur demographischen Lage" sind nach *Rein* nur dann möglich, wenn den Regierungen und den Parteien Erkenntnisse über die bisherige Bevölkerungsentwicklung vorliegen, und wenn sie sich für den möglichen künftigen Verlauf auf Bevölkerungsvorausschätzungen und Modellrechnungen beziehen können. Beurteilungen solcher Entwicklungen erfolgen auf dem Hintergrund einer Wertordnung und der daraus abgeleiteten Idealvorstellungen und politischen Ziele. Den Äußerungen der Regierung und aller Parteien ist gemeinsam, daß Bevölkerungswachstum nicht angestrebt werden soll. Während aber die Oppositionsparteien eine Bevölkerungsentwicklung auf dem gegenwärtigen Stand anstreben, steht für die Bundesregierung und die sie tragenden Parteien die Verstetigung der demographischen Entwicklung und die Bewältigung der sich aus dem ungleichmäßigen Altersaufbau der Bevölkerung ergebenden Probleme in zahlreichen Politikbereichen im Vordergrund. Im ganzen stellen die Oppositionsparteien die Probleme aus dem Geburten- und Bevölkerungsrückgang schwerwiegender und dringlicher dar als die Bundesregierung und die sie tragenden Parteien.

Als Fazit, insbesondere der Theoriediskussion, ergab sich folgendes:

1. Zweifellos sind nach dem Zweiten Weltkrieg in der Theoriebildung erhebliche Fortschritte erzielt worden. Zur Verifizierung der älteren und neueren Theorien haben die empirische Sozialforschung und der Ausbau der amtlichen Statistik wesentlich beigetragen. Dadurch ist unser Wissen von den Ursachen des generativen Verhaltens bedeutend erweitert worden. Doch drängen sich auch kritische Fragen auf. In älteren, schon vor 50 und mehr Jahren geschriebenen Texten, wurden die Ursachen des Geburtrückgangs ähnlich erklärt wie heute. Damals ging es aber nicht um die Interpretation der Ursachen für eine Reduzierung der Kinderzahlen auf eins oder zwei, sondern um die Interpretation der Ursachen für den Übergang von der 4- bis 6-Kinderfamilie auf die 2- bis 3-Kinderfamilie.

2. Die Möglichkeit der Operationalisierung bevölkerungspolitischer Ziele hängt entscheidend davon ab, ob wir je in der Lage sein werden, die Bedeutung bestimmter Rahmenbedingungen für das generative Verhalten zu quantifizieren. Davon sind wir wegen der Komplexität der Wirkungszusammenhänge jedoch noch weit entfernt. Insbesondere gelingt es noch nicht befriedigend, die Gewichte der verschiedenen Einflüsse zu bestimmen.

3. Von Theorien wird verlangt, daß sie Gesetzmäßigkeiten beschreiben und damit auch Prognosegehalt besitzen. Gilt das auch für die Theorien des generativen Verhaltens oder können wir wenigstens erwarten, daß sie eines Tages solchen Ansprüchen genügen werden? Da es um die Erklärung von Verhaltensweisen geht, besteht wohl immer noch eine erhebliche Kluft zu den Ansprüchen, die wir an naturwissenschaftliche Theorien zu stellen gewohnt sind. Es wird befürchtet, daß diese Kluft sobald nicht überbrückt werden kann.

4. In einer Gesellschaft, in der die Menschen über die Mittel, über das Wissen und über die rechtlichen Möglichkeiten verfügen, die Zahl ihrer Kinder frei zu bestimmen und davon auch Gebrauch machen, ist die Zahl der Kinder das Ergebnis individueller Entscheidungen. Ent-

scheiden bedeutet wählen zwischen einem Leben ohne Kinder, mit einem Kind oder mehreren Kindern. Damit erhebt sich zwangsläufig die Frage nach den Wertmaßstäben und den Leitbildern, oder, noch konkreter, die Frage nach dem Inhalt eines sinnvollen Lebens. Noch vor der Bildung von Theorien zum generativen Verhalten ist daher danach zu fragen, wie sich unsere Präferenzen bilden und von wem der Prozeß der Leitbildveränderung in Gang gesetzt wird.

Diese und andere Fragen haben gerade auf der Jahrestagung 1978 deutlich gemacht, wie sehr die Bevölkerungswissenschaft auf die Mitwirkung anderer Disziplinen angewiesen ist. In vielen Fällen kann die Bevölkerungswissenschaft nur noch Anstöße geben und versuchen, die überall in Gang gekommene Diskussion über Bevölkerungsfragen zu koordinieren.

Die Jahrestagung machte aber auch deutlich, daß die Bevölkerungswissenschaft und alle anderen Disziplinen, die sich mit Bevölkerungsfragen beschäftigen, zur Politikberatung aufgefordert sind. Der Politiker ist nämlich mit Recht nicht nur daran interessiert zu erfahren, warum diese oder jene Entwicklung eingetreten oder zu erwarten ist. Er möchte auch wissen, was getan werden kann, um diese oder jene von ihm für gesellschaftspolitisch wichtig gehaltene Entwicklung zu steuern. Hierauf einige Antworten zu finden, wird der Inhalt der Jahrestagung 1979 sein.

Karl Schwarz

III. Einzelbeiträge

**Theorien zu den Bestimmungsgründen
des generativen Verhaltens**

1

Hans Linde

Mackenroths Theorie der Generativen Strukturen aus heutiger Sicht — Möglichkeiten ihrer Weiterentwicklung

Im Sinne des Generalthemas dieser Jahrestagung schränke ich das mir gestellte Thema auf die Frage ein, welchen Erklärungswert Mackenroths Konzept der generativen Strukturen oder eine denkare Fortbildung zur Erklärung des gegenwärtigen Geburtenrückgangs und des derzeitigen Reproduktionsniveaus in der Bundesrepublik Deutschland besitzt oder erwarten läßt. Ihre Beantwortung kann der gebotenen Kürze wegen philologisch nur sehr grob und nur sehr ungeschützt (das heißt: keineswegs zur Rundumverteidigung eingerichtet) geschehen. Eher wird die Durchführung überspitzt, das heißt herausfordernd, geraten. Ich kann mich übrigens nicht erinnern, daß es Mackenroth je anders gehalten hätte.

I

Die Konzeption generativer Strukturen ist etabliert als ein idealtypisches Modell zur Vergegenwärtigung und Erklärung des demographischen Übergangs Europas von einer quasi-stationären Agrargesellschaft mit hohem Bevölkerungsumsatz in eine wiederum stabile Industriegesellschaft mit vervielfachter Population und niedrigem Bevölkerungsumsatz, d. h. also mit geringer Gebürtigkeit bei geringerer Sterblichkeit, sprich: mit hoher Lebenserwartung der Neugeborenen.

Diese Konzeption „Generative Struktur" geht zunächst in der Vorstellung von der wechselseitigen Abgestimmtheit einer Vielzahl (im Prinzip aller) demostatistischer Variablen (Eheschließungsdaten, Daten der Gebürtigkeit und der Absterbeordnung) untereinander auf.

Die These der interdependenten Abgestimmtheit des demostatistischen Datenzusammenhanges, die Mackenroth (1953) breit entfaltet vorträgt, ist im Kern bereits in der Bevölkerungslehre G. Ipsens (1933) klar umrissen, und zwar zu allererst als methodischer Einwand gegen die Geburtenrückgangsanalytiker des Jahrzehnts um die Jahrhundertwende und gegen die Gesinnungstheoretiker der beiden folgenden Jahrzehnte, die in ihren Bemühungen, eine Erklärung für den Geburtenrückgang zu finden, es versäumten, das demostatistische Umfeld des sie beunruhigenden Phänomens ebenfalls aufzuhellen. So erhielt in ihren Verhängniskalkülen der Zusammenhang mit der veränderten Absterbeordnung nicht den Stellenwert, der es Ipsen ermöglichte zu erkennen, daß sich hier seit Ende des 18. Jahrhunderts ein Wandel im Reproduktionsprozeß, der Bevölkerungsweise oder generativen Orientierung vollzog, mit dem das Maß des Mengenwachstums, die Frage zunehmender, stehender oder abnehmender Bevölkerung nur mittelbar zu tun hat: „Der Sinn der neuen Weise des Gattungsvorganges ist eine Wendung vom Nachwuchs zur Aufzucht" (Ipsen 1933). Das ist die mir bekannte früheste Formel für die Kennzeichnung und Qualifikation unseres demographischen Übergangs.

Ipsens Formel besagt, daß für den Bestand einer Bevölkerung nicht Geburt gleich Geburt ist, „nur eine gedankenlose Abstraktion (kann) Geburt gleich Geburt setzen" (Ipsen 1933). Die in dieser Hinsicht relevanten Größen sind für Ipsen vielmehr die Aufwuchsziffern (Einjährigen-, Erwachsenen- und Leistungsaufwuchs) der betrachteten Population und die aus dem Verhältnis der vorhandenen Jahrgangsstärken zur sogenannten stationären Bevölkerung abzuleitende Größe des Bevölkerungsdruckes. Diese Kritik Ipsens gegen die Kategorien der Geburtenrückgangsdiskussion ist in Mackenroths eigener Konzeption der generativen Struktur voll aufgehoben, und zwar ist sie bei ihm in größerer methodischer Nähe zur klassischen Demographie (Reproduktionsziffern) vorgetragen.

Darüber hinaus hat sich Mackenroth auch Ipsens Vorbehalt gegen den (notwendig) ahistorischen Bevölkerungsbegriff der Statistik (den von nach Ort und Zeit fixierten, zählbaren, individualisierten Bestandsmengen und Ereignismassen) zu eigen gemacht und für eine Bevölkerungslehre die je besondere Geschichtlichkeit des Verhältnisses von Bevölkerungsstand, -gliederung und -bewegung zu deren „gegenständlichen Bedingungen" (Ipsen 1933) oder auch „Lebensraum" (d. h. schlicht, aber genau: Ressourcen, Arbeitsordnung, Konsumnorm, Familienverfassung) als Haupterkenntnisziel bekräftigt.

Die Meinung dabei ist, daß ohne den konkret-materialen Bezug eine beliebige Zahl von Individium eben nicht „Bevölkerung" ist. Haarspalterei? Nein! Das Wanderungsbeispiel, das während dieser Tagung hypothetisch in die Diskussion eingeführt wurde („wenn plötzlich 100 000 jährlich in die Bundesrepublik einwandern"), wird durch die skizierte Fassung des Begriffes zur illusionären Abstraktion gestempelt. Die (räumliche) Verteilung unserer Bevölkerung, ihre regionale Dichte, wird nicht durch Geburt, Tod und Wanderung entschieden (obwohl man ihre Komponenten so messen kann) sondern durch die Modifikation der gegenständlichen Bedingungen der Daseinssicherung, also durch (vorgängige)

Investitionen von Arbeitsplätzen und (nachfolgenden) Wohnräumen. Wanderungsmotiv-Forschungen können nur darüber belehren, warum Meyer wandert und Schulze nicht, oder auch darüber, von wo der ,,Besatz", die ,,Belegschaft" der neuen Gelegenheiten sich eher und / oder stärker rekrutieren wird als von woanders.

Schließlich hat Mackenroth, über Ipsen hinausgehend, diese Konzeption an zwei idealtypisch angelegten, sozialökonomisch erläuterten Modellen der Bevölkerungsweise demonstriert. Das erste Modell umschreibt die Bevölkerungsweise der Population Agrareuropas, also die Ausgangslage des demographischen Übergangs, das zweite die generative Struktur des modernen Industrieeuropa, des Ziels des demographischen Übergangs im Kontext der ,,industriellen Weltdomestikation", nach Mackenroth: den klassischen Fall.

Die Ausgangslage, die Bevölkerungsweise oder generative Struktur des vorindustriellen Europa, kannte als instrumentelle Variable der generativen Orientierung, über die sich der Reproduktionsprozeß zum über lange Zeit stationären Nahrungsspielraum, zur traditionellen Arbeits- und Konsumnorm ins Verhältnis setzte, nur Heiratshäufigkeit und Heiratsalter (also ein Mehr oder Minder an stehenden Ehen oder auch an gelebten Ehestandsjahren je 1000 Glieder der Gesamtpopulation).

Die (hohe) Zahl der Geburten in der Ehe spielte für die Abstimmung des Reproduktionsprozesses auf die gesellschaftlichen Ressourcen kaum eine bis keine Rolle und wurde durch eine hohe Säuglings- und Kindersterblichkeit konterkariert (= hoher Bevölkerungsumsatz). In der idealtypisch reinen Formulierung spielte sie keine Rolle. Wir wissen allerdings durch die bei historischen Familienrekonstruktionen datierten Geburtenintervalle (nach dem Wrigleyschen Modell 1969), daß wir auch in vorindustrieller Zeit mit innerfamilialer Konzeptionskontrolle, mit einer Geburtenregelung von quantitativem Gewicht zu rechnen haben (Imhof 1976).

Das Zielbild des demographischen Übergangs bietet die neue, industrielle Bevölkerungsweise, in der bei prinzipiell unveränderter Familienverfassung (bei wie auch immer variierten Eheschließungsziffern) Heiratshäufigkeit und Heiratsalter aufhören, instrumentelle Variable der Abstimmung des Reproduktionsprozesses auf die Dynamik der industriell wachsenden Ressourcen zu sein. Die ganze instrumentelle Variabilität der Abstimmungsfunktion hat sich auf die Zahl der ehelichen Geburten, auf die Kinderzahl in der Ehe verlagert.

Ehe ich auf die weiteren von Mackenroth seinem Konzept der generativen Struktur eingeschriebenen Aspekte eingehe, ist bereits hier festzustellen und festzuhalten, daß das Konzept der generativen Struktur, soweit es sich auf die Abstimmung demostatistischer Werte untereinander bezieht — und in dieser Beschränkung hat das Konzept seine Beachtung gefunden — zur Erklärung des gegenwärtigen, also posttransformativen Geburtenrückganges nichts beitragen kann.

Diese Feststellung gilt allerdings für unser gesamtes demographisches Instrumentarium. Seitdem dank der Fortschritte der ärztlichen Kunst, der Verbesserung der hygienischen Verhältnisse und des Lebensstandards, kurz, der materiellen Daseinsvorsorge im Ganzen der Aufwuchswert der Geburt inzwischen nahe bei 1,0 liegt (d. h. daß Geburt nun doch = Geburt, Geburt = Kind und fortgeschrieben = Erwachsener ist, ist der Abstimmungsspielraum zwischen den demostatistischen Elementen der generativen Struktur auf nahe 0,0 geschrumpft und damit erschöpft, d. h.: für ein Mehr oder Weniger an ehelichen Geburten kommt keiner der übrigen demostatistischen Variablen noch ein Erklärungswert zu.

Bei den uns aufgegebenen Versuchen zur Erklärung des jetzigen Reproduktionsniveaus der deutschen Bevölkerung (nicht bei seiner Bestimmung und Fortschreibung) können wir mit ihrem demostatistischen Instrumentarium die gesamte Demographie vergessen.

Diese Feststellung macht rückblickend auch deutlich, daß die beiden instrumentellen Variablen selbst (Heiratshäufigkeit in der agrarischen Ausgangsstruktur, eheliche Gebürtigkeit im aktuellen Gegenbild) keineswegs die den demographischen Übergang regierenden Variablen gewesen sind, sondern daß dieser Rang allein der sich stetig verändernden Absterbeordnung zukam. Auch die den beiden Variablen von Mackenroth zugeschriebene Funktion der Abstimmung der unterschiedlich demostatistisch fixierten Strukturen auf den jeweiligen Nahrungsspielraum können wir nicht in Bausch und Bogen hinnehmen.

In seiner so allgemeinen Formulierung ist das Postulat übrigens schon selbst bei der folgend zitierten Einsicht Mackenroths eine zweifelhafte Zuschreibung. „Vollendete Abgestimmtheit (von Bevölkerungsweise und Wirtschaftsweise, H. L.) ohne erkennbare innere Spannungen haben wir immer nur in den großen sozialen Vollendungsstilen und kulturellen Hochzeiten, sie haben auch eine vollendet abgestimmte Bevölkerungsweise. Sonst ist die Bevölkerungsweise ein dauerndes Übergangsphänomen" (Mackenroth 1953, S. 328). In der Tat haben die genannten instrumentellen Variablen die postulierte Abstimmung zwischen Bevölkerungsweise und Wirtschaftsweise seit 1800 nicht erreicht, sondern diese ist über säkulare Auswanderungswellen, Verbote der gewerblichen Kinderarbeit, Verallgemeinerung der weiblichen Berufstätigkeit und schließlich Masseneinwanderung von Gastarbeitern gelaufen.

Was den beiden instrumentellen Variablen aber wirklich zugedacht war, ich darf sagen: bis zuletzt, war die Erwartung, daß nach Abschluß des demographischen Überganges die eheliche Geburtenkontrolle (wie vordem die Heiratsbeschränkung) eine dem neuen Sozialsystem angepaßte stabile Bevölkerungsweise mit einer um 1,0 oszillierenden Reproduktionsziffer etablieren würde. Davon kann heute eben keine Rede mehr sein.

Unser Thema ist vielmehr die aktuelle Verfehlung dieser Erwartung, die mutmaßliche Dauerunterschreitung dieser Modellannahme, die — noch einmal — mit demographischen Indikatoren nicht aufzuhellen ist.

II

Über die Fixierung der bisher angesprochenen Zusammenhänge demostatistischer Werte hinaus hat Mackenroth den größten Wert auf eine soziologische Vertiefung seines Konzeptes der generativen Struktur gelegt.

Diese Soziologisierung seines Strukturkonzeptes hat Mackenroth auf mehreren Wegen gesucht.

Der *erste* Weg erscheint verhältnismäßig plausibel. Er soziologisiert das Konzept durch Bindung eines generativen Datenkomplexes an das Subjekt ,,soziologisch homogene Gruppe", so am klarsten in seinem Istanbuler Vortrag ,,Die generative Struktur von Bevölkerungen und Sozialschichten (Mackenroth 1955).

Darüber werden die bisher betrachteten Komplexe demographischer Ereignismassen zu statistischen Indikatoren individuellen, aber sozial geprägten Verhaltens, insofern sie nämlich definierten Bestandsmassen zurechenbar werden, die Mackenroth als soziologisch homogen betrachtet. Dieses sozial geprägte, d. h. musterorientierte Verhalten ist übrigens auch der Ort der postulierten Abstimmungen der demostatistischen Merkmalskomplexe aufeinander. Nicht die Merkmalskomplexe sind aufeinander abgestimmt, sondern die unterscheidbaren Facetten sozialhistorisch etablierten Verhaltens, d. h. die Muster als erfolgreich bestätigter oder sozial anerkannter Handelns- oder Verhaltenssequenzen. Ich lege auf diese Vorstellung „sequenziell" strukturierter Muster großen Wert, weil ich auf jeden Fall Anklänge an den so beliebten Terminus „Familienplan" oder auch „Geburtenplanung" vermeiden möchte. Es gibt nämlich Hinweise dafür, daß die hier zu recht anvisierte Rationalität dem Verfahren „trial and error" viel näher steht als dem einer „Planverwirklichung."

Mackenroth denkt bei diesen soziologisch homogenen Gruppen in erster Linie, wenn nicht ausschließlich, an soziale Schichten. Das ist eine sicher unzulässig verengte Auffassung dessen, was wir als soziologisch qualifizieren können. Diese Enge zeigt sich etwa in Mackenroths Weigerung, Stadt und Land als soziologisch eigenartige Handlungsfelder anzuerkennen, und in seiner Entschiedenheit, die sich seinerzeit noch deutlich aufdrängenden Fruchtbarkeitsunterschiede ausschließlich den Differenzen der sozialen Schichtung hier und dort zuzurechnen: „Im Grunde ist der Gedanke eigentlich ganz unsinnig, die Siedlungsform könne Kinderzahl oder Fortpflanzungsweise eines Menschen bestimmen" (Mackenroth 1952, S. 275).

Eindeutig sind in dem angesprochenen „soziologischen" Kontext also weder die qualitativen Homogenitätskriterien spezifischer (Teil-) Bevölkerungen noch die großen quantitativen Unterschiede der jeweils als homogen betrachteten „Gruppen", wenn — wie das Mackenroth ja laufend tut — auch in sich äußerst heterogene Populationen als (historisch) homogene Bevölkerungsformationen (z. B. „Agrareuropa" versus „Industrieeuropa") als soziologisch eindeutige Subjekte ausgereifter generativer Strukturen angesprochen werden. Aber diese Schwierigkeiten könnten, unter Maßstabsgesichtspunkten betrachtet, ausräumbar sein.

Der *zweite* Weg Mackenroths zur Soziologisierung seines Entwurfes ist Versenkung in eine kulturphilosophische Meditation, die sich gegen alle Versuche einer Operationalisierung zum Zwecke empirischer Prüfung immun erweist. Ich will diesen Weg also nicht diskutieren. Mackenroth hat ihn in seiner Habilitationsschrift „Sinn und Ausdruck der sozialen Formenwelt" (1952) in der Tradition der deutschen verstehenden Soziologie zu begründen versucht, dabei aber diese Tradition (gestützt auf die irrationalistische Lebensphilosophie Ludwig Klages) mit der Annahme eines übersubjektiv Seelischen (!), dessen Ausdrucksfeld die sozialen Lebensformen seien, deutlich überschritten.

Ich begnüge mich mit einigen Zitaten aus der Bevölkerungslehre, welche diese zweite Linie der von Mackenroth beabsichtigten Soziologisierung illustrieren, jene Linie, die eine Ebene der Deutung, des Verstehens (die auch immer die des Mißverstehens sein kann und nicht selten gewesen ist) anvisiert, die überhaupt außerhalb unseres heutigen Wissenschaftsverständnisses ganz gleich welcher Provenienz, liegt.

Das was bisher als generative Struktur identifiziert war, aufeinander abgestimmte demografische Werte soziologisch homogener Gruppen, wird jetzt als Bevölkerungsgesetz der jeweiligen historisch-soziologischen Konstellation angesprochen. Gesetze auf dieser Ebene sind für Mackenroth Zusammenhänge weder kausaler noch logischer Art, sondern sind Zusammenhänge „physiognomischer Natur", sie sind die soziologische Entsprechung zu dem, was in dem Bereiche des Individuellen die Physiognomie eines Menschen, im Psychologischen sein Charakter ist (Makkenroth 1953, S. 111). Verständlich ist danach eine Struktur nur vom Ganzen des Sinnzusammenhanges her, von Sinnzusammenhängen, die als „größere" oder als „übergreifende" apostrophiert werden, oder gar als die „Sozialstile der Völker und Zeiten".

Auf Seite 126 seiner Bevölkerungslehre bringt Mackenroth eine Grafik der Reproduktionsziffern (1800—1950) von 5 europäischen Ländern. Die Gleichläufigkeit der Kurven findet er „erstaunlich", weil es sich dabei um Länder (Schweden, Deutschland, England, Frankreich, Italien) „mit ganz verschiedenem politischen und wirtschaftlichen Schicksal" handelt. Solche Befunde hätten eigentlich Anlaß genug sein sollen, die nicht kontrollierbaren Sinn- und Stilspielereien aufzugeben.

Im übrigen darf die hier bemühte Sinnkategorie nach Mackenroth „nicht in der Bewußtseinsebene angesetzt werden". Bevölkerungsweisen sind, wie alle Lebensvorgänge, in Mackenroths Verständnis, nicht bewußtseinsfähig: „Bevölkerungsweisen enthüllen sich in ihrer sinnhaften Gefügtheit nur dem kritisch geschulten und die Zusammenhänge knüpfenden Blick des Sozialwissenschaftlers und finden sich nicht im Bewußtsein ihrer Träger" (Mackenroth 1953, S. 327).

Ich fürchte, es findet sich 25 Jahre nach der unbekümmert selbstgewissen Publikation dieses, seinen Autor faszinierenden kognitiven Programmes kein Sozialwissenschaftler mehr, der blauäugig genug wäre, seinem Blick die ihm hier zugemutete Hellsichtigkeit zuzutrauen. Kurz: Auch dieser Höhenweg der Soziologisierung führt zu nichts und eröffnet, soweit ich sehe, keine Möglichkeiten zur methodischen Weiterbildung des Konzeptes.

III

Ich habe mich bei der Vorstellung des Modells der generativen Struktur an die zwei Abteilungen von Zusammenhängen gehalten, die Mackenroth selbst unterscheidet, dann aber unter den einen Begriff subsumiert hat, die Korrelation

(1) aller demostatistischen Elemente untereinander zu einer Bevökerungsweise, und die Zusammenschau

(2) dieser Bevölkerungsweise als Ganzes „mit der historisch-soziologischen Konstellation der Zeit in allen ihren Daten" zu einem verstehbaren abgestimmten Ausdrucks- oder Sinnzusammenhang.

Dem ersten Teil der bekannten demografischen Basis oder Hardware seines Konzeptes hat Mackenroth rund 300 Seiten mit 125 Tabellen und Grafiken gewidmet, während der zweite Teil, der „soziologische" Überbau oder die Software, bei 200 Seiten nur 5 Tabellen und Grafiken enthält, obwohl dieser Schluß noch einmal den historischen Zusammenhang „Bevölkerung und Wirtschaft" diskutiert. Es handelt sich um eine wirtschaftshistorisch aus der Gegenüberstellung der ökonomischen Implikationen der alten und neuen Bevölkerungsweise entwickelte verbale ökonomische Simulation.

Auch hier folgt Mackenroth einer vereinfachenden Sicht, der es nur auf die großen geschichtlichen Schritte ankommt. So erarbeitet die Simulation, ausgehend von den Bedingungen der reinen Agrarwirtschaft mitteleuropäischer Prägung, ein Stufenmodell der kapitalintensiven Industriewirtschaft, das er in 5 Ringe funktional unterschiedlicher Wirtschaftsbevölkerungen gliedert (1. Agrarbevölkerung. 2. Beschäftigte der Konsumgüterindustrie. 3. Beschäftigte der Produktionsmittelindustrie. 4. Organisatorisch-administrativ Tätige. 5. Beschäftigte der Exportindustrie).

Das Ziel dieser Simulation ist natürlich, die demografischen Implikationen der kapitalintensiven Wirtschaft abzuleiten. Die aufsehenerregenden Thesen, die bisher der bevölkerungswissenschaftlichen Diskussion entgangen zu sein scheinen, sollten einer ökonomischen Prüfung unterworfen werden. Sie besagen nämlich nicht mehr und nicht weniger als daß

(1) in der rein agrarischen Wirtschaft jede zusätzliche Arbeitsstelle auch tragfähig für ein Mehr an Konsumbevölkerung sei, denn sie erzeugt das, was Menschen konsumieren.

(2) Auch im zweiten Ring der Konsumgüterindustrie ist es noch möglich, daß Fortschritte der Arbeitsproduktivität entweder in Bevölkerungsvermehrung oder in zusätzlichen Konsum umzusetzen.

(3) Schon in der kapitalintensiven Wirtschaft, der Produktionsgüterindustrie, gibt es dagegen Produktivitätssteigerungen, die nur in Steigerung des gewerblichen Konsums und nicht in Bevölkerungsvermehrung umgesetzt werden können. Der zwar zurecht als generativ vollwertig gepriesene Arbeitsplatz der kapitalintensiven Wirtschaft hat also gleichwohl demographisch ein vermindertes Gewicht, er ist auf Familiengründung hin ausgestattet, aber nicht für Zusatzbevölkerung tragfähig.

(4) Das heißt gleichzeitg, daß Bevölkerung und Wirtschaft sich nicht mehr unmittelbar über die Zahl der Arbeitsstellen abstimmen können.

(5) Im voll „durchstilisierten Industrialismus" entstehen so „große demografische Hohlräume", die nicht mehr ausgefüllt werden. Die Alternative „Autos oder Babys" besteht sozial nicht: „Was dem einzelnen möglich wäre, ist auf das Ganze gesehen unmöglich." In den speziellen historischen Ordnungsformen des Industriekapitalismus ist eine Fortpflanzungsnorm unter Reproduktionsniveau angelegt.

Ein ganz großes Wort, wenn sich bestätigen sollte, daß dem so ist!

Ich möchte diesen fünf Thesen aus dem vergessenen sozioökonomischen Anhang der Mackenrothschen Bevölkerungslehre die zusammenfassende Bemerkung anfügen, daß ich in dieser Zusammenhangs- oder Systemanalyse die einzige Brücke sehe, welche zur Zeit nicht nur aus dem Mackenrothschen Konzept generativer Strukturen, sondern überhaupt, theorieorientiert, zu einer Erklärung der posttransformativen Fruchtbarkeitsdegression führt, in welche die deutsche Bevölkerung als erste der Welt eingetreten ist.

Diese Phase ist die Herausforderung, der sich die Bevölkerungswissenschaft heute gegenübersieht. Was hinter dieser Schwelle zurückliegt, ist nicht nur Geschichte, sondern auch ausgefragte Geschichte oder nicht gefragtes persönliches Gesellschafts- und Weltverständnis.

Es kommt *jetzt* darauf an, *diese* Brücke Mackenroths auf ihre Tragfähigkeit zu prüfen. Das ist eine Prüfung im Kontext ökonomischer Theorie und sie müßte auch die Bewährung dieses Ansatzes gegenüber den entscheidenden sozioökonomischen Veränderungen der letzten 25 Jahre, die aufzuzählen ich mir versage, einschließen.

Der Soziologie fällt bei diesem Verhalten die Aufgabe zu, die ökonomische These Mackenroths hypothetisch auf die Ebene disaggregierbarer, partnergebundener Verhaltens- und Entscheidungsmuster zu übertragen.

Da sich die von Mackenroth angesprochene durchstilisierte Ordnungsform des Industriekapitalismus in ihren Leistungen ebenso wie in ihren Problemen als Überflußgesellschaft darstellt, wäre dabei durchaus an die Theoretiker des Geburtenrückganges um die letzte Jahrhundertwende anzuknüpfen, die im zunehmenden Wohlstand, in der mit ihm für immer breitere Schichten wachsenden Fülle erreichbarer Genüsse, eine der Bedingungen der Nachwuchsbeschränkungen sahen. Es käme allerdings zugleich darauf an, diese Wohlstandstheorie des Geburtenrückgangs aus dem von Mackenroth immer wieder attackierten und verspotteten Scheinpsychologismus des Grenznutzenkonstruktes zu lösen und von den Hedonismusplattitüden (Brentanos und anderer) zu trennen und handlungstheoretisch zu reformulieren.

In dem Feld konkurrierender und sich laufenden akkumulierender Offerten (von Waren, Dienstleistungen und durch beides gestützter Entwürfe unvorhergesehener und unvorhersehbarer Aktivitäten) geht es nicht so sehr um die simple Maximierung von aktuellen Genüssen nach Maßgabe der individuellen Ressourcen, als vielmehr um die Maximierung der individuellen Möglichkeiten und Optionen für freibleibende Zwecke (zum Mit-dabei-sein, zum Mit-der-Zeit-gehen, zur Umdisposition der privaten Ressourcen und Ziele) kurz, um die Offenhaltung eines Maximums an Mögllichkeiten zu sogenannter ,,Selbstverwirklichung'' u. ä. durch Minimierung langfristig irreversibler Festlegungen von Ressourcen, hier in ,,Nachwuchs'' oder noch allgemeiner: in ,,Familie'' und neuerdings schon in ,,Ehe''.

Je größer die Menge als erreichbar bewerteter Offerten oder Offertenkomplexe ist, desto geringer ist der Wirkungsgrad rein subsidiär alimentierender Bevölkerungspolitik zu beurteilen und umgekehrt: je kleiner die Menge realistischer Optionen, desto höher.

Das hier entworfene soziologische Transkript des ökonomischen Theorems wäre dann falsifiziert, wenn sich etwa ein durch Förderungsmaßnahmen eingeleitete Baby-Boom in der DDR, also in einer Gesellschaft mit einer deutlich geringeren Menge an optionsfähigen Offerten, bei gleichem Mitteleinsatz mit entsprechendem Erfolg in der Bundesrepublik kopieren ließe.

Die zentrale Frage jedes bevölkerungspolitischen Entwurfs unter den Bedingungen des angesprochenen Theorems Mackenroths bleibt vielmehr die, ob der reife Industriekapitalismus, ob die ökonomischen Zwänge unserer freien Marktwirtschaft eine Verminderung der konkurierenden Offerten oder des Offertenzuwachses sowie der suggestiv und marktwirksam forcierten Optionen (also eine restriktive Bedürfnismanipulation) überhaupt zulassen.

Eine Bestätigung dieser theoriegenerierten Thesen würde alle unsere mühsamen, an introspektiven Einfällen orientierten empirischen Unternehmen zur subjektiven Motivbestimmung der Kinderwünsche und -barrieren mit einer Angabe der systemimmanent verminderten Freiheitsgrade, unter denen sie auftreten, erst problemgerecht justieren.

Und wenn dem nicht so ist? Was dann?

Dann wird es — wie immer — Sache einer einfallsreichen Empirie sein und bleiben, mühsam (wie man so sagt: mit der Stange im Nebel) die als relativ konstant anzusprechenden Zusammenhänge in generativen Verhaltensmustern nächster und mittlerer Reichweite aufzudecken und zu entziffern in der Hoffnung, daß sich auf so erreichbaren Einsichten eine angemessene, und das heißt auch eine politisch hilfreiche Theorie dieser bescheidenen Reichweite etablieren läßt.

Literaturverzeichnis:

Ipsen, G: Bevölkerungslehre. In: Handwörterbuch des Grenz- und Auslandsdeutschtum. Band I (1933)

Mackenroth, G: Bevölkerungslehre. Berlin/Göttingen/Heidelberg 1953

Mackenroth, G: Die generative Struktur von Bevölkerung und Sozialschichten. In: Weltwirtschaftliches Archiv Band 71/1, 1955

Imhof, A. E.: Ländliche Familienstrukturen an einem klassischen Beispiel: Heuchelheim 1690—1900. In: Sozialgeschichte der Familie in der Neuzeit Europas. Neue Forschungen, herausgegeben von W. Conze. Stuttgart 1976.

Peter Marschalck

Zur Theorie des demographischen Übergangs

I.

„The .. decline of the death rate as the result of hygiene causes the increase of population; the sense of responsibility promoted by hygiene causes the birth rate to go down. After having gone down to a certain minimum, the death curve goes up again. Thus the two curves of birth and death are, as is were, predestined to approach each other again, in accordance with a most regular evolution, and the population proplems is solved. But this demographic evolution is only possible in case of a steadily developing hygiene ... We need only persist in working at the task of civilization ..., always endeavoring to enhance the standard of welfare of the entire population, avoiding all ... that hinders an economic evolution ... If we do that, we may confidently meet the future ... Providence has after all provided in the course of events the solution of this very important population problem which, whenever there is an economic depression, naturally claims our attention ,more than at other times."

Dieses Zitat[1] aus dem Beitrag eines niederländischen Teilnehmers an der Weltbevölkerungskonferenz von 1927 in Genf ist ein frühes Zeugnis für das, was etwa 20 Jahre später unter dem Namen „Theorie des demographischen Übergangs" bekannt geworden ist.[2] Diese Sätze enthalten nämlich neben der Beschreibung dieses Übergangs von hohen Geborenen- und Sterbeziffern zu entsprechenden niedrigeren Werten eine ebenso schlichte wie überzeugende, weil unangreifbare Erklärung dieses Vorgangs: Die Anpassung der Geburtlichkeit an die durch die zivilisatorische Errungenschaft der Hygiene gesunkene Sterblichkeit soll hiernach aufgrund des Fortschritts ebendieser Zivilisation geschehen,

---

1 H. W. Methorst: Results of differential birth rate in the Netherlands. In: M. Sanger (Hg.), Proceedings of the World Population Conference. London 1927, S. 179 f.
2 F. W. Notestein: Population — The Long View. In: Th. W. Schultz (Hg.): Food for the World. Chicago 1945, S. 36—57; K. Davis: The World Demographic Transition. In: Annals of the American Academy of Political and Social Sciences 273, 1945, S. 1—11; frühere Darstellungen noch ohne den Begriff „Übergang" (transition) bei W. S. Thompson: Population. In: American Journal of Sociology 34, 1929, S. 959—975; A. Landry: La révolution démographique. Paris 1934.

durch die — allerdings mit einer zeitlichen Verzögerung — den Menschen die Einsicht vermittelt würde, daß die Anpassung gewissermaßen gottgewollt sei und deshalb auch durch eine Verringerung der Kinderzahlen bewirkt werden müsse. Die bevölkerungspolitische Konsequenz aus diesem theoretischen Zusammenhang läßt sich darum auch in der Aufforderung zusammenfassen, diejenigen Bedingungen herzustellen, die die Menschen brauchen, um die Notwendigkeit der Anpassung ihrer Fruchtbarkeit an die Sterblichkeit einzusehen.

Die Theorie des demographischen Übergangs, wie sie hier kurz verdeutlicht wurde und wie sie besser bekannt ist aus dem Bild der sich öffnenden und der sich wieder schließenden Schere der Kurven von Geborenen- und Sterbeziffern (ein Bild, das nicht nur den Übergang selbst darstellt, sondern dem mit der in ihm enthaltenen prognostischen Aussage auch theoretische Bedeutung zukommt),[3] hat ihre aktuelle wissenschaftliche Begründung in den späten 1920er Jahren sicher nicht zufällig in einer Zeit bedrohlicher wirtschaftlicher Krisenerscheinungen und eines verstärkt sich bemerkbar machenden und ebenfalls als bedrohlich empfundenen Geburtenrückgangs in den Industriestaaten erfahren. Ihr Hervortreten scheint darüber hinaus in hohem Maße auch wissenschaftsgeschichtlich begründet zu sein.

Die frühen Bevölkerungstheoretiker — wie etwa Johann Peter Süßmilch (1707—1767) oder auch noch Thomas Robert Malthus (1766—1834) — betrachteten das Bevölkerungsgeschehen als einen einheitlichen Vorgang, der sowohl Fruchtbarkeit als auch Sterblichkeit umfaßt und dessen Analyse auch zu Theorien ebendieses einheitlichen, in seinen Elementen aufeinander bezogenen und abgestimmten Vorgangs geführt hatte. Das änderte sich mit dem Aufkommen neomalthusianistischer und biologistischer, dann auch armuts-, wohlstands- oder gesinnungstheoretischer Erklärungsansätze: Die Bevölkerungstheoretiker des ersten Drittels des 20. Jahrhunderts interessierte nicht so sehr der Bevölkerungsvorgang im ganzen, sie hatten ihr Hauptaugenmerk auf nur eines der diesen Vorgang konstituierenden Elemente gerichtet, nämlich auf die Fruchtbarkeit, deren Rückgang sie zu erklären suchten. In wissenschaftsgeschichtlicher Hinsicht läßt sich die Entwicklung der Theorie des demographischen Übergangs, die nun wiederum Fruchtbarkeit und Sterblichkeit aufeinander bezog und damit den Bevölkerungsvorgang im ganzen zu erfassen versuchte, einerseits durchaus als eine

---

3 Vgl. z. B. J. A. Hauser; Bevölkerungsprobleme der Dritten Welt. Bern/Stuttgart 1974, S. 131; R. Mackensen: Entwicklung und Situation der Erdbevölkerung. In: R. Mackensen/ H. Wewer (Hg.): Dynamik der Bevölkerungsentwicklung. München 1973, S. 32.

Reaktion auf die verschiedenartigen Fruchtbarkeitstheorien verstehen. Andererseits bedeutete diese Theorie aber auch eine optimistische Alternative zu den in ihrer Anlage pessimistischen Malthus'schen Hypothesen, die auch die Grundlage für die Theorie und besonders die bevölkerungspolitische Praxis des Neomalthusianismus bedeuteten. In bezug auf die biologischen Begründungen des Fruchtbarkeitsverhaltens und ihrer für die politisch wirksamen Rassenideologien bedeutsamen bevölkerungspolitischen Konsequenzen dürfte die Theorie des demographischen Übergangs darüber hinaus auch eine Rechtfertigungsfunktion für das tatsächlich praktizierte, aber von Staat oder Gesellschaft nicht gewünschte Fruchtbarkeitsverhalten erfüllt haben, indem durch sie z. B. die Erkenntnis gefördert wurde, ,,daß der Geburtenrückgang als solcher nicht ohne weiteres das Symptom einer völkischen Degeneration zu sein braucht, sondern als Ausgleich in gewissem Umfang notwendigerweise durch den Rückgang der Sterblichkeit mit bedingt wird."[4] Unter wissenschaftsgeschichtlichem Aspekt können dann auch die neuerlichen Versuche, auf der Grundlage vor allem ökonomischer, aber auch soziologischer und sozialpsychologischer Ansätze wieder Fruchtbarkeitstheorien zu entwickeln, ebenfalls als Reaktion, nun aber auf die Erkenntnis der Unzulänglichkeit der Theorie des demographischen Übergangs, interpretiert werden.

Eine solche Wertung der Theorie des demographischen Übergangs, ihre Charakterisierung als unzulänglich und damit auch als unbrauchbar, wirft die Frage nach den Bewertungsmaßstäben auf, die in zweierlei Hinsicht beantwortet werden muß. Einerseits ist Kritik zu üben an der Darstellung des demographischen Übergangs selbst, d. h. an der Formulierung dessen, was mittels der Theorie erklärt werden soll, und andererseits genügt auch die Theorie, die Darstellung des funktionalen oder kausalen Wirkungszusammenhangs keineswegs den heute an sie gestellten Anforderungen.

II.

,,In traditional societies fertility and mortality are high. In modern societies fertility and mortality are low. In between, there ist demographic transition."[5] So lapidar diese Definition des demographischen Übergangs

---

4 H. Harmsen: Volksbiologische Entfaltungsgesetze. In: H. Harmsen/F. Lohse (Hg.): Bevölkerungsfragen. München 1936, S. 355.
5 P. Demeny: Early fertility decline in Austria-Hungary: A lesson in demographic transition. In: Daedalus 97, 1968, S. 502.

auch ist, so gibt sie in ihrer Unbestimmtheit doch ziemlich genau auch noch den gegenwärtigen Forschungsstand zu diesem Thema wieder. Was immer nämlich bisher zur Konkretisierung des demographischen Übergangs, zur Darstellung der tatsächlichen Entwicklung wie auch zur Abstrahierung eines Übergangsmodells gesagt worden ist, bleibt in mehrerlei Hinsicht nur unzulänglicher Ersatz und kaum inhaltliche Ausfüllung des „in between". Einige wenige Anmerkungen mögen diese These belegen.

Der demographische Übergang war auf der Grundlage der Analyse von Daten aus wenigen europäischen Ländern als Übergang der rohen Geborenen- und Sterbeziffern von einem hohen zu einem niedrigen Niveau definiert worden, der Verlauf dieser Kurven von Geborenen- und Sterbeziffern ist in verschiedene Phasen unterteilt und das so gewonnene Modell als allgemeines, weltweites Entwicklungsschema interpretiert worden. Gegen die definitorische Anbindung des demographischen Übergangs an die Entwicklung von rohen Ziffern, gegen die Gestaltung eines Modells auf der Basis dieser empirisch vorgefundenen rohen Ziffern, die — zumindest, was die Fruchtbarkeit betrifft — fast mehr über die altersmäßige Zusammensetzung einer Bevölkerung als über ihr generatives Verhalten aussagen, spricht die theoretische Interpretation des Übergangs als säkulare Verhaltensänderung; denn es gibt durchaus auch Änderungen des generativen Verhaltens, sie sich nicht in Veränderungen der rohen Ziffern niederschlagen, wie es auch Veränderungen der rohen Geborenen- oder Sterbeziffern gibt, denen kein gewandeltes generatives Verhalten zugrunde liegt.

Zwar sind seit der Entwicklung des Modells des demographischen Übergangs sowohl empirische als auch modelltheoretische Analysen dieser Problematik vorgenommen worden,[6] sie haben allerdings bisher nicht zu einer Neuformulierung des Übergangsmodells geführt. Dieses weitgehend auf empirischem Material basierende Modell (Abb. 1) enthält nämlich verschiedene Schwächen, die bei der Interpretation und bei der

---

6 Vgl. dazu R. Lestaeghe: Le dossier de la transition démographique. In: European Demographic Information Bulletin 1, 1970/71, S. 225 ff.; über die dort genannten Arbeiten hinaus vor allem auch R. Mackensen, Probleme der Weltbevölkerung. In: Allgemeines Statistisches Archiv 52, 1968, S. 1 ff.; ders., Theoretische Erwägungen zur Vielgestaltigkeit des „Demographischen Übergangs". In: W. Köllmann/P. Marschalck (Hg.), Bevölkerungsgeschichte. Köln 1972, S. 76 ff.; wichtige Modellrechnungen und Interpretationen zu den Veränderungen des Altersaufbaus während des demographischen Übergangs bei K. Schwarz: Die Bedeutung von Veränderungen der Geburtenhäufigkeit und Sterblichkeit für die Entwicklung und den Altersaufbau der Bevölkerung. In: Wirtschaft und Statistik 1967, S. 163 ff.

Berichtigung zu den Graphiken auf S. 47:

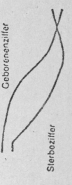

Abb. 1: Der demographische Übergang
— historisches Modell —

Quelle: nach J.A. Hauser, Bevölkerungsprobleme der Dritten Welt, Bern/Stuttgart 1974, S. 131

Abb. 2: Der demographische Übergang
— bereinigtes Modell —

Quelle: eigene Berechnung

Abb. 1: Der demographische Übergang
– historisches Modell –

Quelle: nach J.A. Hauser, Bevölkerungsprobleme der Dritten Welt. Bern/Stuttgart 1974, S. 131

Abb. 2: Der demographische Übergang
– bereinigtes Modell –

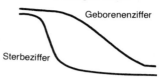

Quelle: eigene Berechnung

Theoriebildung Bedeutsamkeit erlangen. Denn in dieses Modell ist z. B. die Tatsache, daß ein vor allem auf die Senkung der Säuglings- und Kleinkindersterblichkeit zurückzuführender Rückgang der Sterbeziffer nach Ablauf von etwa 80 bis 100 Jahren — sobald nämlich die Menschen, die zuerst von diesem Rückgang profitiert haben und ihm recht eigentlich ihr Dasein verdanken, das Alter höchster Sterbewahrscheinlichkeit erreichen — notwendig in ein Ansteigen der Sterbeziffer umschlagen muß, ebensowenig einbezogen worden wie die durch den Rückgang der Sterblichkeit bei konstanter Fruchtbarkeit einsetzende Oszillation der Geborenenziffer.[7] Beide Erscheinungen haben aber sehr wohl Einfluß auf die Feststellung von Beginn und Ende bestimmter Phasen des demographischen Übergangs.

Durch ein abstraktes, nur auf bestimmten Annahmen über Fruchtbarkeits- und Sterblichkeitsentwicklungen (also über das Verhalten selbst) basierendes Modell (Abb. 2),[8] durch eine Ausrechnung des Verlaufs der Kurven der rohen Ziffern, kann derartigen Einwänden vorgebaut werden. Schien es z. B. nach dem herkömmlichen Modell (Abb. 1), das ja weitgehend die tatsächliche Entwicklung abbildet, noch ausreichend, die Phasenverschiebung, die zeitliche Verzögerung zwischen dem Beginn des

---

7 Die Wellenlänge der Schwingung entspricht etwa dem Vierfachen des Generationenabstandes (also etwa 120 Jahre), während die tatsächlich sehr geringe Amplitude (Schwingungshöhe) von dem Ausmaß des jährlichen Rückgangs der Sterbeziffer abhängt. Da die Schwingung mit einem Sinken der Geborenenziffer beginnt und erst nach etwa 30 Jahren in ein Ansteigen umschlägt, ist ein Sterblichkeitsrückgang auch immer sofort mit einem Geburtenrückgang verbunden, sofern die Fruchtbarkeit nicht ansteigt.
8 Die diesem Modell zugrunde liegenden Annahmen sind
   (a) stetige Erhöhung der mittleren Lebenserwartung bis zu einem Wert von 75 Jahren, danach Konstanz der Sterbewahrscheinlichkeiten;
   (b) konstante, nach etwa einer Generationenlänge erst langsam, dann beschleunigt sinkende, danach wieder konstante Fruchtbarkeit (gemessen an der Gesamtfruchtbarkeitsziffer bei konstantem Generationenabstand).

Sterblichkeitsrückgangs und dem des Geburtenrückgangs zu erklären, so müßte nach dem revidierten Modell (Abb. 2) über diese Phasenverschiebung hinaus ein Anstieg der Fruchtbarkeit berücksichtigt werden, ohne den die Kurven der rohen Ziffern nicht nach dem herkömmlichen Modell hätte verlaufen können. Erst die Entwicklung des revidierten Modells deckt die in der tatsächlichen Entwicklung gegenläufigen Tendenzen eines Geburtenrückgangs (aufgrund des Sterblichkeitsrückgangs) und eines Anstiegs der Geborenenziffer (aufgrund eines Fruchtbarkeitsanstiegs) — die sich gegenseitig in etwa ausgleichen — auf. Hierdurch allerdings wird es nun völlig unmöglich, allein auf der Grundlage der Entwicklung, sei es der rohen Geborenen- und Sterbeziffern oder — falls vorhanden — etwa altersspezifischer Daten, die Länge der Phasenverschiebung und damit den Beginn des Fruchtbarkeitsrückgangs — einer Verhaltensänderung also — exakt zu bestimmen. Für die Theoriebildung bedeutet aber allein diese Überlegung schon eine geänderte Ausgangssituation, weil entweder auf eine Berücksichtigung der zeitlichen Festlegung des Beginns des Fruchtbarkeitsrückgangs verzichtet werden muß oder die zeitliche Fixierung dieses Beginns theoretisch abgeleitet, d. h. irgendwie begründet werden muß, aber nicht aufgrund des empirischen Datenmaterials zur natürlichen Bevölkerungsbewegung lediglich postuliert werden darf.

Die herkömmliche modellhafte Beschreibung des demographischen Übergangs ist also als Grundlage für eine Theorie des demographischen Übergangs überhaupt nicht ausreichend; erst der Vergleich der im herkömmlichen Modell abgebildeten tatsächlichen Entwicklung mit der im revidierten Modell abgebildeten „reinen" (d. h. in ihren Verhaltensannahmen bekannten) natürlichen Bevölkerungsbewegung vermag die Fülle der Fragen aufzudecken, die eine Theorie des demographischen Übergangs zu beantworten hätte.

Über diese hier kurz angedeutete Problematik auf der Seite der Fruchtbarkeit hinaus stellt sich auch auf der Seite der Sterblichkeit ein Problem, das gewiß nicht weniger wichtig ist. Es gibt nämlich Gründe anzunehmen, daß die Ausgangssituation zu Beginn des europäischen demographischen Übergangs nicht nur anders war, als sie in den heutigen Entwicklungsländern ist, sondern daß sie darüber hinaus wahrscheinlich schon als eine fortgeschrittene Phase in einem viel früher einsetzenden Transformationsprozeß angesehen werden muß.[9]

---

9 Vgl. dazu auch P. Marschalck: Social and Economic Conditions of European Emigration to South America in the 19th and 20th Centuries. In: Jahrbuch für Geschichte von Staat, Wirtschaft und Gesellschaft Lateinamerikas 13, 1976, S. 15 f.

Der Beginn des demographischen Übergangs wird für die europäischen Länder bei einem Niveau der Sterblichkeit angesetzt, das einer mittleren Lebenserwartung bei der Geburt von etwa 36—38 Jahren entspricht. Dieser Ansatz ist darin begründet, daß die Datenbasis für vorangegangene Zeiten, wenn überhaupt vorhanden, zu schmal zu sein scheint für verläßliche Aussagen. Für die Entwicklungsländer dagegen soll, weil entsprechende Daten leichter geschätzt werden können, der Übergang bei einer Lebenserwartung von etwa 20—25 Jahren einsetzen und dennoch nach demselben Schema verlaufen wie der europäische Übergang. Das provoziert auch in dieser Beziehung wiederum die Überlegung, daß ein Übergangsmodell, das nicht allein an den rohen Geborenen- und Sterbeziffern orientiert ist, sondern darüber hinaus auch Strukturdaten, wie z. B. die mittlere Lebenserwartung bei der Geburt, einbezieht, nicht nur gleichermaßen, sondern besser gerechtfertigt wäre als der in herkömmlicher Weise beschriebene Verlauf des demographischen Übergangs. In einem solcherart veränderten Modell — wie es in Abb. 2 in noch grober Schematik vorgestellt wurde, läge der Beginn des europäischen demographischen Übergangs zwar in vorstatistischer Zeit und wäre deshalb — jedenfalls bei dem bisher erreichten Forschungsstand — nur ungenau zu bestimmen; es hat aber gegenüber dem herkömmlichen Modell den Vorteil, daß es nun tatsächlich einen Vergleich des Übergangs bei europäischen Bevölkerungen und bei solchen von Entwicklungsländern zuläßt, womit die Typologisierungs- oder Klassifikationsfunktion[10] des Übergangsmodells recht eigentlich erst ermöglicht ist.

Einen solchen Vergleich — noch im abstrakten Bereich der Modelle, aber insofern Voraussetzung für den Vergleich realer Entwicklungen — mögen die Abbildungen 3 und 4 andeuten. Sie zeigen nach den unterschiedlichen Anfangsbedingungen und den verschiedenen schnellen Durchläufen durch den Sterblichkeitsrückgang getrennte Modellverläufe für europäische Bevölkerungen und für Entwicklungsländerbevölkerungen, die die unterschiedliche Stärke des jeweiligen Bevölkerungswachstums in durchaus nicht nach gleichem Muster ablaufenden Phasen des Übergangs deutlich werden lassen. Der oberflächliche Vergleich, die Einsortierung eines bestimmten realen Zustandes in eine bestimmte Modellphase, ist nun allerdings erschwert, notwendige Voraussetzung für ein solches Vorgehen wäre eine neue Definition der Übergangsphasen, die wahrscheinlich über eine einfache Verschiebung der Phasengrenzen hinauszugehen hätte.

---

10 Vgl. dazu J. A. Hauser: Bevölkerungsprobleme, a.a.O., S. 132 f.

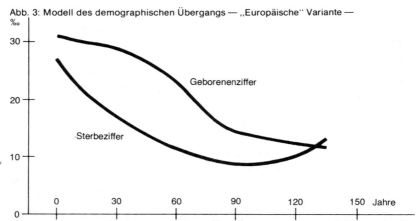

Abb. 3: Modell des demographischen Übergangs — „Europäische" Variante —

Quelle: eigene Berechnung unter Zugrundelegung folgender Annahmen: Rückgang der Gesamtfruchtbarkeitsziffer von 4 (im Jahre 30) auf 3 (bis zum Jahre 60) und auf 2 (bis zum Jahre 82,5); Verdoppelung der mittleren Lebenserwartung bei der Geburt von 37,5 auf 75 Jahre (innerhalb des Zeitraums von 0 bis 112,5).

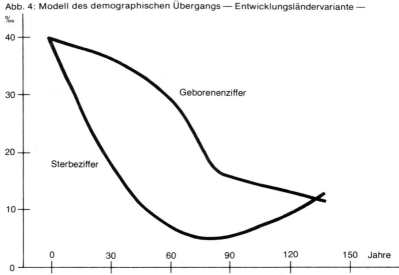

Abb. 4: Modell des demographischen Übergangs — Entwicklungsländervariante —

Quelle: eigene Berechnung unter Zugrundelegung folgender Annahmen: Rückgang der Gesamtfruchtbarkeitsziffer von 5 (im Jahre 30) auf 4 (bis zum Jahre 60) und auf 2 (bis zum Jahre 82,5); Verdreifachung der mittleren Lebenserwartung bei der Geburt von 25 auf 75 Jahre (innerhalb des Zeitraums von 0 bis 112,5).

Eine weitere Überlegung betrifft die Frage, ob eigentlich jede Niveauveränderung von Fruchtbarkeit und Sterblichkeit einen demographischen Übergang konstituiert, oder ob dieser Begriff nur dann „bedeutungshaltig" ist, wenn er eine Veränderung sowohl der demographischen Verfassung als auch der sozialen Struktur insgesamt bezeichnet.[11] Diese beiden möglichen Interpretationen kennzeichnen noch einmal mit aller Deutlichkeit die Notwendigkeit, das Verhältnis des historischen Ereignisses (oder davon abstrahiert: des Modells) „demographischer Übergang" zu dem gedanklichen Konstrukt „Theorie des demographischen Übergangs" zu überdenken. Sofern nämlich der Begriff „demographischer Übergang" für beides steht, sowohl für das Ereignis als auch für seine Bedeutung, seine Erklärung, ist nicht nur der Begriff selbst, sondern auch seine Funktion in der wissenschaftlichen Analyse mehrdeutig. Daß das ein erlaubter oder gar wünschenswerter Zustand wäre, darf füglich bezweifelt werden.

Diese die Problematik sicher nicht vollständig erfassende Anmerkungen zum demographischen Übergang selbst, zu seiner Definition, seiner Analyse und seiner Darstellung, sind natürlich auch bei der Wertung der Theorie des demographischen Übergangs zu berücksichtigen; denn unter bestimmten Voraussetzungen, bei bestimmten Anforderungen ist eine Theoriebildung (oder auch die Verbesserung einer vorhandenen Theorie) nicht möglich, sofern das Theorieobjekt das, was mit Hilfe der Theorie erklärt werden soll, nicht genau bekannt ist.

III.

„As a theory, the demographic transition implies flexibility. The time period and the birth and death rates may vary for specific nations of the world. It incorporates not one but many elements, since all of the positive and negative factors that affect fertility and mortality may be examined. Measurement of the factors involved may be recorded with a precision not possible in alternate theories. In istself, however, the theory is a model and not an explanation."

Mit diesen Sätzen[12] ist die ganze Fülle dessen umrissen, was im allgemeinen unter dem Namen Theorie des demographischen Übergangs in der Bevölkerungswissenschaft und darüber hinaus bekannt geworden ist. Erstens nämlich ist sie generalisierende Beschreibung eines histori-

---

11 R. Mackensen: Theoretische Erwägungen, a.a.O., S. 81.
12 S. F. Hartley: Population Quantity vs. Quality. Englewood Cliffs 1972, S. 299.

schen Vorgangs, und in dieser Interpretation liegt ihre wissenschaftliche Bedeutung heute vor allem in der Annahme, daß mit Hilfe dieses Modells eine Typologisierung, eine Klassifikation einzelner Phasen dieser historischen Entwicklung vorgenommen werden kann. Zweitens ist die Theorie des demographischen Übergangs ein Forschungsprogramm, ein Forschungsansatz, dem die Bevölkerungswissenschaft eine Reihe wichtiger Erkenntnisse verdankt. Drittens aber stellt sie nach wie vor einen Wirkungszusammenhang dar; in dieser Interpretation allerdings hat die Theorie des demographischen Übergangs weniger wissenschaftliche, dafür um so mehr politische Bedeutung erlangt.[13]

Die inhaltliche Ausformulierung der Theorie des demographischen Übergangs ist seit ihrem Entstehen nicht allzu weit fortgeschritten, wenn natürlich auch eine sprachliche Angleichung an die gegenwärtige, vor allem soziologische Fachsprache vorgenommen worden ist. Natürliche Gesetzmäßigkeiten sind durch das Funktionieren sozialer Normen, das von der Vorsehung gesetzte Ziel durch den gesellschaftlichen Konsens ersetzt worden.[14] Das, was 1927 etwa noch ganz einfach ,,Zivilisation" genannt worden war, ist inzwischen sehr weit differenziert worden. Die Prozesse der Industrialisierung und der Verstädterung, verbunden mit dem Aufbau moderner Verwaltungen, die fortschreitende Rationalisierung im gesamtwirtschaftlichen wie im gesamtgesellschaftlichen, schließlich aber auch im familiären Bereich, die den demographischen Übergang der europäischen Bevölkerung begleitet haben, wurde zur Erklärung dieses Übergangs herangezogen; wirtschaftliches Wachstum, Hebung des Pro-Kopf-Einkommens schließlich ist als wichtigste Vorbedingung für den Ablauf des Übergangsprozesses, für das Einsetzen des Fruchtbarkeitsrückgangs, für die erfolgreiche Anpassung (der Kurve der Geborenenziffern an die der Sterbeziffern oder der Größe der Bevölkerung an die verfügbaren Subsistenzmittel) gedeutet worden.

Die Erweiterung des ursprünglich biologischen Anpassungstheorems zu einem sozialen (oder gar ökonomischen) Anpassungstheorem, das eine zentrale Kategorie in der Theorie des demographischen Übergangs darstellt, beantwortet zwar nicht die Frage nach der Art und Weise der Anpassung, wenn auch ihre historische Notwendigkeit, ihre Sinnhaftigkeit

---

13 M. S. Teitelbaum: Relevance of Demographic Transition Theory for Developing Countries. In: P. Reining/I. Tinker (Hg.): Population: Dynamics, Ethics, and Policy. Washington 1976, S. 174.
14 Vgl. dazu J. Schmid: Einführung in die Bevölkerungssoziologie. Reinbek 1976, S. 277 f.

und ihre Unausweichlichkeit mit diesem Begriff verdeutlicht werden,[15] der Forschung war aber mit diesem Problem, mit diesem Ansatz eine fruchtbare Richtung gewiesen worden. Denn es gibt inzwischen eine ganze Reihe von interessanten Ansätzen, die Mechanismen dieser Anpassung aufzudecken, insbesondere die Phasenverschiebung zwischen dem Beginn des Sterblichkeitsrückgangs und dem des Geburtenrückgangs mit Hilfe soziologischer und sozialpsychologischer Hypothesen zu erklären,[16] trotz dieser Bemühungen ist es allerdings bisher nicht gelungen, die Theorie des demographischen Übergangs zu einem brauchbaren Instrument der Bevölkerungspolitik zu machen, auf ihrer Grundlage Prognosen zu erarbeiten, die mehr aussagen, als daß irgendwann nach dem Einsetzen des Sterblichkeitsrückgangs wahrscheinlich auch ein Geburtenrückgang einsetzen werde.[17] Das liegt auch, aber nicht nur an den vorher erwähnten Unzulänglichkeiten der Beschreibung dessen, was Gegenstand der Theorie ist.

Als um 1930 die Theorie des demographischen Übergangs entwickelt und in ihren Grundzügen formuliert worden war, galt das wissenschaftliche Interesse der nachträglichen Erklärung des damals gegenwärtigen bzw. schon vergangenen Geburtenrückgangs; sie schien die historische Entwicklung der natürlichen Bevölkerungsbewegung in den meisten europäischen Staaten im großen und ganzen adäquat zu beschreiben.[18] Damit war sie von Anfang an insofern eine historische Theorie, als sie lediglich auf das Verstehen bekannter Erscheinungen und Entwicklungen

---

15 Die einzige Alternative zur Anpassung wäre zudem nicht echt; denn jeder eintretende Zustand (einschließlich des Aussterbens nach einer Hungerkatastrophe wegen Nicht-Anpassung) kann — analog zum biologischen Anpassungsbegriff — als angepaßt interpretiert werden. Insofern ist das Anpassungstheorem inhaltsleer, seine Funktion liegt lediglich in der Rechtfertigung des Ergebnisses.

16 Vgl. hierzu z. B. den von H. v. Loesch: Stehplatz für Milliarden? Stuttgart 1974, vorgelegten Versuch, den verzögerten Fruchtbarkeitsrückgang durch das Weiterwirken vorindustrieller Erfahrungen in bezug auf das Streben nach sozialem und wirtschaftlichem Aufstieg zu begründen. So einsichtig solche und ähnliche Erklärungen auch sind, so lassen sie sich doch weitgehend auf die Aussage von der Rationalität (in mikroökonomischen Theorien: von der Nützlichkeit) jedes vorfindbaren Verhaltens reduzieren und stellen damit auch nur scheinbare Erkenntnisfortschritte dar.

Weitere Versuche der Evaluierung des Zusammenhangs zwischen dem Fruchtbarkeitsrückgang und den ihn hemmenden oder fördernden Faktoren bei J. C. Caldwell: Toward a Restatement of Demographic Transition Theory. In: Population and Development Review 2, 1976, S. 321 ff.; R. Lestaeghe: Le dossier, a.a.O., S. 220 ff.

17 Die logische Unmöglichkeit, die Theorie des demographischen Übergangs für Prognosen nutzbar zu machen, ist nachgewiesen bei D. J. Loschky/W. C. Wilcox: Demographic Transition: A Forcing Model. In: Demography 11, 1974, S. 215 ff.

18 T. King u.a.: Population Policies and Economic Development. A World Bank Staff Report. Baltimore/London 1974, S. 46

ausgerichtet war, deren Absehbarkeit in Richtung auf zukünftige Prozesse und deren mögliche Beeinflußbarkeit überhaupt nicht intendiert waren, weil es sich eben um historische, um vergangene Tatsachen handelte, deren prinzipielle Einmaligkeit nicht zur Debatte stand. Entsprechend wurde in den formulierten Hypothesen kaum kausale, um so mehr aber analoge[19] Zusammenhänge postuliert, die sich grundsätzlich der empirischen Prüfbarkeit entziehen.

Als dann in den 1950er Jahren mit der immer bedrohlicher werdenden Übervölkerungsproblematik in den Entwicklungsländern neue Anstrengungen zur Konkretisierung der Theorie unternommen wurden, um die Kausalfaktoren für die Entwicklung des generativen Verhaltens, besonders der Fruchtbarkeit, zu identifizieren, wurde aber die historische, am Verstehen und nicht am Erklären orientierte Grundstruktur der Theorie nicht angetastet, so daß viele dieser Bemühungen zwar auch als Beiträge zur Theorie des demographischen Übergangs verstanden werden können, ihre wissenschaftliche Bedeutung aber unabhängig von diesem Konzept erlangten.[20]

Die Theorie des demographischen Übergangs vermag deshalb ebenso wenig oder ebenso viel zu leisten, wie jede andere Modernisierungstheorie[21] auch, die zwar eine gewisse Abfolge von Entwicklungsstufen, hier: Phasen des Übergangs, ex ante prognostizieren kann, deren zeitliche Identifizierung jedoch nur ex post gelingt. Im derzeitigen Zustand erfüllt die Theorie des demographischen Übergangs also allenfalls die Ansprüche einer — sich selbst so verstehenden — reinen Wissenschaft. Den Anforderungen der praktischen Nutzbarmachung, der politischen Verwertung zur Lösung von gegenwärtigen und zukünftigen Problemen genügt sie also nicht.

IV.

„What is required is not a re-examination of the theory of demographic transition. What ist needed is the creation of a theory that will tell us what fundamental relationships were involved in the historical transi-

---

19 In beinahe vollendeter Form ist diese Zusammenhangsstruktur auf der Grundlage von Analogien in der Theorie G. Mackenroth's (Bevölkerungslehre, Berlin usw. 1953) enthalten.
20 So etwa der Ansatz von R. A. Easterlin: Relative Economic Status and the American Fertility Swing. In: E. B. Sheldon (Hg.): Family Economic Behaviour: Problems and Prospects. Toronto/Philadelphia 1973, S. 170 ff.
21 Vgl. dazu H.-U. Wehler: Modernisierungstheorie und Geschichte. Göttingen 1975.

tions, what the key variables were, how the transition came about in the past, and how is might be repeated in the future."

Die so gekennzeichneten[22] Anforderungen, die heute an eine Bevölkerungstheorie gestellt werden, ergeben sich aus der derzeitigen Übervölkerungssituation in den Entwicklungsländern ebenso wie aus dem wieder einmal als drohend empfundenen Geburtenrückgang in einigen Industrieländern. Eine solche Theorie muß aktuelle Prognosen ermöglichen, und sie sollte den Politikern Hinweise auf die Durchsetzbarkeit und vor allem auf die Erfolgschancen bevölkerungspolitischer Maßnahmen vermitteln. Es erscheint nur wenig aussichtsreich, diesen Ansprüchen mit Theorien von allzu kurzer Reichweite, wie sie vor allem die mikroökonomischen Ansätze dastellen,[23] genügen zu wollen, weil solche Theorien allein geeignet sind, relativ stabile Zustände abzudecken. Deshalb dürfte in der Erarbeitung einer besseren, die strengeren Anforderungen erfüllenden Theorie, die den demographischen Übergang im ganzen erklärt und sich nicht nur auf relativ stabile Zustände beschränkt, auch heute noch eine lohnende Aufgabe stecken.

Eine wirkliche Theorie des demographischen Übergangs sollte also die Anforderung der Prognostizierbarkeit der natürlichen Bevölkerungsbewegung erfüllen können, d. h. mit einer solchen Theorie sollte es möglich sein, diejenigen Bedingungen konkret und überprüfbar anzugeben, unter denen ein bestimmtes Stadium des demographischen Übergangs innerhalb einer bestimmten Zeitspanne erreicht werden kann. Der Weg, der zu einer solchen Theorie führen könnte, ist allerdings nicht so einfach und nicht so eindeutig zu beschreiben wie die Struktur, die Form der gesuchten Theorie selbst. Wird nämlich — was unabdingbar erscheint — vorausgesetzt, daß es grundsätzlich mehrere Möglichkeiten gibt, einen realen Sachverhalt und die in ihm vermuteten Funktionszusammenhänge gültig zu beschreiben, d. h. nach dem jeweiligen Wissensstand widerspruchsfrei darzustellen, daß es also durchaus auch gleichzeitg unterschiedliche, aber gleich gute, gleich brauchbare Erklärungsansätze dessen geben kann, was jeweils als Realität erkannt worden ist, dann dürften ebenfalls verschiedene Strategien zur Erarbeitung

---

22 M. B. Concepcion/E. M. Murphy: Wanted: A theory of the demographic transition. In: International Union for the Scientific Study of Population (Hg.), Contributed Papers, Sidney Conference, Australia, 21 to 25 August 1967, S. 6
23 Vgl. dazu z. B. T. W. Schultz (Hg.): Economics of the Family: Marriage, Children, and Human Capital. Chicago/London 1974

eines solchen Erklärungszusammenhangs möglich sein.[24] Diese Strategien zu beschreiben oder anzudeuten, heißt deshalb fast notwendig auch, unvollständig zu sein, vielleicht sogar auch, einen viel zu umständlichen und aufwendigen Weg vorzuschlagen oder, was nicht auszuschließen wäre, lediglich in falsche Richtungen zu weisen. Dennoch soll der Versuch unternommen werden, mit einigen wenigen, noch weitgehend unsortierten Überlegungen die Problematik der Forschungsstrategie und — damit zusammenhängend — die Frage der Struktur einer Theorie größerer Reichweite zu erhellen.

1. Eine — wenn auch wenig aussichtsreiche und erfolgversprechende — Möglichkeit des Vorgehens bestände in dem Versuch, die vielen vorhandenen Erklärungsversuche für die Phasenverschiebung zwischen dem Sterblichkeitsrückgang und dem Fruchtbarkeitsrückgang zueinander in Beziehung zu setzen, gewissermaßen aus ihnen die eine gültige, wahre Kausalstruktur herausfiltern zu wollen; wenig aussichtsreich deshalb, weil es eben keineswegs sicher ist, daß sich ein solcher Zusammenhang — konkretisiert und operationalisiert oder mindestens konkretisierbar und operationalisierbar — überhaupt in der Menge der vorliegenden Arbeiten zu diesem Thema befindet. Es wird sich also nicht vermeiden lassen, weiter zu forschen, neue Hypothesen zu entwickeln und an empirischem Material zu überprüfen. Als eine sehr wichtige Grundannahme zur Ableitung von Hypothesen und darüber hinaus für die historische und die gegenwartsbezogene empirische Sozialforschung dürfte sich dabei die These der intergenerativen Abhängigkeiten[25] erweisen, der kommunikativen sozialen und wirtschaftlichen Beziehungen, die als Verhältnis der Erfahrungen der Elterngenerationen zu denen der Kindergenerationen Bedeutung — möglicherweise über die Belange der Bevölkerungswissenschaft hinaus — erhält.

2. Sofern — was naheliegt und deshalb auch vorausgesetzt werden soll — der demographische Übergang als Übergang von einer bestimmten demographischen Verfassung, von einem Zustand des Aufeinanderabge-

---

24 Die über den allgemein akzeptierten Methodenpluralismus hinausgehende Relativität von wissenschaftlicher Wahrheit hat allerdings nur geringe Konsequenzen für die Entwicklung einer Forschungsstrategie, deren Ziel eine Theorie des demographischen Übergangs ist; doch unterstreicht ein solcher Ansatz die Notwendigkeit, alternative Wege einzuschlagen.
25 Solche Ansätze finden sich mehr oder weniger explizit und in unterschiedlicher Konkretisierung bei R. A. Easterlin, Relative Economic Status, a.a.O.; J. C. Caldwell: Toward a Restatement, a.a.O.; P. Marschalck: Some Aspects of the Recent Fertility Decline in the Federal Republic of Germany. (unveröffentlichter Vortrag vor der British Society für Population Studies 1977)

stimmtseins von Fruchtbarkeit und Sterblichkeit, zu einer anderen Struktur, zu einem anderen Zustand der Verhaltensstabilität definiert wird, ist eine — vielleicht die wichtigste — Bedingung für eine Erklärung dieses Übergangs die Vergleichbarkeit, die Kompatibilität von Ausgangsstruktur und schließlich erreichter oder erwarteter Endstruktur.[26]

Um die Notwendigkeit dieser Anforderung zu verdeutlichen, sei auf das Beispiel des Versagens des Ansatzes des historisch-soziologischen Bevölkerungstheorie Gerhard Mackenroths[27] verwiesen, des wohl am weitesten ausgeführten Versuchs, die generativen Strukturen in ihrem jeweiligen Bedingungsgefüge sowohl vor als auch nach dem demographischen Übergang zu beschreiben: Das dort vorgestellte Konzept der generativen Struktur ist schon (aber nicht nur) deshalb wenig geeignet für eine Erklärung des Wandels dieser Struktur, weil Ausgangs- und Endstruktur unterschiedlich definiert sind, die vorindustrielle generative Struktur z. B das Element des Heiratsverhaltens enthält, während die industrielle generative Struktur ohne dieses Element auskommt. Diese Unterschiede wiegen solange nicht schwer, wie die Struktur nur die Funktion der Beschreibung von Realität hat, in der Funktion eines Elements in einer Theorie, in der Funktion einer Kausalhypothese also, ist ein solcher Strukturbegriff, eine solche Definition von Struktur aber unbrauchbar.

Es erscheint also als unabdingbar, daß die der Hypothesenbildung zugrunde gelegten Zustandsstrukturen gleiche Kategorien enthalten, durch die auch ihre Normierung zu identischen Strukturen ermöglicht wird. Solche Strukturen stellen damit ein kategoriales Gerüst dar, an dem dann das generative Verhalten gemessen und gewertet werden kann. Ohne ein solches kategoriales System würde nämlich — und das scheint bei den bisher vorliegenden Varianten der Übergangstheorie die Regel gewesen zu sein — ein bestimmter Wandel, z. B. der des generativen Verhaltens, mit einem anderen Wandel, etwa dem der sozioökonomi-

---

26 Dabei ist es weniger wichtig, daß diese Ausgangs- und Endstrukturen relativ lang- oder mittelfristigen stabilen realen Verhältnissen zugeordnet werden können; gerade die gegenwärtige Situation der natürlichen Bevölkerungsbewegung in den Industrieländern macht es z. B. schwierig, wenn nicht gar unmöglich, bisher überhaupt ein Ende des demographischen Übergangs zu finden, der in eine solche reale Stabilität ausgemündet ist. Für die Theoriebildung genügt es durchaus, irgendwelche zwei voneinander deutlich unterschiedene Zustände zu beschreiben und sie in einer Wirkungskette aufeinander zu beziehen. Das garantiert zwar keine Theorie, die über diese beiden Zustände hinausreicht, aber es ist ja grundsätzlich möglich, diesen Prozeß der Hypothesenanbindung an jeweils zwei Endpunkte mit immer weiter auseinanderliegenden Zustandsstrukturen zu wiederholen und so die Reichweite der Theorie zu vergrößern.
27 G. Mackenroth: Bevölkerungslehre, a.a.O.

schen Verhältnisse, erklärt, würde gewissermaßen die Bewegung eines Elements an der Bewegung eines anderen gemessen und der Bewegung, dem Wandel, selbst die Rolle eines Wirkungsfaktors (letztlich wieder für den Wandel) zuerkannt. In einem derartigen Vorgehen, das vor allem in der Vermischung unterschiedlicher Abstraktionsebenen begründet ist, dürfte der Hauptgrund für das Vorherrschen analoger statt kausaler Zusammenhänge gerade auch in strukturtheoretischen Erklärungsansätzen zu finden sein, und solche analogen Beziehungen sind geradezu konstituierend auch für die Theorie des demographischen Übergangs gewesen.

3. Der Weg zu einer Theorie des demographischen Übergangs, die nur eine allgemeine Bevölkerungstheorie sein kann, führt dennoch notwendig über einen makrotheoretischen, strukturellen Ansatz. Denn mikrotheoretische Ansätze, also allein auf individuelle, allenfalls familiale Entscheidungen gegründete Hypothesen, lassen kaum andere als massenstatistische und damit genuin naturwissenschaftlich fundierte Gesetzmässigkeiten zu, die zwar zur Erklärung kurzfristiger, stabiler Zustände genügen, mit denen ein demographischer Wandel, ein Übergang aber nicht in den Griff zu bekommen ist. Forschungen auf der Ebene des Individuums oder der Familie können deshalb zwar durchaus fruchtbare Anregungen vermitteln, die aus Gründen der Plausibilität[28] wie der Vergrösserung der Reichweite der Theorie als notwendig erachtete Umbesetzung einer Mikrotheorie in eine den gesamtgesellschaftlichen Rahmen einbeziehende Theorie ist aber — zumindest auf direktem Wege, d. h. ohne die Mikrotheorie in ihre Bestandteile (Hypothesen) zu zerlegen und damit dohc auf den mikrotheoretischen Ansatz zu verzichten — nicht möglich.

Wie ein strukturtheoretischer Ansatz für eine Bevölkerungstheorie, die auch den demographischen Übergang erklärt, konkret beschaffen sein sollte, ist allerdings schwerer zu beschreiben als die Formen und Inhalte, die er jedenfalls nicht aufweisen sollte. Erfolgversprechend dürften diejenigen Konzepte sein, die die Denkstrukturen deutlich von gedachten, für real gehaltenen Strukturen unterscheiden, oder anders ausgedrückt: Die Form des Ansatzes nicht mit seinem Inhalt gleichsetzen. Die Frage nach den das generative Verhalten bestimmenden Faktoren kann auch nicht durch eine statistische Korrelation von mehr oder minder zufällig ausgewählten sozioökonomischen Strukturdaten mit Daten der generativen Struktur beantwortet werden.

---

28 Vgl. dazu J. Schmid: Einführung, a.a.O., S. 173 ff.

So gefundene bzw. bestätigte statistische Zusammenhänge haben keinen erklärenden, sondern lediglich beschreibenden Charakter, bleiben also auf einer Abstraktionsebene, die unterhalb der der Hypothesenbildung liegt, sie können Gegenstand, aber nicht inhaltliche Aussage von Hypothesen sein. Zudem ist es fraglich, ob es auf diesem Wege gelingen kann, die in bezug auf die der gesellschaftlichen Struktur immanenten Interdependenzen der einzelnen Datenreihen unüberschaubare Makroebene so vollständig darzustellen und mit dem generativen Verhalten in Beziehung zu setzen, daß Hypothesen entwickelt werden können, die sich im Prozeß der empirischen Überprüfung auch bewähren.

4. Wenn es also wenig sinnvoll erscheint, gesamtgesellschaftliche Daten direkt auf die Daten zur generativen Struktur zu beziehen, bleibt schließlich nur der Weg, ein Konzept zu entwickeln, das die Auswahl der das generative Verhalten beeinflussenden sozialen und ökonomischen Faktoren gewährleistet, indem die auf diese Faktoren bezogenen sozialen Normen aus einem möglichst einfachen und in sich konsistenten Funktionsgefüge hergeleitet werden. Die sozioökonomischen Strukturdaten werden dabei einem Transformationsprozeß unterworfen, der sie von der Ebene des Staates, der Gesellschaft oder der Wirtschaft, also von einer sehr allgemeinen Ebene abhebt und auf die erfahrbarer und überschaubarer Erlebnisse abbildet.

Sicher gibt es nicht nur eine Ebene sozialer Gruppierungen, die in dem skizzierten Sinne für einen solchen Ansatz geeignet erscheinen; beispielhaft kann dieser Ansatz am Konzept der Institution Familie verdeutlicht werden.[29] Der Wandel der Familienverfassung nämlich stellt das fundamentale Kriterium für den sozialen Wandel überhaupt dar, werden doch gerade in und mit der Familie die verhaltensbestimmenden Werte und Normen erlernt und tradiert. Darüber hinaus ist die Familie auch als Untersuchungsgegenstand für die spezifisch demographische Fragestellung wichtig, weil sie in allen menschlichen Gesellschaften die Grundlage der Reproduktion bildet. Die Familie — als Bezugsgruppe für das Individuum relativ stabil — stellt mit ihren grundlegenden sozialen und ökonomischen Funktionen als Institution auch in sehr unterschiedlich entwickelten Gesellschaften die äußerste Reduktion von Gesellschaft überhaupt dar. Der notwendige konstante Bezugsrahmen für die Analyse dieser Institution in einem Wandlungsprozeß ist damit nicht ein bestimmtes Ge-

---

[29] Der im folgenden ausgeführte Ansatz ist Grundlage einer laufenden Arbeit des Verfassers über den Zusammenhang zwischen generativem Verhalten und sozioökonomischer Struktur im demographischen Übergang am Beispiel des Wandels der Familienverfassung in Indien 1950—1970.

sellschaftssystem, sondern die Grundlage von Gesellschaft wie auch von Familie, und zwar als Aussage über das Ziel eines solchen sozialen Systems. Das jeweilig konkrete Gesellschaftssystem determiniert dann nur noch die Art und Weise der Erreichung dieses Ziels. In diesem Sinne ist die Familie durch das Ziel der eigenen Bestandserhaltung und durch ein aus diesem Ziel abgeleitetes Funktionsgefüge, eine Struktur, definiert.

Die so gebildeten Familienfunktionen, zu denen natürlich auch die generative Struktur als Reproduktionsfunktion gehört, können in unterschiedlichen Gesellschaftssystemen oder in unterschiedlichen Entwicklungsstadien einer Gesellschaft unterschiedliche Mittel zu ihrer Erfüllung erfordern. Mit der Identifizierung dieser Mittel erlauben sie eine sinnvolle (und nicht nur zufällige) Auswahl und Gewichtung derjenigen sozioökonomischen Faktoren, die direkt oder indirekt die Reproduktion innerhalb der Familien und damit dann natürlich auch das generative Verhalten der betreffenden Gesellschaft zu steuern vermögen.

Dieses Beispiel für einen — aufgrund genauerer Differenzierung zwischen den auf unterschiedlichen Abstraktionsebenen angesiedelten Strukturbegriffen entworfenen — strukturtheoretischen Ansatz, der natürlich noch der weiteren Konkretisierung und Operationalisierung sowie der empirischen Überprüfung bedarf, mag eine Richtung unter vielen möglichen andeuten, die einzuschlagen sich lohnen könnte, um eine Theorie des demographischen Übergangs als allgemeine Bevölkerungstheorie zu erarbeiten, die Politiker wie Wissenschaftler von der Aufgabe befreien könnte, jede Veränderung der Geburtlichkeit immer wieder aufs neue auf ihre speziellen Ursachen hin zu untersuchen ... zu erfragen ... zu erahnen.

Hilde Wander

Ökonomische Theorien des generativen Verhaltens

Es gehört zu den Standardklagen in der gegenwärtigen bevölkerungspolitischen Diskussion, der Bevölkerungswissenschaft mangele es an Theorien zur Erklärung des derzeitigen Geburtenrückgangs in den Industrieländern wie auch zur Erklärung der Bevölkerungsvorgänge in der Dritten Welt. Deshalb, so wird dann weiter gefolgert, könne man auch den Politikern nur wenig Entscheidungshilfe bieten.

Sieht man sich dagegen das Schrifttum zur Theorie des generativen Verhaltens an, das sich allein in den letzten 10—15 Jahren angesammelt hat, so erscheint die Berechtigung solcher Klagen zweifelhaft. Natürlich kann man aus der Fülle der Literatur noch nicht auf die Brauchbarkeit des verfügbaren theoretischen Instrumentariums schließen. Die Ansicht, die Bevölkerungswissenschaft vernachlässige den Ausbau ihres theoretischen Fundaments, wird dadurch aber in Frage gestellt. Vor allem US-amerikanische Ökonomen haben wesentliche Beiträge zur theoretischen Erklärung des generativen Verhaltens geliefert. Sicher haben wir keine Theorie, wie sie Schubnell vorschwebt, „die, individual- und sozialpsychologisch begründet, die Entscheidungsprozesse im Mikrobereich der Familie und deren Wechselwirkungen mit Bedingungen und Einflüssen des Makrobereichs der Gesellschaft, des Staates für alle Bevölkerungen und Zeitabschnitte zu erklären vermag."[1] Ich meine aber, daß wichtige Schritte in Richtung auf ein solches, wahrscheinlich niemals voll zu realisierendes Ziel gemacht sind.

Bevor wir uns mit dem Inhalt der „ökonomischen Fruchtbarkeitstheorie" befassen, stellt sich die Frage, was unter einer Theorie zu verstehen ist und welche Anforderungen sie erfüllen muß; denn darüber besteht keineswegs Einigkeit. Wenn wir uns im folgenden ein Urteil über den Nutzen und die Anwendungsmöglichkeiten bestimmter Theorien bilden wollen, brauchen wir einen Standard. Die Brockhaus Enzyklopädie (1973, Bd. 18) bietet uns in sinngemäßer Übereinstimmung mit der Encyclopedia Britannica folgende Definition an:

„Theorie ist die wissenschaftlich zusammenfassende Erklärung eines Phänomenkomplexes mit dem systematischen Ziel einer geregelten Ord-

---

[1] Schubnell, H.: Ist die Erde übervölkert? In: Schweizerische Zeitschrift für Volkswirtschaft und Statistik, Vol. 111, 1975, S. 414.

nung zusammengehöriger Gegenstände. Sie stützt sich auf Erfahrung (Beobachtung, Versuch) wissenschaftlicher Annahmen und die gewonnenen Gesetzmäßigkeiten. Sie besitzt demnach gegenüber Hypothese, Fiktion oder Einzelgesetz prinzipiell umfassenden Charakter. Selbst wenn eine Theorie aufgegeben wird, behält sie ihre heuristische Bedeutung."

Das ist m. E. eine zutreffende Beschreibung des Wesens von Theorien, vor allem solcher, wie sie die Bevölkerungswissenschaft bieten kann, jedoch scheint sie den Ansprüchen vieler Sozialwissenschaftler nicht zu genügen. Man verlangt Theorien, die nicht nur zusammenhängende Sachverhalte auf Grund von Logik und Erfahrung systematisch ordnen und erklären, sondern zugleich empirisch nachweisbar sind, Zukunftsprognosen erlauben, nicht durch Einzelereignisse widerlegt werden und möglichst so umfassend sind, daß sie für alle Bevölkerungen und Epochen gelten. Wenn solche Ansprüche gestellt werden, dann besitzt die Bevölkerungswissenschaft in der Tat keine Theorien. Dasselbe gilt dann aber auch für die Ökonomie, die Soziologie und alle anderen Sparten der Sozialwissenschaft.

Leibenstein[2] nennt solche Erwartungen „the romantic approach to theory", die angesichts der Komplexität und Variabilität der sozio-ökonomischen Prozesse unerfüllbar sind. Das heißt nicht, daß man nicht nach empirischen Beweisen, Universalität und hohem Prognosewert streben sollte. Das Fehlen solcher Qualitäten macht eine Theorie aber nicht wertlos. Entscheidend ist in allen Fällen der Erklärungswert. Hinsichtlich der Möglichkeit, Prognosen zu stellen, schreibt Leibenstein: „Explanation without prediction is sufficient but prediction without explanation is of no consequence from a scientific standpoint." Ähnliches gilt für die empirische Nachweisbarkeit, die oft nicht zu erbringen ist, und für die Forderung nach Universalität, die — wenn sie zu weit getrieben wird — zu wirklichkeitsfremder Abstraktion und erklärungsarmer Verallgemeinerung führt.

Nach Leibenstein muß eine Theorie logisch konsistent sein, plausible Annahmen über Verhaltensweisen enthalten und mit der Erfahrung übereinstimmen. Sie sollte danach beurteilt werden, ob und inwieweit sie ein kohärentes Bild der relevanten Fakten und Beziehungen einschließlich der bekannten Verhaltensweisen vermittelt; ob und inwieweit sie unser Verständnis von den betreffenden Zusammenhängen erweitert, und ob

---

2 Leibenstein, H.: Beyond Economic Man. Cambridge, Mass., 1976

und inwieweit sie es uns erleichtert, zusammenhängende und logische Erklärungen jener Vorgänge zu formulieren, die in den Anwendungsbereich der betreffenden Theorie fallen.

Des weiteren sollte man beachten, daß die Bildung von Theorien ein fortlaufender Prozeß ist. „Fertige" Theorien sind zur Erklärung einer sich ständig wandelnden Umwelt ungeeignet. Theoretische Konzepte müssen deshalb flexibel und ausbaufähig sein. Frank Notestein (1953), der als Vater der umstrittenen „Theorie" des demographischen Übergangs gilt, wies ausdrücklich darauf hin, daß sie in der von ihm vorgelegten allgemeinen Formulierung nicht genügend aussagefähig ist und deshalb weiter entwickelt werden müsse. „It is adequate to delineate the nature ot the problem at hand", so schreibt er, „But it does not answer the concrete questions on which information is needed either for purposes of prediction or for the formulation of policy. It does not do so because it tells us almost nothing precise about costs, magnitudes, and rates of change, and it gives us a minimum of information about the effects of particular courses of action. Yet the formulation of wise policy will require as detailed knowledge as it is possible to secure. Whatever the situation may be in economics, in demography it seems to me that there is less need for work on the over-arching theory of change than for knowledge at lower levels of generality."[3]

Diesen Weg ist die „ökonomische Theorie der Fruchtbarkeit" gegangen. Sie ist aus einem anfangs sehr engen, hauptsächlich auf das generative Verhalten in hochentwickelten Ländern bezogenen Konzept allmählich zu einer breiten, entwicklungsbezogenen Theorie herangereift, die ständig weiter vervollständigt wird. Anlaß für die Ökonomie, sich mit fruchtbarkeitstheoretischen Fragen zu befassen, war die Notwendigkeit, Familienplanung in die gesamtwirtschaftliche Planung — insbesondere der Entwicklungsländer — einzubauen. Dafür mußten nicht nur die Zusammenhänge zwischen Fruchtbarkeits- und Wirtschaftsentwicklung genauer erklärt, sondern auch Methoden für vergleichende Evaluierung von Familienplanungsprogrammen erarbeitet werden. Man war deshalb bestrebt, die Theorien möglichst operabel, also empirisch nachweisbar, zu gestalten.

---

3 Notestein, F. W.: Economic Problems of Population Change. In: Proceedings of the Eighth International Conference of Agricultural Economists. London, New York, Toronto 1953, S. 27.

„Ökonomische Theorie" ist nicht so zu verstehen, als sollten Fruchtbarkeitsveränderungen ausschließlich durch ökonomische Einflüsse erklärt werden. Die Bezeichnung weist lediglich darauf hin, daß hier ein ökonomischer Denkansatz gewählt ist. Ökonomie heißt knappe Ressourcen so einzusetzen, daß sie einen größtmöglichen Nutzen stiften. Weder die Art der Ressourcen noch die Art des Nutzens sind dabei fixiert, solange man diesen zumindest gedanklich einen Preis zuordnen kann. Haushalte verfügen wie andere Wirtschaftsträger über Ressourcen, und Kinder stiften dem Haushalt wie wirtschaftliche Güter materiellen und immateriellen Nutzen im Austausch gegen die eingesetzen Ressourcen. Es ist also nicht unlogisch, das generative Verhalten von Ehepaaren oder Einzelpersonen mit ökonomischen Argumenten zu erklären. Eine moralische Wertung ist damit nicht verbunden.

An der Entwicklung der ökonomischen Fruchtbarkeitstheorie oder besser gesagt der „Ökonomischen Theorie der Familienbildung" sind drei verschiedene Schulen beteiligt: Die Chicago-Schule, als deren Begründer Gary S. Becker gilt, sowie die durch Harvey Leibenstein und Richard A. Easterlin vertretenen Richtungen. Leibensteins fruchtbarkeitstheoretische Überlegungen reichen in die fünfziger Jahre zurück. Er vertrat die Ansicht, daß Ehepaare die gewünschte Zahl ihrer Kinder auf Grund ungefährer Kosten-Nutzenerwägungen bestimmen, wobei er unter „Kosten" sowohl die monetären als auch die psychischen Lasten der Kinderaufzucht und unter „Nutzen" den Gewinn der Eltern an Befriedigung, sozialem Ansehen, potentieller Einkommenskapazität und sozialer Sicherheit verstand.[4]

Die Theorie der Chicago-Schule war von Anfang an präziser formuliert, dafür aber weniger umfassend. Sie basiert im wesentlichen auf zwei Arbeiten von Becker aus den Jahren 1960 und 1965[5] und bezieht sich in erster Linie auf die Verhältnisse in hochentwickelten Ländern, insbesondere den USA, und auf Familien, die die Zahl ihrer Kinder genau planen. In diesem Konzept üben die Haushalte produzierende und konsumierende Funktionen in einer vor allem durch die Güter- und Arbeitsmärkte geprägten Umwelt (Verbindung zur Makroebene) aus. Dabei setzen sie ihre Ressourcen in Form von Zeit und Geld so ein, daß die Summe des erwarteten Nutzens aller von ihnen selbst erzeugten und am Markt erwor-

---

4 Leibenstein, H.: Economic Backwardness and Econimic Growth. New York, London 1957, S. 161.
5 Becker, G. S.: An Economic Analysis of Fertility. In: Demographic and Economic Change in Developed Countries. Princeton, N. J. 1960, S. 209—231. — Derselbe, A Theory of the Allocation of Time. „The Economic Journal", London, Vol. 75 (1965), S. 493—517.

benen Güter und Dienste ein Maximum bildet. Das heißt nicht, daß das erwartete Nutzenmaximum auch tatsächlich realisiert wird, noch daß es nur auf materiellen Erwägungen basiert. Es ist ein Handlungsziel im Streben nach größtmöglichem „Vorteil", was immer vom Standpunkt des Einzelhaushalts darunter zu verstehen ist. Kinder gelten in diesem Kontext als eine Art „dauerhaftes Gut", das wie andere dauerhafte Güter Nutzen in Form von Befriedigung, höherem Status und/oder größerer wirtschaftlicher und sozialer Sicherheit verspricht und mit diesen bei der Verteilung der Ressourcen konkurriert. Somit bestimmt sich — bei gegebenen Ressourcen, Preisen und Präferenzen und bei gemeinsamer Nutzenfunktion aller Haushaltsmitglieder — die optimale Zahl der vom Haushalt „nachgefragten", d. h. gewünschten Kinder aus der relativen Kosten-Nutzenbilanz der Kinderaufzucht gegenüber den konkurrierenden Gütern und Diensten.

Definitorisch entsprechen die Nettokosten der Kinderaufzucht dem Gegenwartswert aller bis zur beruflichen Selbständigkeit erforderlichen monetären Aufwendungen plus den Schattenkosten des nicht-monetären Aufwandes in Form von Zeit, anderen Verzichten (z. B. im beruflichen Fortkommen) und psychischen Belastungen (z. B. Sorgen, Ärger, Unruhe) abzüglich des Gegenwartswertes des erwarteten emotionalen (z. B. Freude, Ansehen) und materiellen Nutzens (z. B. späterer Verdienst, Hilfe im Alter). Maximaler Gesamtnutzen wird bei einer Kinderzahl erreicht, bei der der Quotient aus den Grenzkosten der Kinderaufzucht (K) und den Grenzkosten aller übrigen, den Lebensstandard der Familie bestimmenden Güter und Dienste (S) gleich dem Quotienten ihrer Schattenkosten ist $\frac{\Delta N_K}{\Delta N_S} = \frac{\pi K}{\pi S}$

Nur ein Teil der zahllosen Faktoren, die die Kosten und Nutzen von Kindern bestimmen, läßt sich quantifizieren. Als ein repräsentatives Kostenelement gilt in diesem Modell neben dem erfaßbaren monetären Aufwand die Zeit, die die Mutter für die Betreuung ihrer Kinder aufbringen muß. Ihr Wert schlägt um so höher zu Buch, je höher die Löhne am Arbeitsmarkt liegen. Frauen mit einer qualifizierten Schul- und Berufsausbildung leisten demgemäß durch die Aufzucht der Kinder vergleichsweise große Einkommensverzichte (income foregone).

Der mit der Rationalisierung der Produktionsprozesse steigende Lohnwert der Zeit ist ein Hauptargument der Chicago-Schule zur Erklärung der zunehmenden Neigung der Eltern, weniger Kinder höherer „Qualität" für mehr Kinder geringerer „Qualität" zu substituieren. Der Ausdruck „Qualität" enthält wiederum keine moralische Wertung, sondern soll lediglich Unterschiede in der Höhe der Kosten (Aufzuchtinvestitionen) insbesondere für die Bildung der Kinder kennzeichnen. Durch diese Substitution erklären sich nach Becker sowohl der säkulare Geburtenrückgang als auch schichten- bzw. bildungsspezifische Fruchtbarkeitsdifferenzen.

Die Einführung des „Qualitätsbegriffs" machte es u. a. möglich, die Beziehung zwischen Einkommen und Kinderzahl zu präzisieren. In Beckers Version haben reichere Familien vergleichsweise (d. h. an ihrem Einkommen gemessen) wenige Kinder, weil sie eine höhere „Qualität" (ein teureres „Gut") bevorzugen, nicht aber weil ihre Kinderwünsche negativ mit dem Einkommen korrelieren. Die Einkommenselastizität der „Nachfrage" nach Kindern ist in jedem Fall positiv, doch ist sie bezüglich der „Qualität" viel höher als bezüglich der Zahl. Das heißt, daß unter ceteris paribus Bedingungen die Zahl der Kinder zwar nicht proportional, aber dennoch stetig mit dem Einkommen zunimmt. Wenn ärmere Familien in der Regel mehr Kinder als reiche haben, liegt das nach Becker vor allem daran, daß sie weniger Geburtenkontrolle üben und viele ihrer Kinder unerwünscht sind.

Das Chicago-Modell ist stark kritisiert worden, nicht nur von Soziologen wie Okun,[6] Ryder[7] und Blake,[8] sondern auch von Ökonomen, insbesondere von Duesenberry,[9] Leibenstein,[10] Easterlin[11] und selbst von seinen Anhängern Nerlove[12] und Schultz.[13] Widerspruch erregten u. a. der statische Ansatz und die unterstellte Annahme, daß die Entscheidung über

---

6 Okun, B.: Comment. In: Demographic and Economic Change in Developed Countriau, a.a.O., (s. unter 5), S. 235—240
7 Ryder, N. B.. Comment. „Journal of Political Economy", Chicago, Vol. 81 (1973), Nr. 2, Part II, S. 65—69.
8 Blake, J.: Income and Reproductive Motivation. „Population Studies", London, Vol. 21 (1967), S. 185—206. — Dieselbe, Are Babies Consumer Durables? „Population Studies", a.a.O., Vol. 22 (1968), S. 5—25.
9 Duesenberry, J. S.: Comment. In: Demographic and Economic Change in Developed Countries, a.a.O., (s. unter 5), S. 231—234
10 Leibenstein, H.: The Economic Theory of Fertility Decline. „The Quarterly Journal of Economics', Cambridge, Mass., Vol. 89 (1965), S. 1—31.
11 Easterlin, R. A.: Towards a Socioeconomic Theory of Fertility: A Survey of Recent Research on Economic Factors in American Fertility. In: S. J. Behrman, Leslie Corsa and Ronald Freedman (Hrsg.), Fertility and Family Planning. A World View. Ann Arbor, Mich. 1969, S. 127—156.
12 Nerlove, H.. Household and Economy: Toward a New Theory of Population and Economic Growth. „Journal of Political Economy", a.a.O. (s. unter 7), Vol. 82 (1974), Nr. 2, Part II, S. 200—218.
13 Schultz, Th. W.: The Value of Children: An Economic Perspective. „Journal of Political Economy" a.a.O. (s. unter 7), Vol. 81 (1973), Nr. 2, Part II, S. 2—13.

die Zahl der Kinder zu einem bestimmten Zeitpunkt im Lebenszyklus — etwa bei der Eheschließung — und nach einem festen Lebensplan erfolge. Ferner wurde die Gleichsetzung von Kindern mit dauerhaften Gütern bemängelt. Vor allem aber wurde bezweifelt, daß bei konsequenter Geburtenplanung Zahl und Qualität der Kinder für Familien aller Einkommensklassen beliebig austauschbar seien. Als erster trat Duesenberry (1960) dieser Auffassung entgegen mit dem Hinweis, daß die Kindererziehung erhebliche Statuskosten beinhalte, die die Freiheit der Wahl zwischen Zahl und Qualität einengten, und dieses Argument spielte in der ganzen folgenden Diskussion eine zentrale Rolle. Leibenstein (1965) wies vor allem darauf hin, daß die Entscheidung der Eltern für ein Kind zugleich langfristige feste Verpflichtungen beinhalte, die nicht rückgängig zu machen seien, und daß der Anteil dieser „Fixkosten" (commitments) an dem verfügbaren Einkommen mit dem Status zunehme. Einkommen und Status seien nicht identisch. Bei gleichem Einkommen würden die statushöheren Haushalte in ihrer Wahl zwischen Zahl und „Qualität" der Kinder viel stärker eingeengt als Haushalte mit geringerem Status.

Leibenstein wandte sich außerdem dagegen, die Schattenkosten des Zeitaufwandes der Mutter nach ihrem entgangenen Verdienst am Arbeitsmarkt zu bemessen. Er meint, man müsse das Entgelt für Kindermädchen (oder auch für Verwandte) in Ansatz bringen. Da dieses für alle Einkommensklassen gleich sei, so könne der höhere Verdienstausfall der besser gebildeten Mutter keine Erklärung für die kleinere Kinderzahl der höheren Einkommensklassen bieten. Leibensteins erster Einwand ist grundsätzlicher Art und stellt eine wesentliche Ergänzung des ursprünglichen Konzepts dar. Sein zweiter Einwand trifft dagegen nur für bestimmte Situationen zu. Immerhin warnt er vor einer zu einseitigen Bewertung der Schattenkosten, deren Komposition sich im Entwicklungsablauf mannigfach verändert und auch für die verschiedenen sozialen Schichten nicht notwendigerweise identisch ist.

Bei allen Schwächen des Chicago-Modells darf jedoch nicht übersehen werden, daß es die Diskussion um die sozio-ökonomischen Determinanten der Fruchtbarkeit sehr beflügelt hat. Sowohl Easterlins als auch Leibensteins Theorien sind aus der Auseinandersetzung mit der Chicago-Schule entstanden, ebenso wie sich die Vertreter dieser Schule den Auffassungen ihrer Hauptopponenten inzwischen weitgehend anschließen.

Easterlin[14] hat die Diskussion durch zwei Aspekte bereichert und sich vor allem um die Einbeziehung soziologischer Kriterien in die theoretischen Überlegungen bemüht. Er hat einmal auf die Bedeutung intergenerativer Einflüsse auf die Lebensansprüche (tastes) hingewiesen und zum anderen wichtige Argumente zur Erklärung des demographischen Übergangs beigesteuert. An Hand von empirischen Analysen stellte Easterlin fest, daß die altersspezifischen Fruchtbarkeitsraten amerikanischer Frauen im Zeitablauf positiv mit einem generationsbezogenen Einkommensindex korrelierten, den er aus dem realen Durchschnittseinkommen junger Familienvorstände (Alter unter 24 Jahre) und dem relativen Durchschnittseinkommen älterer Familien (Vorstand 35—44 Jahre) fünf Jahre davor errechnete. Er folgerte daraus, daß die Erwartungen junger Ehepaare wesentlich durch Erfahrungen geprägt werden, die sie während ihrer Jugend im Elternhaus machen. Die in den dreißiger Jahren unter vergleichsweise ärmlichen Verhältnissen herangewachsene Generation stellte seiner Ansicht nach relativ geringe Ansprüche an den eigenen Lebensstandard und brachte als Reaktion auf die steigenden Einkommen in den fünfziger Jahren den Babyboom hervor. Ihre Kinder, die in größerer Wohlhabenheit aufwuchsen, hatten dagegen höhere materielle Erwartungen, die sie bei der schärferen Konkurrenz am Arbeitsmarkt und den entsprechend ungünstigeren Einkommensaussichten nur realisieren konnten, indem sie ihre Fruchtbarkeit reduzierten. Easterlin glaubte, daß sich aus diesem Mechanismus in den achtziger Jahren ein neuer Babyboom ergeben müsse.

Die Einführung dieses intergenerativen Sozialisationskonzepts bedeutete einen ersten Schritt zu einer systembezogenen Behandlung der Präferenzen, die in Beckers Modell nur als exogene Variablen eingehen. Easterlins Version wurde nicht bereitwillig akzeptiert. Vor allem wandte sich Leibenstein (1974)[15] gegen diese recht einseitige Determinierung und gegen die Vorstellung konstanter Präferenzen, die Easterlin selbst schon wieder aufgegeben hatte. Easterlin (1976) hält es für wahrschein-

---

14 Easterlin, R. A.: On the Relation of Economic Factors to Recent and Projected Fertility Changes. „Demography", Chicago, Vol. 3 (1966), S. 131—153. — Derselbe, Population, Labor Force and Long Swings in Economic Growth — The American Experience. New York, London 1968. — Derselbe, An Economic Framework for Fertility Analysis. „Studies in Family Planning", New York, Vol. 6 (1975), S. 54—63. — Derselbe, The Conflict Between Aspirations and Resources. „Population and Develpoment Review", New York, Vol. 2 (1976), S. 417—425.
15 Leibenstein, H.: An Interpretation of the Economic Theory of Fertility: Promising Path or Blind Alley? „The Journal of Economic Literature", Menasha, Wis., Vol. 12 (1974), S. 457—479. — Derselbe, The Economic Theory of Fertility — Survey, Issues and Consideraations. In: International Population Conference Mexico 1977, Vol. 2, S. 49—64.

lich, daß die Aspirationen, obwohl im Elternhaus vorgeprägt, mit dem Einkommen steigen und dadurch den positiven Zusammenhang zwischen Einkommen und Kinderzahl abschwächen. Leibenstein (1977) meint, daß dabei der Lebensstandard vergleichbarer Gruppen eine wesentliche Rolle spiele, was sich vor allem bei Einwanderern und Statuswechslern zeige, die allmählich die Verhaltensweisen ihrer neuen sozialen Umgebung annehmen. In beiden Fällen handelt es sich um weitere Erklärungen des Beckerschen „Substitutionsarguments". Die Wahl zwischen Zahl und „Qualität" der Kinder basiert ja nicht auf einer strengen, objektiven Kalkulation des Einkommensverzichts; sie hängt immer von der subjektiven Bewertung von Wohlstand und Status ab. Easterlin und Leibenstein deuten an, wie sich diese verschiedenen objektiven und subjektiven Kriterien operational verbinden lassen.

Eine neue Untersuchung von Oppenheimer (1976)[16] ist in diesem Zusammenhang von Interesse. Sie zeigt, daß sich die relative Einkommenslage der jungen amerikanischen Haushalte (Vorstand 18—24 Jahre) zwischen 1960 und 1970 nicht nur gegenüber ihren elterlichen Haushalten stark verschlechterte (wie von Easterlin postuliert), sondern auch gegenüber den Haushalten, deren Vorstand der unmittelbar folgenden Altersklasse (25—34 Jahre) angehörte. Oppenheimer macht darauf aufmerksam, daß es im Lebenszyklus der Familie zwei Phasen hoher relativer Belastung gibt, einmal bei der Familiengründung und später, wenn die Kinder herangewachsen sind und eine teure Ausbildung absolvieren. Wenn die Kinder groß sind, ist die Mutter oft wieder erwerbstätig, so daß die jungen Leute im elterlichen Hause nicht nur hohen Wohlstand erleben, sondern auch die Erwerbstätigkeit der Frau als einen natürlichen Weg zu dessen Sicherung akzeptieren. In ihrem Lebensstil eifern sie vor allem den nächstälteren Haushalten nach, die sich in einem Stadium vergleichsweise geringerer Belastung befinden. Darin sieht Oppenheimer einen weiteren Anlaß für die jungen Frauen, nach der Eheschließung im Beruf zu bleiben und vorerst — oder für immer — auf Kinder zu verzichten. Er glaubt, daß sich dieses Verhaltsmuster weiter festigen und den von Easterlin für die achtziger Jahre prophezeiten Babyboom erheblich abschwächen wird. Diese Überlegungen deuten auf einen Zusammenhang zwischen der Bildung von Präferenzen einerseits und den (statistisch meßbaren) Alters- und Einkommensstrukturen hin. Weitere empirische Tests sind nötig, um den Grad und die Bedeutung dieser Beziehungen genauer zu belegen und die Methoden der Messung zu verfeinern. Damit bieten sich dann auch Wege und Möglichkeiten zur Verbesserung von Bevölke-

---

16 Oppenheimer, V. K.: The Easterlin Hypothesis: Another Aspect of the Echo to Consider. „Polulation and Development Review", a.a.O. (s. unter 14), Vol. 2 (1976), S. 433—457.

rungsprognosen an. Durch die Berücksichtigung altersspezifischer Einkommensdifferenzen in den Fruchtbarkeitsannahmen wäre ein wichtiger Bezug zur sonst schwer abzuschätzenden wirtschaftlichen Entwicklung hergestellt. Experimente dieser Art gibt es bereits.[17]

Easterlins (1975) zweiter Beitrag zum Ausbau der ökonomischen Fruchtbarkeitstheorie dient vor allem dem Zweck, eine Brücke zu den soziologischen Theorien, insbesondere zu der von Davis und Blake[18] zu schlagen. In seiner Version hängt die Höhe der Fruchtbarkeit von drei Komponenten ab:

a) von der „Nachfrage" nach Kindern, die er als die Zahl der überlebenden Kinder definiert, die sich Eltern wünschen, wenn die Geburtenregelung „kostenlos" ist;

b) vom potentiellen „Angebot" an Kindern, definiert als die Zahl der überlebenden Kinder, wenn die Eltern keine beabsichtigte Geburtenkontrolle üben; und

c) von den subjektiven (psychischen) und den objektiven Kosten (Zeit und Geld) der Geburtenkontrolle.

Easterlin ergänzt das gängige Modell durch solche Variablen, die auch den Verhältnissen der Entwicklungsländer faktisch und statistisch angemessen sind. Die in die Komplexe „Nachfrage" und „Angebot" von Kindern eingehenden Faktoren — wie Sterblichkeit, Gesundheitszustand, natürliche Fruchtbarkeit und tradierte „Geburtenkontrolle" — sind vergleichbare Tatbestände, für die es prägnante statistische Indikatoren gibt. Auch die objektiven und subjektiven „Kosten" der Geburtenregelung lassen sich an Hand repräsentativer Merkmale — z. B. Art und Verbreitung familienplanerischer Dienste, Verbreitung tradierter Praktiken und Institutionen wie Frühehe, Kinderarbeit, Großfamilie, etc. — nach ihrem Stellenwert abschätzen.

Obwohl Easterlin den demographischen und den Verhaltensvariablen Vorrang gibt, bleibt er auf dem Boden der konventionellen, durch Einkommen, Preise und Präferenzen bestimmten Haushaltstheorie. Er weist jedoch auf den Bedeutungswandel hin, den diese Komponenten im Verlauf der demographischen Entwicklung erfahren. Zu Beginn des Sterblichkeitsrückgangs kann sich das generative Verhalten und damit die

---

17 Lee, R. D.: Demographic Forecasting and the Easterlin Hypothesis. „Population and Development Review"; a.a.O. (s. unter 14), Vol. 2 (1976), S. 459—468.
18 Davis, K. und J. Blake: Social Structure and Fertility. „Economic Development and Social Change", Chicago, Vol. 4 (1956), S. 211—235.

„Nachfrage" nach Kindern selbst bei gleichbleibenden Einkommen, Preisen und Präferenzen verändern, und zwar allein durch die Wahrnehmung der höheren Überlebenschancen. Ähnliches gilt für die Rolle tradierter Verhaltensweisen. Sie sind in der Regel auf eine Steuerung der Fruchtbarkeit angelegt. In fast allen Gesellschaften gibt es Praktiken, durch die die effektive Fruchtbarkeit unterhalb des physiologischen Maximums gehalten wird. Solche tradierte „Geburtenkontrolle" wird jenseits konsumorientierter Nutzenüberlegungen geübt; sie vollzieht sich im Rahmen bestehender Normen und Vorschriften über Heirat und Geschlechtsverkehr. Die „Nachfrage" nach Kindern unterliegt hier nicht der freien Entscheidung der Eltern. Sie leitet sich aus der (großenteils sozial determinierten) Häufigkeit des Geschlechtsverkehrs ab, ist also über lange Entwicklungsperioden gar kein autonomes Handlungskriterium.

Easterlins Modell macht deutlich, daß Bereitschaft zur Familienplanung erst entstehen kann, wenn die Sterblichkeit genügend gesunken ist und das „potentielle Angebot" die „Nachfrage" nach Kindern wirksam übersteigt und daß solche Bereitschaft erst zum Handeln führt, wenn die „psychischen" Kosten (insbesondere die sozialen Barrieren) genügend abgebaut sind. Von dann ab kann ein gut organisiertes Programm der Familienplanung mit wachsendem Zuspruch rechnen. Erst dann entstehen allmählich solche Bedingungen, auf die sich das Chicago-Modell bezieht.

Easterlin kommt es darauf an, bestimmte soziale, wirtschaftliche und demographische Konstellationen aufzuzeigen, unter denen sich das generative Verhalten im Laufe des demographischen Übergangs verändert. Sein Modell erklärt verschiedene Ablaufmuster, wie sie in der Wirklichkeit zu beobachten sind. Es trägt einer vorübergehenden Zunahme der Fruchtbarkeit wie auch den verschiedenen Formen eines verzögerten oder beschleunigten Rückgangs Rechnung.

Wie für Becker, so besteht auch für Easterlin ein positiver Zusammenhang zwischen Einkommen und Fruchtbarkeit. Mehr Einkommen gestattet es — ceteris paribus — mehr Kinder aufzuziehen. Da das Einkommen aber auch positiv mit der Lebenserwartung, der Bildung, der Gesundheit und der Mobilität korreliert ist, die ihrerseits über verschiedene Mediatoren auf die Konstellation von Angebot, Nachfrage und Kosten einwirken, stellt man im Endeffekt — und nach einer gewissen Anpassungszeit — einen Gegenlauf zwischen Fruchtbarkeits- und Einkommensentwicklung fest. Easterlins Modell macht klar, daß es auf Grund der wechselhaften Verknüpfung der verschiedenen Variablen wenig aussichtsreich ist, einen Geburtenrückgang mit einseitigen Maßnahmen der Einkommensverbesserung oder des Angebots von Kontrazeptiva zu induzieren, solange eine spontane Bereitschaft zur Familienplanung noch fehlt.

Leibenstein (1976, 1977), der einst den Anstoß zur konsumtheoretischen Betrachtung der Fruchtbarkeit gab, hat sich davon inzwischen in wesentlichen Punkten wieder entfernt. In seiner „selektiven Rationalitätstheorie" wendet er sich gegen das klassische Postulat der Nutzenmaximierung und gegen die Betrachtung des Haushalts als Entscheidungseinheit. Angelpunkt seiner Theorie ist die Trägheit (concept of inert areas oder X-efficiency), d. h. die Neigung, an gewohnten Handlungsweisen oder Positionen festzuhalten. Der Grad der Trägheit ist von Mensch zu Mensch und von Fall zu Fall verschieden, nimmt aber insgesamt im Laufe der Entwicklung zugunsten höherer Rationalität ab. Dadurch erklären sich nach Leibenstein die Verzögerungen im säkularen Rückgang der Fruchtbarkeit sowie die nationalen und gruppenspezifischen Differenzen im generativen Verhalten. Zu Beginn der Entwicklung sind starke externe Antriebe erforderlich, um einen Wandel im gewohnten Fruchtbarkeitsverhalten zu induzieren, dessen Intensität wiederum vom individuellen oder gruppenspezifischen Grad der Trägheit — der inneren Einstellung — abhängt. Die innere Einstellung entscheidet auch darüber, wie rasch Wanderer oder Statuswechsler die Verhaltensnormen der neuen Gruppe übernehmen oder zu welchen Zeitpunkten des Lebenszyklus eine aktive Bereitschaft zur Geburtenkontrolle entsteht. Beckers Postulat der Nutzenmaximierung stellt in Leibensteins Theorie allenfalls einen Grenzfall dar, der erst am Ende eines langen Prozesses zu perfektem rationalem Handeln relevant wird. Aber auch dann erscheint Leibenstein das Prinzip der Nutzenmaximierung nur auf den einzelnen, nicht aber auf den Haushalt anwendbar. Entscheidungen auf der Haushaltsebene sind immer Kompromisse zwischen den Interessen des Hauptentscheidungsträgers und der übrigen Mitglieder. Die Wahrnehmung individueller Interessen ist vor allem im System der traditionellen Großfamilie zugunsten gemeinschaftlicher Verpflichtungen stark eingeengt. Sie ist in der Kleinfamilie leichter, schließt aber auch hier immer Rücksicht auf andere ein. Eine gemeinsame Nutzenfunktion entspricht nicht der Realität.

Leibensteins Erwägungen sind sicher nützlich, um die vielfältigen Formen der Anpassung des generativen Verhaltens an Veränderungen der wirtschaftlichen und sozialen Umwelt zu erklären. Sie zeigen Schwachstellen in den bisherigen Denkansätzen auf und können für weitere theoretische Überlegungen richtungweisend sein. Operationalisierbar wie Beckers und Easterlins Konzepte sind sie aber nicht. Empirische Nachweisbarkeit entsprach — wie schon erwähnt — auch gar nicht Leibensteins (primären) Intentionen. Er will erklären, nicht beweisen. Dennoch mag man sich fragen, ob er bei der Suche nach größerer Klarheit nicht zugleich neue Verwicklungen schuf. So ist z. B. sein Rationalitätsbegriff viel zu eng gefaßt, um widerspruchslos akzeptiert zu werden. Wieso ist nur kalkuliertes, auf umfassender Information basierendes Handeln rational? Ist es irrational (unvernünftig), wenn jemand auf Grund seiner inneren Einstellung am Althergebrachten festhält und Neuerungen nur zögernd überninmt? Können nicht Geborgenheit, Sicherheit, Vermeidung von Risiken, soziale Verantwortung oder auch Bequemlichkeit für den einzelnen so wertvoll sein, daß sein Nutzenmaximum den Verzicht auf neue Chancen einschließt? Wie dem auch sei, die Feststellung selektiver Rationalität besagt noch gar nichts, wenn nicht die Motive und Antriebe dafür bekannt sind. Sobald diese in den Vordergrund gestellt werden, ist auch der Bezug zu Beckers und Easterlins Konzepten weitgehend wieder hergestellt. In beiden ist durch die ,,Präferenzen" (tastes) der gesamte Katalog der Normen, Wertvorstellungen und Aspirationen abgedeckt, und es macht gedanklich gar keine Schwierigkeiten, daraus alle bedeutsamen Unterschiede im generativen Verhalten abzuleiten.

Beckers und Easterlins Theorie haben den Vorzug, daß sie klar formuliert sind und es erlauben, aus dem unüberschaubaren Wechselspiel zahlloser Variablen einzelne wichtige Beziehungen — z. B. zwischen Fruchtbarkeit und Sterblichkeit, Bildung, Gesundheit, Einkommen, etc. — herauszulösen und zu bewerten. Vor allem machten sie es möglich, bestimmte konzeptionelle Fragen eindeutig zu klären. Es konnte gezeigt werden, daß das erwartete Lebenseinkommen (permanent income) und nicht das laufende Einkommen (current income) für das generative Verhalten bedeutsam ist und daß bei den Entscheidungen für oder gegen ein weiteres Kind die durch den Lebensstandard bzw. den Status bestimmten ,,Kosten" der Kinderaufzucht in Form von Zeit und Geld und nicht die effektiven Ausgaben zählen. Wichtig ist ferner die exakte Unterscheidung zwischen Einkommenseffekt und den kompensierenden Wirkungen der Preis- und Lohnentwicklung und anderer Variablen wie Bildung, Status, Sterblichkeit. Ebenso belangvoll ist die Trennung zwischen dem Einkommen des Mannes als Haushaltsressource und dem Einkommen der Frau als Schattenpreis der Kinderaufzucht. Das sind Erkenntnisse, die nicht nur für die empirische Forschung, sondern auch für die politische Praxis wertvoll sind.

Durch das Hervorheben einzelner meßbarer Variablen sind Beckers und Easterlins Modelle zwangsläufig abstrakter als Leibensteins Ansatz. Wenn abstrakte Modelle empirisch getestet werden, so besteht die Gefahr, daß die Ergebnisse zu normativ interpretiert werden. Hinzu kommt, daß zwischen den mikroökonomischen Vorgängen und den Verhältnissen auf der Makroebene, wie sie sich in den statistischen Testwerten ausdrücken, kein einfacher Zusammenhang besteht. Leibensteins Erwägungen sollten deshalb stets in Betracht gezogen werden, wenn es um die Auswertung von Ergebnissen empirischer Analysen geht, die sich auf Beckers oder Easterlins Theorien stützen.

Welche politisch wichtigen Erkenntnisse haben die ökonomischen Fruchtbarkeitstheorien bisher gebracht.?

1. Sie haben wesentlich dazu beigetragen, den komplizierten „Entscheidungsmechanismus", wie er sich auf der Mikroebene abspielt, in seinen verschiedenen Formen und Motivationen etwas durchsichtiger zu machen. Daß es hier um bewußtes oder unbewußtes Wählen mit überlegter oder intuitiver Nutzenorientierung geht, wird kaum noch bestritten. Die Reaktionsweisen der Haushalte bzw. der Individuen auf gegebene Chancen (z. B. Einkommensverbesserung, Bildung) und Zwänge (z. B. hohe Sterblichkeit, Nahrungsmangel) sind mit politischen Mitteln beeinflußbar, wenn man die zugrunde liegenden Erwartungen und Wertvorstellungen berücksichtigt.

2. Durch die ökonomischen Fruchtbarkeitstheorien (insbesondere durch Easterlins Version) wird der Prozeß des demographischen Übergangs in seiner vielfältigen Determinierung und seinen verschiedenen Ausprägungen verständlicher. Sie führen aus der Unverbindlichkeit des konventionellen Übergangskonzeptes heraus und bieten differenzierte, situationsgerechte Erklärungen als Grundlage politischen Handelns an.

3. Die Theorien verdeutlichen, daß angesichts der engen Verzahnung von generativem, wirtschaftlichem und sozialem Verhalten auf der Mikroebene Familienplanung und wohlstandsfördernde Maßnahmen keine politischen Alternativen, sondern integrative Bestandteile einer fortschrittsgerechten Entwicklungsstrategie sind. Sie erlauben es, in den unterschiedlichen Situationen die richtigen Fragen zu stellen und nach relevanten Fakten und Informationen Ausschau zu halten, die die Formulierung angemessener politischer Programme erleichtern.

4. Aus der theoretischen Diskussion ging als ein wichtiges Einzelergebnis hervor, daß die Beziehung zwischen Einkommen und gewünschter Kinderzahl bei gegebenen Preisen und Präferenzen positiv ist. Das bedeutet, daß z. B. in den Entwicklungsländern Einkommensverbesserungen bzw. Arbeitsbeschaffungsprogramme *per se* keinen Rückgang der Fruchtbarkeit induzieren, wenn nicht zugleich Veränderun-

gen im sozialen Status und im Präferenzsystem mit höherer Wertschätzung von Bildung, beruflicher Leistung und materiellem Konsum eintreten. Auf die Industrieländer angewandt heißt das, daß auch hier monetäre Hilfen allein nicht ausreichen, um die Fruchtbarkeit wieder wirksam anzuheben, wenn sich nicht auch die Einstellung zum Kind verändert. Der Kompensationseffekt zunehmender Bildung, vermehrter sozialer Mobilität und wachsender Konsumansprüche, der in den Entwicklungsländern einen wünschenswerten Geburtenrückgang begünstigt, wirkt sich in den Industrieländern als Bremse für einen Fruchtbarkeitsanstieg aus. Eine positive Einstellung zum Kind läßt sich nicht ,,erkaufen". Einkommenstransfers der Größenordnung, die die Kinderaufzucht gegenüber anderen Zielen des Haushalts ,,rentabel" machen könnte, stehen im Widerspruch zu den gesamtwirtschaftlichen Bildungs- und Leistungserfordernissen.

5. Folgt man einer erweiterten Version der Chicago-Schule, so erhält man eine Erklärung für die z. T. uneinheitliche Entwicklung der schichtenspezifischen Fruchtbarkeit. Die Anhebung vor allem der niedrigen Einkommen wirkt sich der Tendenz nach positiv auf die Kinderzahl der unteren Schichten aus. Die Angleichung der Frauen- an die Männerlöhne zusammen mit der vermehrten Bildung und Berufsbildung der Frauen hat jedoch einen entgegengesetzten Effekt. Welche Tendenz sich in welchem Umfang durchsetzt, hängt wesentlich vom Status der Haushalte ab. Angestellten- und Beamtenhaushalte werden bei vergleichbaren Einkommensverbesserungen den potentiellen Lohnverzicht der Mutter in ihrem Kalkül sicher höher veranschlagen als Haushalte ungelernter Arbeiter. Man darf jedoch annehmen, daß wir uns z. Z. noch in einer Anpassungsphase befinden, daß mit dem zunehmenden Wertbewußtsein auch der unteren Schichten, vor allem aber mit dem ständig wachsenden Anteil der ,,Mittelschichten" (zu denen sich auch die gelernten Arbeiter zählen) der Kosteneffekt (income foregone) den Einkommenseffekt bald generell übersteigt. Einkommensverbesserungen werden mehr und mehr als Statusgewinn empfunden, was wiederum höhere Aufzuchtkosten impliziert. Nerlove[12] meint, daß mit dem Anstieg der wirtschaftlichen Produktivität durch wachsende Bildungs- und Kapitalinvestitionen der Zeitaufwand für die arbeitsintensive Kinderpfege gemessen am Lohnverzicht der Mutter allmählich so teuer wird, daß die Eltern nicht nur die Zahl ihrer Kinder begrenzen, um ihnen eine bessere Ausbildung zu geben (d. h. Quantität durch Qualität substituieren), sondern in zunehmendem Maße ganz auf Kinder zugunsten kapital- und bildungsintensiver Güter und Dienste verzichten.

6. Die Vorliebe für moderne, kapitalintensive Güter wie auch für organisationsintensive Dienste der Bildung, Unterhaltung und des Tourismus ist keine neue Erkenntnis. Hier wird aber aufgezeigt, daß sie in einem entwicklungsbedingten Konflikt mit der Fruchtbarkeit steht, der die Tendenz hat, sich weiter zu verfestigen. Man kann nicht darauf vertrauen, daß sich dieser Konflikt von selber löst oder daß er mit regressiven Maßnahmen lohn- oder bildungspolitischer Art zu Lasten der Frauen oder der unteren Sozialschichten zu bewältigen wäre. Aus der ökonomischen Fruchtbarkeitstheorie leiten sich zwei stragische Ansatzpunkte für angemessenes politisches Handeln ab:

> Maßnahmen, die die Kindererziehung „effizienter" gestalten, die z. B. den Zeitaufwand pro Kind verringern. Hierunter fallen u. a. Kinderkrippen, Ganztagsschulen wie auch das umstrittene Modell der „Tagesmütter". Man sollte solche Modelle nicht als unliebsame Neuerungen beiseite schieben, sondern sie aus der gegebenen Konfliktsituation beurteilen.

> Maßnahmen, die den „Nutzen" von Kindern gegenüber materiellen Gütern erhöhen. Hierunter fällt neben ausgewogenen (d. h. leistungserhaltenden) steuerlichen und sonstigen finanziellen Zuwendungen die Anerkennung der Kinderaufzucht als eine gesellschaftliche Aufgabe mit Rechtsanspruch auf späteren Rentenbezug. Es darf jedoch nicht übersehen werden, daß der „Nutzen" von Kindern bei uns vor allem ideeller Natur ist und nicht direkt beeinflußt werden kann. Um so wichtiger ist es, daß alle politischen Maßnahmen, die auf die Lebensführung, die Bildungsansprüche und die sozialen Wertordnungen einwirken, auch die Rolle der Kinder in Familie und Gesellschaft gebührend berücksichtigen.

7. Die fruchtbarkeitstheoretischen Überlegungen zeigten, daß die entscheidungsrelevanten Präferenzen teils erziehungsbedingt, teils umweltabhängig sind und daß im Zuge der Entwicklung die Bereitschaft wächst, auf Umwelteinflüsse „rational" (im Sinne von Leibenstein) zu reagieren. Eine „rationalere" Einstellung zur Umwelt schließt eine wachsende Wertschätzung immaterieller Güter nicht aus. Im Gegenteil, je mehr materielle Güter sich dem Sättigungspunkt nähern, um so mehr steigt der Grenznutzen des immateriellen Konsums. Der Wunsch nach höherer Lebensqualität deutet auf Veränderungen in den Nutzenvorstellungen zugunsten ideeller Werte hin. Damit kann sich auch die Einstellung zum Kind in einem positiven Sinne wandeln. Man sollte solche Tendenzen aufmerksam beobachten und im Rahmen des Möglichen auch mit politischen Mitteln fördern.

Josef Schmid

Zur soziologischen Konzeption menschlicher Fruchtbarkeit

1. Einleitende Bemerkungen

Nach Vorträgen über „Generative Strukturen" nach G. Mackenroth und H. Linde, über den „Demographischen Übergang" und schließlich über ökonomische Fertilitätstheorien, die einem gewissen soziologischen Theorietypus gar nicht so fern stehen, kann man von einem Referat über soziologische Theorien des Generativen Verhaltens erwarten, daß es zwar in der Thematik der Vorredner steht, darüber hinaus aber noch Unausgesprochenes beinhaltet. Der Referent ist der Ansicht, daß es einen Rückschritt hinter den erreichten Kenntnisstand bedeuten würde, hier Fruchtbarkeitstheorien vorzustellen, die — je nach wechselnder Einfallskunst — Fruchtbarkeit einmal an diesem, einmal an jenem sozialen Segment festmachen, sei es an Statusnormen, an Schichtgewohnheiten und dergleichen mehr. Diese partikularen, wenn auch gängigen Sichtweisen gehören längst in einer umfassenderen Konzeption, die die relevanten Fragestellungen enthält, aufgehoben.

Zu Beginn seien folgende Feststellungen getroffen:

(1) Fruchtbarkeit ist jener Bevölkerungsvorgang, der am wenigsten beherrschbar ist. Während Sterblichkeit und Wanderungen weitgehend von staatlichen Behörden in Regie genommen werden können, entzieht sich Fruchtbarkeit dem menschlich Steuerbaren und Machbaren. Das gilt für die niedrige Fruchtbarkeit von Industriegesellschaften genauso wie für die hohe Fruchtbarkeit in der Dritten Welt.

(2) Das Ausmaß der Fruchtbarkeit oder das Fruchtbarkeitsniveau variiert mit dem sozioökonomischen Entwicklungsstand einer Gesellschaft, es kann zu dessen Indikator werden.

Es ist offensichtlich, daß die sozialen Diskrepanzen zwischen den Industrienationen und den Entwicklungsländern ihr demographisches Pendant haben. Die Verkettung von soziologischen Kriterien mit bestimmten Fruchtbarkeitsniveaus erscheint in diesem globalen Fall einfacher, als sie in der Tat ist. Wenn wir die Frage nach dem Einflußgewicht von soziologischen Faktoren stellen, die für die Ausformung eines bestimmten Fruchtbarkeitsniveaus verantwortlich sein müssen, dann treten die ersten Komplikationen auf. Ein Vergleich des Demographischen Übergangs in mehreren europäischen Ländern ergibt kein einheitliches Bild. In einigen Fällen ist der demographische Wandel der Vorbote des sozialen Wandels (Frankreich), in anderen Fällen trifft der demographische Wandel deutlich später ein als der industriell erzwungene Wandel der Wirtschaftsstruktur (England, Deutschland). Die Industrialisierung Belgiens hat außerdem für den flämischen und wallonischen Bevölkerungsteil verschiedene Fruchtbarkeitsmuster erbracht, was als Beispiel für das Eigengewicht kultureller Faktoren angesehen werden kann. Man kann daraus schließen, daß die Inkubationszeit, in der sich sozialstrukturelle Änderungen sichtbar auf die Fruchtbarkeit auswirken, bis heute unbestimmt ist. Ob vorwiegend ökonomische oder kulturelle Faktoren den letzten Ausschlag gegeben haben, kann erst nach Abschluß des Übergangs und nur mit Methoden des interkulturellen Vergleichs ermittelt werden.

Der Amerikaner Dudley Kirk (1971) untersuchte den Druck, der von sozialen und ökonomischen Faktoren ausgehen muß, um ein Fruchtbarkeitsniveau in Bewegung zu setzen, d. h. zu senken. Er fand, daß der Modernisierungsdruck zur Fruchtbarkeitssenkung im heutigen Lateinamerika viel stärker sein muß als in Europa zur Zeit des Demographischen Übergangs. Die islamischen Bevölkerungen leisteten der Modernisierung ihrer Generativen Struktur einen größeren Widerstand als asiatische Bevölkerungen und so fort. Dieser Hinweis sollte nur unterstreichen, daß die Bewegungen der Fruchtbarkeit mit den Wandlungen der Sozialstruktur einhergehen, daß aber — wie bei allen historischen Phänomenen — keine Voraussagen über die letztlich bestimmenden Auslösefaktoren gemacht werden können.

Fruchtbarkeit ist ein unbestrittenes soziales Strukturelement, das sich wie alle übrigen aus den konkreten Handlungen der Gesellschaftsmitglieder speist. Im Falle der Fruchtbarkeit ist die kleinste Forschungseinheit das Übereinkommen oder kommunikative Handeln von Ehe- oder Geschlechtspartnern. Die Handlungsdefinition, die uns hier vorschwebt, stammt von Max Weber und wir brauchen daran nichts zu ändern: Soziales Handeln ist zweck- und sinnorientiert und erfolgt in Abstimmung zur Mitwelt. Die letzte Einheit des Strukturelements ‚Fruchtbarkeit' heißt demnach ‚Generatives Verhalten' oder genauer: ‚Generatives Handeln', denn der Verhaltensbegriff bezeichnet eine reine Beobachtungskategorie und richtet sich nicht auf Zweck- und Sinnorientierungen, wie sie menschlichem Handeln notwendig zugrundeliegen.[1]

1 Die strenge methodische Scheidung zwischen Handlungstheorie und Verhaltenstheorie ist relativ neu. Beide Richtungen besitzen eine unterschiedliche Nomenklatur und Einstel-

Generatives Verhalten bzw. Handeln besteht im wesentlichen darin, individuell oder gemeinschaftlich die Konsequenzen der Sexualität zu bedenken, d. h. kulturspezifische Entscheidungen für oder gegen biologische Konsequenzen des Geschlechtsaktes zu treffen. Durch dieses ‚Bedenken' hört Fruchtbarkeit auf, ein biologisch-animalischer Vorgang zu sein und wird zum spezifisch menschlichen, wie die Entwicklung von Sprache und Symbolen. Die generativen Entscheidungen können traditional oder rational vorgenommen werden. Traditionales Handeln ist im Grunde rational, es geht nur ohne kognitiven Aufwand vor sich, weil die angeblich bewährten Denkleistungen von vorangegangenen Generationen übernommen werden konnten. Rationales generatives Verhalten besteht darin, die Konsequenzen des Geschlechtsaktes mit den projizierten Lebenschancen abzuwägen. Es ist die charakteristische Verhaltensweise in fortgeschrittenen Industriegesellschaften, in denen bekanntlich die Praktiken der Empfängnisverhütung die generativen Entscheidungen beherrschen: Empfängnisverhütung ist das Normale, Fruchtbarkeit die Ausnahme (Jürgens 1978).

Auf welche Weise man den Anteil bewußter Berechnung (Rationalität im logisch-ökonomischen Sinn) vom Anteil des Gewohnheitsmäßigen, Nicht-reflektierten (im Sinne von Alltagsrationalität) am Generativen Verhalten trennen soll, ist bis heute rätselhaft. Man wird sich mit interdisziplinären Näherungsverfahren begnügen müssen. Es scheint wichtig zu betonen, daß auf einen Begriff von rationalem Handeln nicht verzichtet werden kann. Es handelt sich jedoch nur in Ausnahmefällen um jene logische Rationalität, wie wir sie aus ökonomischen Handlungsmodellen kennen; vielmehr ist *soziale Rationalität* anzusetzen, die im Handlungsvollzug Sinn und Absicht unterstellt und im kollektiven Zusammenwirken der menschlichen Handlungen deutlich abhebbare Muster von Ordnung, Organisation und Kultur ausformt (Hartfiel 1968).

Einleitende Bemerkungen zur Soziologie der Fruchtbarkeit können demnach mit folgenden 3 Thesen schließen:

(1) Fruchtbarkeit entzieht sich weitgehend der direkten Beeinflussung durch gesellschaftspolitische Instanzen. Es gibt kein verbürgtes Verfügungswissen und keine bequem handhabbaren Techniken, die das Fruchtbarkeitsniveau in berechenbarer Weise verändern.

---

lung zur sozialen Realität. Der Begriff ‚Generatives Verhalten' ist so weit eingebürgert, daß der Referent daran nichts ändern möchte, andererseits ist er in seinen Ausführungen der handlungstheoretischen Konzeption verpflichtet.

(2) Fruchtbarkeit ist ein soziales Produkt, dennoch sind die sozialen Wandlungsfaktoren in ihrer räumlichen und zeitlichen Wirkweise nicht eindeutig zu klären und keinesfalls zu prognostizieren.
(3) Generatives Verhalten vollzieht sich im kulturellen Kontext, d. h. in gruppen-, schicht- und gesellschaftsspezifischen Variationen; ihnen ist ein Grundmuster sozialer Rationalität gemeinsam und das bedeutet, daß alle Handlungsformen, auch die generativen, eine Orientierung an ordnungspolitischen Zwängen erkennen lassen.

2. Das Davis-Blake-Modell

Wenn von Fruchtbarkeit oder Fertilität die Rede ist, kann man inzwischen auf einige Wissensbestände verweisen. Dazu zählt das sogenannte ,,Davis-Blake-Modell". Die Berkeley-Soziologen und Bevölkerungsforscher Kingsley Davis und Judith Blake lieferten schon 1956 unter dem Titel ,,Social Structure and Fertility: An Analytic Framework" einen Katalog notwendiger Bedingungen von Fruchtbarkeit. Der Vorteil dieses Katalogs besteht darin, daß diese Bedingungen, unter denen Geburten sich ereignen oder verhindern lassen, erschöpfend und in logischer Anordnung erscheinen. Der Nachteil mag sein, daß damit noch keine gesellschaftsbezogene Fruchtbarkeitstheorie vorliegt, zu deren Erstellung die Autoren zweifellos prädestiniert gewesen wären. Sie haben stattdessen ein unverzichtbares Theoriestück geschaffen, das zum Bestandteil jeder Fertilitätsanalyse geworden ist. Es handelt sich dabei um einen Katalog von Gegebenheiten, Handlungsalternativen bzw. Entscheidungsweisen, die der Fruchtbarkeit unmittelbar vorausgehen, ihre unumgehbare Schleuse bilden.

Das Davis-Blake-Modell

I. Faktoren, die den Geschlechtsverkehr beeinflussen
   (Variablen des Geschlechtsverkehrs)

   A. Faktoren, die die Bildung und Auflösung sexueller Kontakte während der Reproduktionsperiode beeinflussen
      1. Alter beim Eingehen sexueller Kontakte
      2. Ständige Enthaltsamkeit: Anzahl der Frauen, die niemals sexuelle Beziehungen aufnehmen
      3. Zeitdauer in der Reproduktionsperiode, die nach oder zwischen sexuellen Beziehungen verstrichen ist,

a) wenn Beziehungen durch Scheidung, Trennung oder Verlassen unterbrochen werden
b) wenn Beziehungen durch den Tod des Ehemannes unterbrochen werden

B. Faktoren, die den Geschlechtsverkehr innerhalb bestehender Verbindungen beeinflussen
4. Freiwillige Enthaltsamkeit
5. Unfreiwillige Enthaltsamkeit (durch Impotenz, Krankheit, unvermeidbare zeitweilige Abwesenheit)
6. Koitushäufigkeit (Perioden der Enthaltsamkeit ausgenommen)

II. Faktoren, die die Empfängnis beeinflussen
(Variablen der Empfängnis)

7. Natürlich gegebene Empfängnismöglichkeit oder -unmöglichkeit
8. Praktizieren oder Nichtpraktizieren der Empfängnisverhütung
   a) durch mechanische oder chemische Mittel
   b) andere Möglichkeiten
9. Bewußt geschaffene Empfängnismöglichkeit oder -unmöglichkeit
(Sterilisation, Eingriff, medizinische Behandlung usw.)

III. Faktoren, die Schwangerschaft und Geburt beeinflussen
(Variablen der Schwangerschaft und Geburt)

10. Natürliche, nicht herbeigeführte Fötussterblichkeit

11. Abtreibung

Quelle: J. Schmid, Einführung in die Bevölkerungssoziologie, Reinbek 1976, S. 178

Von Davis und Blake wurden diese elf Variablen ‚intermediate variables' genannt, weil sie zwischen der menschlichen Sexualität und der möglichen Geburt eines Kindes ‚vermitteln'. Im einzelnen bündeln sie Faktoren (I), die den Geschlechtsverkehr beeinflussen. Sie sind in Industriegesellschaften, in denen Sexualität und Fruchtbarkeit weitgehend ihren Zusammenhang verloren haben, von untergeordneter Bedeutung; Faktoren (II), die die Empfängnis beeinflussen, bilden in modernen Gesellschaften den Kern des Generativen Verhaltens; gewisse Empfängnisverhütungspraktiken sind schon Teil einer habituellen Alltagsrationalität; und schließlich Faktoren (III), die die Schwangerschaft beeinflussen, hierunter fällt der gesamte Komplex der Abtreibung.

Dieses Davis-Blake-Modell ist eine notwendige, aber noch keinesfalls hinreichende Leistung der Fruchtbarkeitssoziologie. „Es ist klar", betonen die Autoren selber, „daß jeder kulturelle Faktor, der die Fruchtbarkeit beeinflußt, dies in irgendeiner Form über die eine oder andere der elf intermediären Variablen tun muß. Daher geben sie den Rahmen ab, innerhalb dessen die Bedeutung von kulturellen Faktoren für die Fruchtbarkeit bewertet werden kann." (Davis/Blake, 1956, S. 215).

3. Die Konzeption nach Ronald Freedman

Im Jahre 1961 veröffentlichte der amerikanische Soziologe und Bevölkerungsforscher Ronald Freedman „The Sociology of Human Fertility: A Trend Report and Bibliography". Die darin vorgestellte Konzeption war so grundlegend, daß sie bis heute das Gerüst jeder Fertilitätssoziologie ist. Als Freedman sie im Jahre 1975 mit neuer Kommentierung vorlegte, stellte er fest, daß eine systematische Vergleichsstudie der Fruchtbarkeit noch immer ausstehe und daß der Großteil von Fertilitätsstudien sich immer nur auf eine Bevölkerung oder einen ihrer Teilaspekte bezöge.

Der Grund wird darin zu suchen sein, daß eine verbindliche Konzeption, wie sie die Soziologie bieten könnte, nicht allgemein angewendet wird oder — mangels Mittel — nicht angewendet werden kann. Das Unternehmen einer World Fertility Survey könnte daran etwas ändern. Soziologen und Demographen haben jeweils Fertilitätsforschung betrieben. Ihr unterschiedlicher Standpunkt hat aber das Forschungsobjekt immer rasch wechseln lassen. Einmal war es die Gesamtgesellschaft, wie in den Studien zum Demographischen Übergang, dann waren es einzelne Schichten und Gruppen, und wieder ein anderes Mal war es ein Einzelpaar im reproduktionsfähigen Alter. Es ist unbestritten, daß die großen Fragen des Demographischen Übergangs nur auf der Basis des Gesellschaftsvergleichs beantwortet werden können; ebenso, daß Fruchtbarkeitsdifferenzen ständig beobachtet werden müssen, und daß letztlich beim Einzelpaar die Nachwuchsentscheidung liegt. Die soziologische Frage lautet aber nicht, wie sieht die Geburtenordnung in einer Gesellschaft aus, sondern warum unterscheidet sich eine Gesellschaft von einer anderen durch ihre Geburtenordnung! —

Solche Ansprüche an eine Fruchtbarkeitstheorie kann nur eine Konzeption einlösen, die das Fruchtbarkeitsniveau an sozialstrukturelle Bedingungen knüpft. Freedman ging dabei beispielhaft vor: Er griff nach dem bis zu seiner Zeit fortgeschrittensten Theoriestück, dem Davis-Blake-Modell, und prüfte die Verwobenheit der elf intermediären Variablen mit der Kultur einer Gesellschaft und erweitert die beschränkte Darstellungsweise, indem er diese Variablen an die gesamte Sozialstruktur und ihr normatives System koppelt. Danach ergibt sich folgendes Beeinflussungsschema: Die intermediären Fruchtbarkeitsvariablen werden der Reihe nach beeinflußt

— von den Normen der Fruchtbarkeitsvariablen selbst (gewisse Variablen oder Kombinationen von ihnen sind in gewissen Gesellschaften möglich und üblich, in anderen dagegen nicht)

— von den Normen über die Familiengröße; diese wiederum

— von der Sozial- und Wirtschaftsstruktur und

— von der demographischen Struktur, insbesondere von den Sterbeverhältnissen; diese wiederum

— von Umweltfaktoren, genauer: von den ökologischen Folgen von Produktion und Konsum in einer Gesellschaft

Dieser Zusammenhang, der alle gesellschaftlichen Fragestellungen enthält, würde eher die Bezeichnung ‚Modell' verdienen als der Davis-Blake-Katalog. Trotzdem hat sich auch entlang dieses Katalogs eine Forschungsrichtung etabliert. Unter ihren Vertretern sei Geoffrey Hawthorn erwähnt, dessen ,,Sociology of Fertility" (1970) im Grunde genommen eine normative Analyse der Davis-Blake-Variablen ist: Sie mündet in eine genuine Analyse der Geschlechtsverkehrsnormen und ihre Auswirkung auf die Natalität, in eine Soziologie der Kontrazeption und der Abtreibung.

Die intermediären Variablen stehen also an einem Scheideweg für die Fertilitätssoziologie und -forschung. Sie weisen zum einen in Richtung einer Sozialpsychologie der Nachwuchsentscheidung (Mikroanalyse) und zum anderen in Richtung einer Analyse sozialstruktureller Bedingungen der Fruchtbarkeit (Makroanalyse) — das eigentliche Ziel der Soziologie.

4. Mikrosoziologie der Fruchtbarkeit

Die Mikrosoziologie der Fruchtbarkeit oder Sozialpsychologie der Nachwuchsentscheidung, wie wir sie schon genannt haben, knüpft an die einleitenden Bemerkungen an: An die Vorstellung einer sozialen Rationali-

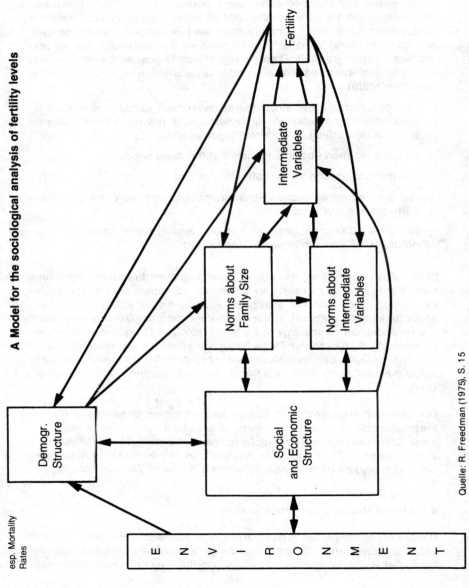

tät im menschlichen Handeln, dessen Bewußtseinsgrad aber nicht eindeutig geklärt ist. Die mikrosoziologische oder sozialpsychologische Forschungsrichtung ist ebenso vielfältig wie die entsprechenden Theorierichtungen, die hier einzeln nicht vorgestellt werden können. Obwohl sie alle von ihrem eigenen Blickwinkel einen Beitrag zur Fertilitätsanalyse — zumindest in den USA — geleistet haben, läßt sich doch eine allgemeine Vorgehensweise erkennen.

Die Feststellung, daß gewisse intermediäre Variablen in einer Bevölkerung in bestimmter Weise zusammenwirken, führt bereits zu zwei zentralen Erkenntnisfeldern: (1) zur Vorstellung über die Familiengröße und (2) Fähigkeit zur Geburtenkontrolle, die sich aus den verfügbaren Mitteln und dem Willen, sie anzuwenden, ergibt. Hinter den Präferenzen für eine bestimmte Familiengröße verbergen sich die Nachwuchsentscheidungen, in die folgendes eingeht:

— die Normen der sozialen Gruppe, der die untersuchten Paare angehören

— die Kosten-Nutzen-Erwägungen, die sich aus der Geburt eines oder eines zusätzlichen Kindes ergeben und

— das Ausmaß, in welchem ein Paar aufgrund seiner sozialen Lage imstande ist, rationale Entscheidungen zu treffen.

Im Abwägen von Vor- und Nachteilen von Kindern, d. h. deren Nutzen und Kosten, wird von den Eltern der Innenbereich der Familie vermessen; im weitergehenden Entscheidungsraum zwischen einem Kind und einer Kindalternative schätzen die Eltern ihre soziale Stellung und die mit ihr verbundenen Aspirationen ab.

In den einzelnen theoretischen Ansätzen nimmt das mikrosoziologische Modell verschiedene Formen an, es liegt ihnen aber allen zugrunde. Psychologische Theorien behandeln, in welcher Weise das Kind oder gegebenenfalls der Kindersatz gewisse Grundbedürfnisse und Werthaltungen befriedigen. Ökonomische Theorien stellen die Einkommensverschiebungen durch Kinder in den Vordergrund. In soziologische Theorien gehen alle diesbezüglichen Überlegungen ein und gipfeln in der Frage, inwieweit ein Kind die Statussicherung die die Lebenschancen der Eltern fördert oder drückt.

5. *Makrosoziologie der Fertilität*

Wir können uns nun dem zweiten und eigentlichen Weg soziologischer Fruchtbarkeitstheorie zuwenden, nämlich der Aufdeckung der Ursachenfaktoren eines bestimmten Fruchtbarkeitsniveaus in der Sozial- oder Herrschaftsstruktur einer Gesellschaft. Der mikrosoziologische Ansatz hat schon Variablen verwendet, die deutlich an Makrophänomene wie die soziale Schichtung gebunden sind, z. B.

— die Fähigkeit zu wirksamer Geburtenkontrolle
— die Fähigkeit, sein Familienideal zu verwirklichen
— die Fähigkeit, rationale Entscheidungen in einer Kosten-Nutzen-Analyse treffen zu können
— die soziale Selbsteinschätzung und die Ausrichtung des Generativen Verhaltens an der erkannten sozialen Lage der Familie und ihrer Mitglieder, u. a. m.

Es ist einsichtig, daß diese Fähigkeiten nicht aus der Individualität selbst hervorgehen, sondern das Ergebnis schichtspezifischer Sozialisation und Realitätsdeutungen sind. Sie haben einen sozialen, überindividuellen Ursprung. Hier setzt nun der sozialstrukturelle Ansatz ein und versucht, aus der Stellung des Paares in Arbeit, Beruf, nach Bildungsgrad, Einkommen und Ressourcen die Bestimmungsgründe für sein Generatives Verhalten zu finden. Dieser makrosoziologische Ansatz ist

1. eine notwendige Ergänzung der sozialpsychologischen Mikroanalyse, deren raum-zeitlich gebundene Ergebnisse nur durch mehr oder minder grobe Induktionsschlüsse zu verallgemeinern sind;

2. mehr als bloße Korrelation von Sozialstrukturkategorien (Religion, Wohnort, Einkommen usw.) und lokaler Fruchtbarkeit, weil die Makroanalyse aus dem allgemeinen Gesellschaftszustand heraus argumentiert und daher Aussagen von größerer politischer Relevanz hervorbringt.

6. *Allgemeine Sozialstruktur als Bedingungsfeld*

Das Verhältnis von Sozial- und besonders Wirtschaftsstruktur und der Fruchtbarkeit hat die deutsche Bevölkerungssoziologie aufgespürt: Bestimmte ökonomische Gesellschaftstrukturen benötigen ein entsprechendes Fruchtbarkeitsniveau bzw. formen eine ‚arteigene' Generative Struktur aus. Diese wechselseitige Reproduktion hat quantitative und qualitative Faktoren. Die Industrialisierung ersetzt in dieser Bewegung tendenziell Quantität durch Qualität. Die Agrarstruktur macht die Kinder als Arbeitskräfte interessant, sie sind unmittelbarer Nutzen. Die mechanisierte und industrielle Produktion schwächt dies ab. In Agrargesellschaften ist die Familie die wichtigste Produktionseinheit; je größer sie ist, umso größer ist ihre Produktivität. In der Industriegesellschaft ist die Einheit der Produktion der Betrieb, der sich aufgrund eigengesetzlicher qualitativer Rekrutierung erhält.

7. Die demographische Struktur als Bedingungsfeld

Die Verankerung Generativer Strukturen und Bevölkerungsweisen in der epochalen Sozialstruktur hat die deutsche Bevölkerungssoziologie (Ipsen, Linde, Mackenroth, Bolte) ausführlich thematisiert. Es erübrigt sich hier jede zusätzliche Bemerkung. Was diesen Abschnitt rechtfertigt, ist die Tatsache, daß im Zuge des sozialen Wandels eine Generative Struktur entsteht, die ihrerseits zum Fruchtbarkeitsfaktor werden kann.

So kann eine Altersstruktur ein ‚demographisches Moment' auslösen: Größer werdende Heiratsjahrgänge steigern die Geburtenintensität auch wenn sich die durchschnittliche Kinderzahl der Familien nicht ändern sollte.

Eine durch Krieg und Emigration deformierte Geschlechterproportion, wonach zu wenige Männer auf gebärfähige Frauen entfallen, kann ein Generatives Verhalten zur Folge haben, welches den sozialen Unterentwicklungscharakter dieser Situation noch verstärkt (z. B. Irland). Die Sterblichkeit ist der sichtbarste demographisch erfaßbare Fruchtbarkeitsfaktor. Hohe Kindersterblichkeit erhöht auch die Norm der durchschnittlichen Kinderzahl der Ehen. Hohe Erwachsenensterblichkeit verkürzt und unterbricht die durchschnittliche Zahl der reproduktionsfähigen Ehejahre. Niedrige Sterblichkeit wirkt in umgekehrter Richtung.

Die Bevölkerungssoziologie kennt diese demographischen Faktoren der Fruchtbarkeit, führt sie jedoch wiederum auf soziale, ökonomische und politische Ursachen zurück. Sie befindet sich damit im Gegensatz zur formalen Demographie, die variantenreich demographische Muster zu Fertilitätsmustern in Beziehung setzt. Die Soziologie hält diesen direkten Beziehungsstrang für zu dünn und zu wenig tragfähig, um daraus etwas über die Verursachung eines Fruchtbarkeitsniveaus auszusagen, geschweige denn über sozialpolitische Vorschläge bezüglich der Geburtenbewegung in einer Gesellschaft. Man kann folgern, daß auch der Einfluß demographischer Faktoren aus den gesellschaftlichen Zusammenhängen nicht herausfällt.

8. Niedrige Fruchtbarkeit als „postindustrielles" Syndrom

Die allgemeinen Bemerkungen über den Zusammenhang von Sozialstruktur und Fruchtbarkeit (6.) durften deshalb spärlich ausfallen, weil die Analyse dieses Zusammenhangs einen konkreten Anlaß und einen konkreten Gegenstand braucht. Es wurde eingangs darauf hingewiesen, daß es relativ einfach ist, die hohe Fruchtbarkeit in Entwicklungsländern auf die sozialen Zustände zurückzuführen und die angemessen niedrige dagegen auf die Anforderungen einer Industriekultur. Solange wir uns in den grobschlächtigen epochalen Mustern europäischer Entwicklung bewegen, ist diese Zurechnung nicht schwer. Die Sozialstrukturanalyse muß aber in dem Maße subtiler werden, als das Fruchtbarkeitsniveau zunehmend aus dem Rahmen fällt, wie im Phänomen des absoluten Bevölkerungsschwundes in der Bundesrepublik Deutschland. Mit dem Hinweis auf den Industrialisierungsprozeß allein ist diese neue Form der Fruchtbarkeit nicht mehr zu fassen; wir müssen zu diesem Zweck unsere industrielle Situation neu bestimmen.

Berichte über eine Tendenz zum absoluten Bevölkerungsschwund erreichen uns alle aus fortgeschrittenen Industrienationen mit ausgebautem System sozialer Sicherung, mit hohen Mindestlöhnen und reichem Angebot an materiellen und immateriellen Konsumgütern. Vor diesem Hintergrund sei folgende Arbeitsdefinition gewagt: Absoluter Bevölkerungsrückgang ist eine Erscheinung in Industrienationen mit hohem Grad an technologischer Innovation und sozialer Sicherung. Sie entspringt aus den industriell erzwungenen Bildungs- und Arbeitsplatzanforderungen und den gebotenen Konsum- und Lebenschancen.

Diese Definition sagt, daß wir das Phänomen extrem niedriger Fruchtbarkeit im neuesten industriellen Gesellschaftstypus lokalisieren müssen, um jene Handlungsräume zu finden, nach denen junge Paare die Entscheidung für ein Kind oder ein zweites unterlassen. Zur Erklärung des klassischen Geburtenrückgangs im Zuge der Industrialisierung hat Max Webers Charakterisierung des Kapitalismus Wertvolles beigetragen. Er sagt: „Was letzten Endes der Kapitalismus geschaffen hat, ist die rationale Dauerunternehmung, rationale Buchführung, rationale Technik, das rationale Recht, aber auch nicht sie allein; es mußte ergänzend hinzutreten die rationale Gesinnung, die Rationalisierung der Lebensführung, das rationale Wirtschaftsethos." (Max Weber, 1923, S. 302).

Diese Erklärung reicht heute nicht mehr aus, um die gegenwärtige Situation in industrieller und generativer Hinsicht zu markieren. Die Gesellschaftsanalyse, die die neuesten Entwicklungen aufzeigt und gleichzeitig zur Erklärung von Bevölkerungsschwund dienlich sein kann, ist die Konzeption der „postindustriellen" oder „nachindustriellen" Gesellschaft. Der Ausdruck stammt ursprünglich von David Riesman, dessen Buch „Die einsame Masse" in den fünfziger Jahren Aufsehen erregt hatte. Riesman verstand darunter jene Gesellschaft, die durch das Aufkommen von Freizeit das Lebensgefüge des industriellen Menschen grundlegend verändert. Er wollte einen Bruch mit den älteren liberalistisch-kapitalistischen Gesellschaftsformen dahingehend andeuten, daß Arbeitsfron allmählich von Selbstdarstellungsproblemen in der Freizeit abgelöst wird!

Der Harvard-Soziologe Daniel Bell hat die letzte und fundierteste Fassung der postindustriellen Gesellschaft geschaffen.*) Sie blieb nicht unangefochten, hat sich aber in der übrigen westlichen Soziologie Ansehen verschafft, wenn nicht gar durchgesetzt. (In Frankreich arbeiten daran Jacques Ellul und Alain Touraine, in den USA neben D. Bell besonders Zbigniew Brzezinski und J. K. Galbraith.) Die Konzeption will sagen, daß die sozialen Probleme der gegenwärtigen hochinsustrialisierten Gesell-

---

*) „Der vom Prinzip der Kalkulation, der Rationalisierung von Arbeit und Zeit und einer linearen Fortschrittsauffassung geprägte „Lebensstil" der Gesellschaftsstruktur ging letztlich auf das Bestreben zurück, die Natur durch Technik zu meistern und die vom Wechsel der Jahreszeiten und den abnehmenden Bodenerträgen bestimmten Lebensrhythmen durch völlig neue zu ersetzen. Diese technische Bewältigung der Natur verquickte sich mit einer bestimmten Charakterstruktur, aus der heraus sich der einzelne damit abfand, auf sofortige Belohnung zu verzichten und sich in Genügsamkeit und Nüchternheit der Arbeit zu widmen, überzeugt, damit ein moralisches, gottgefälliges Leben zu führen und vollauf zufrieden, sich durch Achtbarkeit den eigenen Wert zu beweisen. In dieser Hinsicht war die bürgerliche Gesellschaft auf dem Höhepunkt der kapitalistischen Zivilisation im 19. Jahrhundert tatsächlich ein integriertes Ganzes, in dem Kultur, Charakterstruktur und Wirtschaft aus ein und demselben Wertsystem erwuchsen.

Die Ironie des Schicksals aber wollte es, daß all dies vom Kapitalismus selbst unterminiert wurde, der durch Massenproduktion und Massenkonsum die protestantische Ethik zerstörte und an ihrer Stelle eifrig eine hedonistische Lebensweise förderte. Um die Mitte des 20. Jahrhunderts suchte sich der Kapitalismus nicht länger durch Arbeit oder Eigentum zu rechtfertigen, sondern begnügte sich mit den Statussymbolen materiellen Besitzes und der Ausweitung der Vergnügungen. Ein höherer Lebensstandard und eine Lockerung der Sitten wurden nun als Zeichen persönlicher Freiheit gewertet und zum Selbstzweck erhoben.

Das aber führte zu einer Spaltung der Gesellschaftsstruktur. Denn während das System im Hinblick auf die Organisation von Produktion und Arbeit nach wie vor Vorsorge, Fleiß und Selbsdisziplin, Hingabe an die Karriere und den Erfolg verlangt, fördert es im Konsumbereich die Haltung des carpe diem, d. h. Verschwendung, Angeberei und die zwanghafte Jagd nach Amüsement. Eines freilich haben beide Bereiche bei aller Verschiedenartigkeit doch gemein: eine absolute Profanität, da das System keinerlei transzendente Ethik mehr kennt." (D. Bell, 1975, S. 363).

schaften nicht mehr von mangelnder, konventioneller Güterproduktion herrühren, sondern vom raschen Wandel der Steuerungsprozesse. Produktion und Verwaltung partizipieren als erste an technologischen Innovationen. Für den durchschnittlichen Erwerbstätigen bedeutet das, daß seine Existenzgrundlage, nämlich seine Qualifikation, veraltet und er sich durch Weiterbildung auf der Höhe steigender Arbeitsplatzanforderungen halten muß. Diese neue Form von Existenzunsicherheit kontrastiert mit Arbeitszeitverkürzungen. Diese postindustrielle Gesellschaft ist nach Bell durch einen großen Bruch zwischen Arbeit und Freizeit charakterisiert, was in dem einen Bereich verboten, wird in dem anderen gefördert. Die postindustrielle Gesellschaft ist nicht mehr — wie noch die bürgerliche Gesellschaft im klassischen Liberalismus — durch ein „rationales Ethos" zusammengehalten; sie ist durchzogen von einer normativen Diskrepanz zwischen der Sozialstruktur einerseits (Wirtschaft, Technologie, Berufssystem) und der Kultur andererseits als dem Bereich der symbolischen Sinngehalte. Im Bereich der Sozialstruktur herrscht noch so etwas wie protestantische Ethik und Rationalität, im Bereich der Kultur (Freizeit, Rekreation, Konsum, Massenkommunikation) herrschen dagegen individuelle Bedürfnisbefriedigung und ein ‚Hedonismus', jene sozial gebilligte Jagd nach Glück, die einen permanenten Druck auf die individuellen und familialen Ressourcen bedeutet.

Aussagen dieser Art werden m. E. zu schnell als konservative Kulturkritik oder Spenglerismus abgetan. Es handelt sich jedoch hier um das Ergebnis einer liberalen Analyse und Systemkritik, die in allen Perioden der bürgerlichen Gesellschaft den Boden zu ihrer Reformierung bereitet hatte.

Die postindustrielle Kultur leistet ihren Beitrag zur ökonomischen Reproduktion der Gesellschaft, indem sie einen Konsumschub oder ‚effektive Nachfrage' im Sinne Keynesianischer Ökonomie verbürgt. Sie garantiert dagegen nicht die soziobiologische Reproduktion der Bevölkerung. Sie findet nur so weit statt, als sie in die hedonistischen Handlungsmuster der Individuen paßt und kann per saldo zu wenig sein, um den Bevölkerungsbestand zu halten. Der Bruch zwischen den objektiven Interessen des Staates und den subjektiven Interessen der Individuen liegt im Typus der postindustriellen Gesellschaft begründet, er dürfte mit sozialtechnischen Mitteln nicht zu kitten sein. Die menschliche Reproduktion, die bestandserhaltende Fruchtbarkeit, fällt aus allen einklagbaren funktionalen Erfordernissen postindustrieller, liberaler Gesellschaftsformen heraus. Sie hat keine Instanz, die eine Änderung gängiger Praktiken des Generativen Verhaltens für richtig befinden oder durchsetzen könnte.

Zum Schluß des Referats seien folgende Thesen gestattet:

1. Fruchtbarkeit entzieht sich der sozialtechnischen Manipulation, nur ein staatlich gestützter Eingriff in den sozialen Körper kann am Fruchtbarkeitsniveau, das mit anderen gesellschaftspolitischen Trends synchron läuft, etwas ändern. Die Grenzen dürften auch hier bald sichtbar werden.

2. Die sozialpsychologische Schule der Fruchtbarkeitsforschung gewinnt in Gesellschaften mit extrem niedriger Fruchtbarkeit an Bedeutung. Bedient sie sich der Technik der Befragung, stößt sie an die Grenzen des individuellen Bewußtseins der Befragten. Sie bedarf der übergreifenden Sozialstrukturanalyse, um zu politikablen Aussagen zu kommen.

3. Anhaltende Änderungen des Fertilitätstrends in postindustriellen Gesellschaften sind nach derzeitigem Wissensstand der Makrosoziologie nur um den Preis von gesellschaftlichen Rekonstruktionen zu erreichen. Es ist fraglich, ob ein solcher Gedanke in der politischen Kultur der Gegenwart Platz finden wird.

Literaturhinweise:

Bell, D.: Die nachindustrielle Gesellschaft. Frankfurt/M — New York 1975
Davis, K./Blake, J.: Social Structure and Fertility: An Analytic Framework. In: Economic Development and Cultural Change, Vol. IV, April 1956, S. 211—235
Freedman, R.: The Sociology of Fertility: A Trend Report and Bibliography. In: Current Sociology (X/XI) 1961—62
Freedman, R.: The Sociology of Fertility: An Annotated Bibliography, New York 1975
Hartfiel, G.: Ökonomische und soziale Rationalität, Stuttgart 1969
Hawthorn, G.: The Sociology of Fertility, London 1970
Jürgens, H. W.: Sind zwei Kinder schon zuviel? In: Jürgens, H. W./Franke, L. (Hrsg), Keine Kinder — Keine Zukunft? Boppard 1978
Kirk, D.: A New Demographic Transition? In: National Academy of Sciences, Rapid Population Growth: Consequences and Policy Implications, Baltimore 1971;
Ruzicka, L. T. (ed.), The Economics and Social Supports for high Fertility (Proceedings of the Conference, Canberra November 1976) Canberra (Austr. Nat. Univ.)1977

Schmid, J.: Einführung in die Bevölkerungssoziologie, Reinbek (Rowohlt Studidum 98) 1976
Weber, Max: Wirtschaftsgeschichte, München — Leipzig 1923
Weber, Max: Soziologische Grundbegriffe (aus: Wirtschaft und Gesellschaft) Tübingen 1960

**Neuere Untersuchungen und Analysen
zum Geburtenrückgang und zur Bevölkerungsfrage**

Charlotte Höhn

Bedeutung und Ergebnisse von Modellrechnungen zur Bevölkerungsentwicklung

Jeder kennt jene emotionsgeladenen Schlagzeilen, die in letzter Zeit immer häufiger in den Zeitungen an mehr oder minder exponierten Stellen erscheinen. Aus an sich recht nüchternen Statistiken entstehen Schlagzeilen wie „Sterben die Deutschen aus?" oder „Bald ein Volk von Rentnern?" Es sind auch immer die gleichen Zahlen: Heute 58 Mill. Deutsche, im Jahre 1990 dann 55 Mill., im Jahre 2030 (und hier erscheint dann meist das Wörtchen „nur") 39 Mill. Deutsche.

Warum eigentlich „nur"? Wie es scheint, sind wir an dieser Stelle bereits im Vorfeld der bevölkerungspolitischen Diskussion angelangt bzw. dem, was man vordergründig hinter Bevölkerungspolitik vermutet. Bevölkerungspolitik ist bei uns noch ein häßliches Wort. Es ist belastet und gehört in die Schublade „unbewältigt". Der SPIEGEL hat dies vor einiger Zeit, wiederum in einem „Aufmacher", sehr treffend zum Ausdruck gebracht, als er eine Titelgeschichte zur Bevölkerungsfrage überschrieb: „Baby-Baisse: Staat im Schlafzimmer".

Was man sich unter Bevölkerungspolitik und deren Stellenwert unter wissenschaftlichen Kriterien vorzustellen hat, ist am prägnantesten von M. Wingen umschrieben worden: „Eine die Bevölkerungsentwicklung bewußt steuernde Bevölkerungspolitik hat keinen Selbstzweck, sondern gewinnt ihren Sinn aus dem Beitrag, den sie zur besseren Realisierung der jeweiligen gesellschaftspolitischen Grundziele (Leitbilder) des Gemeinwesens auf der Basis menschenrechtlich geprägter Zielsetzungen zu leisten vermag. Insgesamt bildet Bevölkerungspolitik eine bedeutsame Aufgabe in einem auf bewußte Strukturgestaltung ausgerichteten sozialen Rechtsstaat, für dessen immer neu aufgegebene zeitgemäße Fortentwicklung „Qualität des Lebens" wichtiger ist als quantitatives Bevölkerungswachstum."[1]

Welche Bedeutung haben nun Modellberechnungen zur Bevölkerungsentwicklung im Rahmen einer so definierten bevölkerungspolitischen

---

1   Wingen, Max, Grundfragen der Bevökerungspolitik, Stuttgart 1975, S. 127.

Diskussion? Dazu zunächst ein Wort in eigener Sache: Weil solche Berechnungen so stark in die Auseinandersetzungen mit der Bevölkerungsfrage verwoben sind, muß ihr Produzent versuchen, soweit er dies kann, neutral zu bleiben, ohne sich jedoch in seiner Aufgabe, die Öffentlichkeit zu informieren, allzusehr einzuschränken. Als Produzent von Bevölkerungsmodellrechnungen fungiert in der Regel das Statistische Bundesamt. Darauf aufbauende, weiterführende Modellrechnungen und Analysen, z. B. der Arbeitskräfte, werden dagegen von anderen Institutionen wahrgenommen.

Das Statistische Bundesamt hat außerdem in unregelmäßigen Abständen Bevölkerungs*vorausschätzungen* veröffentlicht.[2] Bevölkerungsvorausschätzungen und Bevölkerungsmodellrechnungen sind allerdings begrifflich und auch bezüglich ihrer Bedeutung scharf voneinander zu trennen. Vorausschätzungen werden für einen Zeitraum von 15 bis 20 Jahren gemacht, was bedeutet, daß nur 15 bis 20 von 100 Jahrgängen im strengen Sinne geschätzt werden müssen. Der Fall, daß geschätzte Jahrgänge in das reproduktive Alter oder in das Erwerbsalter kommen, tritt kaum ein. Diese Vorausschätzungen dienen Wirtschaft und Staat dazu, das zu erwartende Arbeitskräftepotential, die künftigen Konsumenten, die künftigen Rentner zahlenmäßig abschätzen zu können. Hierbei handelt es sich um bereits lebende Personen, die altern bzw. einer wenig schwankenden Sterblichkeit unterworfen sind. Auch die in 6 Jahren zu erwartenden Schulanfänger sind bereits geboren.

Modellrechnungen dagegen zeigen unter mehr oder minder willkürlichen Annahmen zum Geburtenniveau die langfristigen, d. h. nach 50 oder gar 100 Jahren zu erwartenden demographischen Konsequenzen der gemachten Annahme. Sie können auch den Zweck erfüllen darzulegen, was geschehen muß, um ein bestimmtes bevölkerungspolitisches Ziel zu erreichen. Sie sind kein Instrument der Planung, sondern ein wissenschaftliches Denkmodell und u. U. ein Anstoß, über Bevölkerungspolitik nachzudenken.

Es gehört schon eine gute Portion Leichtsinn dazu, möchte man meinen, über einen Zeitraum von 50 bis fast 100 Jahren in die Zukunft blicken zu wollen. Das Statistische Bundesamt betont daher unaufhörlich, daß es

---

[2] Die neueste ist die 5. koordinierte Bevölkerungsvorausschätzung. Vgl. S. Linke, W./Höhn, Ch., Voraussichtliche Bevölkerungsentwicklung bis 1990, 1. Teil — Deutsche Bevölkerung ohne Berücksichtigung von Wanderungen. In: Wirtschaft und Statistik, Heft 12/1975 und 2. Teil — Deutsche Bevölkerung unter Berücksichtigung von Wanderungen. In: Wirtschaft und Statistik, Heft 6/1976.

sich bei Berechnungen, die über einen Zeithorizont von 10 bis 15 Jahren hinausgehen, nur um Modellrechnungen handeln kann. Warum die Statistiker es dennoch wagen, ja sogar darauf bestehen, über so sehr lange Perioden in die Zukunft weiter zu rechnen, liegt an der Sache selbst. Eine Bevölkerung verändert sich nur sehr langsam. Die Auswirkungen einer bestimmten Entwicklung, z. B. des derzeitigen Geburtenniveaus, zeigen sich erst nach einem Generationenabstand, also erst nach 30 Jahren, bzw. noch viel deutlicher nach noch mehr Jahrzehnten in voller Grösse. Was demographisch heute oder in 5 Jahren als Problem noch kaum sichtbar wird, zeigt erst nach Jahrzehnten seine volle Wirkung. Um diese Langzeitwirkung jetzigen Verhaltens aufzuzeigen, sind Modellrechnungen über sehr lange Zeiträume von Nöten, ja sogar unerläßlich.

Nach den Modellrechnungen zur Bevölkerungsentwicklung des Statistischen Bundesamtes kann bei langfristigem Andauern des derzeitigen generativen Verhaltens mit allmählich zunehmenden Bevölkerungsabnahmen gerechnet werden. Es ergeben sich dann die schon genannten Zahlen für die deutsche Bevölkerung: 1975 58 Mill., 2000 52 Mill. und im Jahr 2030 39 Mill.

Ein aufschlußreicher Vergleich: 39 Mill. entsprechen dem Bevölkerungsstand im Jahre 1925 im jetzigen Bundesgebiet. Provokatorische Fragen: Gab es damals zu wenig Deutsche? Oder anders formuliert: Sind 39 Mill. gleich 39 Mill.? Offenbar vernebelt das Argumentieren mit globalen Zahlen das an sich Wesentliche. Wichtiger als die absolute Bevölkerungszahl ist die Altersgliederung einer Bevölkerung, weil es für manche Bereiche — z. B. die Bildungspolitik, die Arbeitsmarktpolitik, die soziale Sicherung — nicht gleichgültig ist, wie noch näher zu zeigen sein wird, ob es sich um eine junge oder um eine überalterte Bevölkerung handelt. Stellt man den Altersaufbau von 1925 dem für 2030 unter den gemachten Annahmen zu erwartenden gegenüber (Schaubild 1), so wird deutlich, daß 39 Mill. zwar streng mathematisch betrachtet gleich 39 Mill. sind, unter demographischen Gesichtspunkten jedoch alles andere als gleich sind. Die Relationen zwischen den jungen, mittleren und älteren Generationen sehen völlig anders aus. Im folgenden wird daher die Analyse von zu erwartenden Altersgliederungen im Vordergrund stehen.

Erst wenn diese Aufgliederungen vorliegen, erhellt sich möglicherweise die Bevölkerungsfrage. Anhand solcher detaillierterer Zahlen kann versucht werden zu prüfen, welche Auswirkungen diese oder jene Bevölkerungsentwicklung auf verschiedene Politikbereiche hat. Sollten sich unerwünschte Konsequenzen abzeichnen, könnte die Formulierung von politischen Maßnahmen aktuell werden. Damit diese greifen können und auch fundiert sind, bedarf es außerdem einer Analyse der Gründe der Bevölkerungsentwicklung. Bevölkerungsmodellrechnungen haben daher einen Stellenwert im Vorfeld einer Bevölkerungspolitik. Sie dienen der Versachlichung und der Konkretisierung bei der Diskussion der Bevölkerungsfrage.

Modellrechnungen zur Bevölkerungsentwicklung werden üblicherweise untergliedert nach Alter und Geschlecht berechnet. Man geht dabei von einem bereits vorhandenen, historisch gewachsenen Bevölkerungsstand als Basis aus, berechnet unter bestimmten Annahmen Geburten, Sterbefälle und Wanderungen, die zusammen mit dem Altern der Generationen den ursprünglichen Altersaufbau allmählich verändern. Bevor wir uns den vier Modellrechnungen der deutschen Bevölkerung zuwenden, die zur Beantwortung einer Kleinen Anfrage der CDU/CSU-Fraktion zur langfristigen Bevölkerungsentwicklung[3] berechnet wurden, ist noch das Problem der Realitätsnähe der Annahmen in Verbindung mit der Zahl der Vorausschätzungsjahre zu erörtern.

Die Annahmen sind wirklich der kritische Punkt. Im Falle der folgenden zu diskutierenden vier Modellrechnungen waren die Annahmen in der Kleinen Anfrage vorgegeben. Lediglich die Variante a sollte eine Weiterführung der „5. koordinierten Bevölkerungsvorausschätzung" sein, zu der die Annahmen zur Geburtenentwicklung vom Statistischen Bundesamt in Zusammenarbeit mit den Statistischen Landesämtern vereinbart und damit koordiniert worden waren. Um es noch einmal zu betonen: Durch die Weiterrechnung über einen Zeitraum von 100 Jahren wird aus dieser Bevölkerungsvorausschätzung eine Bevölkerungsmodellrechnung. Bei der Formulierung der Geburtenannahmen waren folgende Überlegungen leitend: Angesichts des z. Z. beobachteten recht niedrigen Geburtenniveaus und unter Berücksichtigung des generativen Verhaltens in den älteren Ehen sowie in Ermangelung fundierter prognosefähiger Forschungsresultate über eine Tendenzwende wurde — cum grano salis — angenommen, daß die altersspezifischen Geburtenziffern des Jahres 1977 konstant bleiben. Dies entspricht in der Fachsprache einer Nettoproduktionsrate von 0,65. Bei einer andauernden Nettoreproduktionsrate von 1 stellt sich Nullwachstum ein. Die Abweichung von 1 nach oben oder nach unten in Prozent ausgedrückt gibt an, um wieviel die Töchtergeneration nach einem Generationenabstand von ca. 30 Jahren größer oder kleiner als ihre Müttergeneration sein dürfte.

---

[3] Bundestagsdrucksache 8/680, Antwort der Bundesregierung auf die Kleine Anfrage der CDU/CSU-Fraktion — Drucksache 8/478 — zur langfristigen Bevölkerungsentwicklung.

Bei längerem Andauern einer Nettoreproduktionsrate von 0,65 werden also die nachwachsenden Generationen immer um 35 % kleiner sein als die Generation ihrer Eltern. Damit wäre die Geburtenannahme der Variante a beschrieben.

Für die Variante b sollte ein Absinken der Nettoreproduktionsrate binnen 10 Jahren auf 0,5 angenommen werden. Dies entspricht in etwa dem heutigen Niveau der Großstädte. Die Variante b könnte daher nur dann eintreten, wenn sich ein Anpassungsprozeß an städtisches Verhalten allgemein durchsetzt.

In der Variante c sollte binnen 10 Jahren ein Anstieg auf eine Nettoreproduktionsrate von 1 erreicht werden. Dies würde eine Erhöhung des derzeitigen Geburtenniveaus um 50 % erfordern. Ca. 35 % der Ehepaare müßten dazu bereit sein, 3 Kinder zu haben, 10 % der Ehepaare müßten bereit sein, 4 und mehr Kinder zu haben. Z. Z. werden die entsprechenden Prozentsätze für jüngere Ehen auf 10 % für 3 Kinder und auf 2 % für 4 und mehr Kinder geschätzt.[4]

Für die Variante d wurde ein Ansteigen der Nettoreproduktionsrate auf 1,15 binnen 10 Jahren unterstellt; es bedarf nach den bereits gemachten Ausführungen wohl keiner weiteren Betonung, daß ein solcher Wert als unrealistisch anzusehen ist.

Allen Modellrechnungen gemeinsam ist als Basisbevölkerung die deutsche Bevölkerung am 1. 1. 1975, die gleiche Sterblichkeitsannahme und der Ausschluß von Wanderungen. Außerdem waren Modellrechnungen bis zum Jahr 2070 gefordert worden. Es konnten jedoch nur für die Variante a entsprechende Werte vorgelegt werden, weil eine Weiterrechnung der übrigen drei Varianten ‹. . . .› wegen der Kürze der zur Beantwortung der Kleinen Anfrage zur Verfügung stehenden Zeit ‹über das Jahr 2030 hinaus› nicht möglich war.

Es ist bezeichnend, daß in Presse- und Fachvorträgen immer nur die Ergebnisse der Variante a zitiert werden, die übrigens im Jahr 2070 bei 22 Mill. Deutschen anlangt. In dieser Beschränkung auf eine Variante manifestiert sich entweder der Glaube an eine sogenannte wahrscheinliche Entwicklung oder das Bedürfnis, nur mit einem Zahlensatz und nicht mit Bandbreiten argumentieren zu müssen. Es wird aber immer wieder betont werden müssen, daß solche weit in die Zukunft reichenden Rech-

---

4 Schwarz, Karl, Gründe des Geburtenrückgangs 1966 bis 1975 und für „Nullwachstum" erforderliche Kinderzahl der Ehen. In: Wirtschaft und Statistik, Heft 6/1977.

nungen immer Modellcharakter haben und keine Prophezeiungen sein können.

Weil auch die Bandbreite wichtig ist, sollen hier nun einige Ergebnisse aus den drei anderen Varianten zur Beantwortung der Kleinen Anfrage nebst den dort gegebenen Anmerkungen zur Realitätsnähe der Annahmen genannt werden.

Die Modellannahme b „kann als pessimistische Untergrenze angesehen werden. Bei dieser Annahme zum Geburtenrückgang würde die deutsche Bevölkerung bis zum Jahr 2000 auf 49,2 Mill., d. h. auf den Bevölkerungsstand im Jahr 1949, und bis 2030 auf 32 Mill. zurückgehen. ... Modell c unterstellt ein Ansteigen der Nettoreproduktionsrate auf 1,0 bis 1985; dies entspräche der Darstellung eines sogenannten angenäherten Nullwachstums der Bevölkerung. Wegen des aus historischen Gründen ungleichmäßigen Altersaufbaus der deutschen Bevölkerung ergäbe sich dabei eine geringfügige Schrumpfung (von 58) auf 55,2 Mill. im Jahr 2030.

Im Modell d wird ein Anstieg des Geburtenniveaus auf eine Nettoreproduktionsrate von 1,15 bis 1985 unterstellt; ... die deutsche Bevölkerung würde unter der gemachten Annahme infolge der gegenwärtigen Altersgliederung bis 1985 zunächst noch geringfügig abnehmen und dann deutlich steigen. Sie würde im Jahr 2000 59,8 Mill. und im Jahr 2030 64,2 Mill. betragen".[5]

Nun zur Altersgliederung[6]: Die unterstellten Annahmen wirken sich sofort und unmittelbar auf die Zahl der unter 15jährigen aus. Hierbei ist zu beachten, daß zunächst noch einige der sogenannten geburtenstarken Jahrgänge der 60er Jahre sich in diesem Altersabschnitt befinden. Ihnen folgen die immer weniger zahlreichen Jahrgänge der bis zum Jahr 1975 Geborenen. Erst danach wirken sich die gemachten Annahmen zur Geburtenentwicklung aus. Zu den Konsequenzen wird in der Bundestagsdrucksache ausgeführt: „Die Modelle a und b zeigen die demographischen Auswirkungen einer mehr oder weniger schnell schrumpfenden Bevölkerung. Schon bald würden bei diesen Modellrechnungen Überschüsse an Kindergartenplätzen entstehen. Die bereits vorhandenen bzw. bei den gemachten Annahmen noch entstehenden Lücken in den

---

5 Vgl. BT-Drucksache 8/680, hier zu Frage 1., S. 4.
6 Vgl. Tabelle 1 und zu den folgenden Ausführungen über die Altersgliederung, die aufgrund der Modellrechnungen zu erwarten sind, die der o. a. BT-Drucksache beigefügten Schaubilder.

Kindergenerationen würden im Zeitablauf an die Stelle der noch nicht überwundenen Engpässe in den einzelnen Stufen des Bildungssystems treten. Im Modell c ergäbe sich ab den 80er Jahren eine allmählich gleichmäßigere, tendenziell schrumpfende Auslastung der Bildungsinstitutionen. Modell d würde zu einer schnell wachsenden Zahl an kindergartenfähigen Kindern führen, die die Schulen allmählich füllen, bis ab 2010 mit neuen ,,Studentenbergen" zu rechnen wäre, die bereits vorhandenen Generationswellen würden verstärkt."[7] ,,Eine länger anhaltende stagnierende oder rückläufige Geburtenentwicklung vermindert ohne Zweifel die Chancen des Berufsnachwuchses in allen kinderbetreuenden und erzieherischen Berufen. Bereits zum gegenwärtigen Zeitpunkt ist festzustellen, daß bei den Hebammen, Kinderkrankenschwestern, Kinderärzten und Kindergärtnerinnen der Bedarf weitgehend gedeckt und für Nachwuchskräfte nur begrenzte zusätzliche Einsatzmöglichkeiten bestehen. Im schulischen Bereich besteht dagegen in naher Zukunft, insbesondere bei den beruflichen Schulen und in den Gymnasien, noch ein Zusatzbedarf an Lehrern, der allerdings regional und flächenspezifisch unterschiedlich ist. Diesem Bedarf muß durch eine flexible Beschäftigungspolitik der öffentlichen Hand Rechnung getragen werden. Dabei kommt es auch darauf an, durch geeignete Regelungen darauf hinzuwirken, innerhalb des jeweilig verfügbaren Finanzrahmens eine möglichst große Zahl von Lehrern zu beschäftigen."[8]

Die nächsten Altersgruppen betreffen die ins Arbeitsleben hineinwachsende und die arbeitsfähige Bevölkerung. Es liegt in der Natur der Sache, daß sich die Modellannahmen umso weniger auswirken, je älter die betrachtete Personengruppe ist. Bei den 15- bis 30jährigen ergibt sich eine abweichende Entwicklung erst ab 1990, bei den 30- bis 45jährigen ab 2005 und bei den 45- bis 60jährigen ab 2020. Bis zu den jeweiligen Zeitpunkten handelt es sich eben um die Fortrechnung der Zahlen für bereits jetzt lebende Generationen. Allen drei Altersgruppen gemeinsam ist auch eine gewisse Wellenbewegung im Laufe der Vorausschätzungsjahre. Unser derzeitiger, historisch gewachsener Altersaufbau ist nämlich bereits unausgeglichen. Schon die Reaktion auf vorhandene Unregelmäßigkeiten im Bevölkerungsaufbau ist eine Aufgabe, die Flexibilität erfordert.

Die hier vorgeführten Modellrechnungen beziehen sich auf die deutsche Bevölkerung, ohne eine Erwerbspersonenvorausschätzung zu umfassen. Gleichwohl darf man die 20- bis 60- bzw. 65jährigen Personen als er-

---

[7] BT-Drucksache 8/680, hier zu Frage 4., S. 8.
[8] BT-Drucksache 8/680, hier zu Frage 2 b), S. 6.

werbs*fähige* Bevölkerung bezeichnen, unter denen die Erwerbspersonen in einem bestimmten Umfang eine Teilmasse bilden. Die Zahl der erwerbsfähigen Bevölkerung steigt bis 1990. Hinsichtlich der Auswirkungen auf den Arbeitsmarkt werden in der Beantwortung der Kleinen Anfrage folgende Ausführungen gemacht: ,,Eine Untergliederung der großen Altersgruppe der Personen im Erwerbsalter zeigt, daß eine zeitweilige Verschiebung der Proportionen zwischen jüngeren und älteren Arbeitskräften bis in die 90er Jahre zugunsten der jüngeren bereits vorgegeben ist. Während sich dieser Trend in den Modellen a und b nach 2000 allmählich umkehrt, die arbeitsfähige Bevölkerung also relativ altert, kommt es in den Modellen c und d zu einer mehr oder weniger rasch ausgeprägten Verjüngung."[9] ,,Modellrechnungen bis 1990 unter der Annahme einer gesamtwirtschaftlichen Wachstumsrate von ca. 4 vH pro Jahr führen zu dem Ergebnis, daß für den gesamten Zeitraum eher mit einem — im Zeitablauf abnehmenden — Angebotsüberschuß als mit einem Angebotsdefizit auf dem Arbeitsmarkt zu rechnen ist. Dies hängt damit zusammen, daß einerseits die Zahl der deutschen Erwerbspersonen bis Ende der 80er Jahre noch ansteigen wird, daß andererseits das unterstellte gesamtwirtschaftliche Wachstum nur relativ wenig über der Trendrate der Arbeitsproduktivität liegen dürfte. Gleichwohl würde dieser Beschäftigungseffekt langfristig zu einer nachhaltigen Verbesserung der Beschäftigungslage führen."[10]

Die Entwicklung der älteren und ältesten Mitbürger liegt, wenn nicht erhebliche Änderungen des Sterblichkeitsniveaus eintreten, weitestgehend fest. ,,In allen Modellen wird die Zahl der Bürger im Rentenalter zunächst bis 1985 abnehmen, um danach wieder allmählich zu steigen. Insbesondere wird die Zahl der über 75jährigen zunehmen."[11]

Eine bei Bevölkerungswissenschaftlern umstrittene, dennoch ungemein wichtige Frage bezieht sich auf die ,,Belastungsquoten". Sie sollen ausdrücken, in welchem Umfang die arbeitende Bevölkerung für noch nicht oder nicht mehr arbeitende Mitbürger aufkommen muß. Im Grunde interessiert man sich für eine Quote, die in der Statistik — sprachlich knapp, jedoch wenig attraktiv — ,,Ernährte pro Ernährer" heißt. Da, wie bereits erwähnt, eine Erwerbspersonenvorausschätzung, die Erwerbstätige, Arbeitslose und Nichterwerbstätige ausweist, für keines der vier Modelle vorliegt, kann diese Relation nicht berechnet werden. Ersatzweise bezieht man daher die Zahl der Kinder unter 15 Jahren bzw. die Zahl der

---

9 BT-Drucksache 8/680, hier zu Frage 4, S. 8.
10 BT-Drucksache 8/680, hier zu Frage 2, S. 5.
11 BT-Drucksache 8/680, hier zu Frage 4, S. 8.

älteren Personen über 65 Jahre bzw. beide auf die Bevölkerung im erwerbsfähigen Alter, also auf die Personen über 15 und unter 65 Jahren. Macht man andere Altersabgrenzungen (z. B. unter 20, 20 bis unter 60, 60 und älter), so ändert sich zunächst der absolute Betrag der Quoten (rechte Hälfte von Schaubild 2), er wird größer. Gleichzeitig ergibt sich aber auch eine Verlagerung der relativen Maxima.

Es ist für manche überraschend, daß die Gesamtbelastungsquote, also die Belastung der erwerbsfähigen Bevölkerung durch Jugendliche und Alte

— für die Schrumpfungsmodelle zunächst „Entlastung" andeutet,

— für die wachsende und die stagnierende Bevölkerung zu höherer Belastung führt,

— für alle vier noch recht unterschiedliche Modelle im Jahr 2030 die gleichen Werte annimmt, wobei dieser Wert etwa dem heutigen Stand entspricht.

Die Abgrenzung (0 — 20/20 — 60/60 und mehr) ist zwar trennschärfer, letztlich aber im Hinblick auf den letzten Wert im Jahr 2030 nicht geeigneter, zu einer Wertung der Bevölkerungsentwicklung zu gelangen.

Wichtiger ist daher der Verlauf der Jugendbelastung einerseits und der Altenbelastung andererseits, weil es vermutlich nicht gleichgültig ist, ob man für Kinder zahlt oder für die aus dem Erwerbsleben ausgeschiedenen älteren Mitbürger. Die Zahl dieser muß allerdings, weil sie alle schon leben, als Datum betrachtet werden.

In der Gesamtbelastungsquote wurden, wie gesagt, Jugendliche und Ältere zusammengefaßt. Eine wesentliche *Annahme* in diesem Zusammenhang ist, daß die Belastung durch einen Jugendlichen dem durch einen älteren Mitbürger gleichkommt. Was hierbei konkret unter Belastung zu verstehen ist, bleibt im dunkeln. In der Regel wird wohl an finanzielle Aufwendungen gedacht. Auf die sybillinische Frage 3 der Kleinen Anfrage: „Wie verändern sich jeweils die Belastungen der Erwerbsjahrgänge durch alte und junge Generation?" wird demographisch-quantitativ geantwortet. Andererseits mußte diese Antwort so ausfallen, da es weder langfristige Erwerbspersonenvorausschätzungen für die vier Modelle gibt noch über finanzielle Schätzungen hinausgehende Definitionen von „Belastung". Bereits der Begriff Belastung wirkt bedrückend.

Es sei hier eingeflochten, daß Hilde Wander Belastungsquoten berechnet hat, in denen für die junge Generation und die ältere Generation

Konsumäquivalente und für die erwerbsfähige Bevölkerung Produktionsäquivalente angesetzt wurden. Da diese Berechnungen auf anderen Bevölkerungsmodellen aufbauen, sollen sie hier nicht weiter diskutiert werden, wohl aber als neuer methodischer Ansatz nicht unerwähnt bleiben.[12]

Um zu zeigen, daß Modellrechnungen auch Glücksache sein können, sei noch ein historisches Kuriosum erwähnt. Eine Vorausberechnung auf der Basis 1928 bis zum Jahre 2000 für die Bevölkerung im Reichsgebiet[13] kam unter der Annahme eines Rückgangs der Geburtenhäufigkeiten bis 1955 um 25% (und ohne Wanderungen, und natürlich ohne Kriegseinflüsse) auf exakt 60,1 Mill. für 1975 und auf 46 Mill. im Jahre 2000. Die 60 Mill. wären nicht so schlecht geschätzt, wenn sie sich nicht auf das Reichsgebiet bezögen. Diese alte Modellrechnung zeigt uns daher vor allem, daß die Auswirkungen des Geburtenrückgangs schon in den 20er Jahren ein aktuelles Diskussionsthema waren. Man könnte in Anbetracht des Resultats sogar die These zur Diskussion stellen, ob das Ausmaß des damaligen Geburtenrückgangs nicht überschätzt wurde.

Was bleibt nun und worin liegt der Wert von Modellrechnungen?

Modellrechnungen zur Bevölkerungsentwicklung

— weisen auf zu erwartende, schon vorprogrammierte Entwicklungen hin (Studentenberg, Ausweitung und Verminderung des Arbeitspotentials, langfristige Zunahme der ältesten Mitbürger),

— zeigen die Langzeitwirkungen eines konkreten generativen Verhaltens

— zeigen die Möglichkeiten und Grenzen der Außenwanderungspolitik.

Modellrechnungen sollten

— über komplexe demographische Prozesse informieren,

— um nicht unglaubwürdig zu sein, eine Bandbreite alternativer Entwicklungsmöglichkeiten bieten,

---

12 Wander, H., Short, medium and long term implication of a stationary or declining population on education, labour force, housing needs, social security and economic development, Beitrag zum internationalen Bevölkerungskongreß der IUSSP in Mexiko City. In: IUSSP (Herausgeber), Conference Proceedings, Vol. 3, S. 95—111.
13 Statistisches Reichsamt (Herausgeber), Statistik des Deutschen Reichs, Volkszählung, Die Bevölkerung des Deutschen Reichs nach den Ergebnissen der Volkszählung 1925, Band 401, II, Berlin 1930.

— die Möglichkeit eröffnen, Auswirkungen auf die verschiedenen Politikbereiche zu quantifizieren und u. U. dann zu bewerten,
— auf diese Weise dazu dienen, die bevölkerungspolitische Diskussion zu versachlichen.

Bevölkerungsentwicklungsmodelle gewinnen einen Sinn als Denkmodelle für alternative Zielsetzungen. Sie sind gewiß keine Prophezeihungen. Überspitzt könnte man sogar sagen, sie haben ihrem Zweck für die bevölkerungspolitische Diskussion am besten gedient, wenn ihre Ergebnisse nicht eintreten. In diesem Fall haben sie vielleicht dazu beigetragen, daß über Bevölkerungsprobleme nachgedacht wurde. Oder anders gesagt: Bevölkerungsentwicklungsmodelle sind Warnsignale und als solche sicherlich wichtig.

Synopsis der Ergebnisse von 4 Modellrechnungen
Basis: Deutsche Bevölkerung am 1.1.1975 — Sterblichkeit: Variation bis 1980 (Trendextrapolation) — Wanderungen: keine

Art des Nachweises Kurzkommentierung	Ergebnisse 1975	Modell a Nettoreproduktionsrate bis 1977 auf 0,65				Modell b Nettoreproduktionsrate bis 1985 auf 0,5				Modell c Nettoreproduktionsrate bis 1985 auf 1,0				Modell d Nettoreproduktionsrate bis 1985 auf 1,15			
		1985	2000	2015	2030	1985	2000	2015	2030	1985	2000	2015	2030	1985	2000	2015	2030
Bevölkerungsstand (in Mio)	57,9	55,7	52,2	46,3	39,4	55,0	49,2	41,1	32,0	57,0	57,3	56,2	55,2	57,6	59,8	61,4	64,2
Bevölkerungsstand, wenn 1975 = 100	100	96	90	80	68	95	85	71	55	98	99	97	95	99	103	106	111
Lebendgeborene (in 1000)	523	601	439	387	289	440	309	214	141	878	682	803	717	1010	808	1054	1011
Geburtenüberschuß (+) bzw. -defizit (−) (in 1000)	−214	−197	−344	−422	−496	−355	−469	−586	−630	+75	−107	−21	−99	+204	+14	+222	+179
Altersgruppen (1975 = 100) 3- bis 5jährige Kommentar	100	73	69	52	42 Laufende Abnahme (Überschuß an Kindergartenplätzen)				62 50 31 22				91 102 102 96 Bestand 1975 wird gehalten				100 118 131 130 Starke Zunahme ab 1985			
6- bis 9jährige Kommentar	100	55 61 41 36 Rückgang auf ein Drittel (weniger Schüler in Grundschulen)				51 44 26 19 Rückgang auf ein Fünftel				60 89 75 78 Abnahme mit Schwankungen				63 102 94 105 Ab 2000 Bestand von 1975			
10- bis 15jährige Kommentar	100	67 62 44 39 Rückgang auf 40%				67 46 30 21 Rückgang auf ein Fünftel (weniger Schüler in der Sekundarstufe I)				67 90 70 81 Abnahme mit Schwankungen				67 104 84 107 Zunahme mit Schwankungen			
16- bis 18jährige Kommentar: Maximum 1980 („Abiturientenberg" zwischen 1980 und 1985) und wachsende Nachfrage nach Ausbildungsplätzen bis 1985	100	111 66 56 46 Nach 1980 laufende Abnahme				111 53 41 26				111 88 84 92 Abnahme mit Schwankungen				111 99 98 120 Zunahme ab 2000 mit Schwankungen			

Voraussichtsmodell
Geburtenannahme
Jahr

Synopsis der Ergebnisse von 4 Modellrechnungen (Fortsetzung)
Basis: Deutsche Bevölkerung am 1.1.1975 — Sterblichkeit: Variation bis 1980 (Trendextrapolation) — Wanderungen: keine

Art des Nachweises Kurzkommentierung	Ergebnisse 1975	Modell a				Modell b				Modell c				Modell d			
		Nettoreproduktionsrate bis 1977 auf 0,65				Nettoreproduktionsrate bis 1985 auf 0,5				Nettoreproduktionsrate bis 1985 auf 1,0				Nettoreproduktionsrate bis 1985 auf 1,15			
		1985	2000	2015	2030	1985	2000	2015	2030	1985	2000	2015	2030	1985	2000	2015	2030
Altersgruppen (Fortsetzung)																	
19- bis 24jährige	100	125	68	72	50	125	61	53	31	125	77	106	94	125	82	122	119
Kommentar: "Studentenberg" 1985		Nach 1985 starke Abnahme der Zahl der Studenten								Nach Jahrtausendwende Stand von 1975				Erneuter Studentenberg nach 2010			
15- bis 64jährige	100	107	97	87	69	107	95	79	55	107	101	101	95	107	102	107	109
Kommentar: Zunahme der Arbeitskräfte bis 1990		Nach 1990 rückläufige Zahl der erwerbsfähigen Bevölkerung								Nach 1990 wird Bestand von 1975 gehalten				Erneute Zunahme der erwerbsfähigen Bevölkerung nach 2000			
über 65jährige	100	94	94	97	105	94	94	97	105	94	94	97	105	94	94	97	105
Kommentar		Allmähliche Überalterung				Zunehmende Überalterung				Zahl der älteren Mitbürger ziemlich konstant				Verjüngung			
Anteile an Gesamtbevölkerung (%)																	
unter 15jährige	22	15	16	13	13	14	12	9	8	17	21	19	20	18	23	22	23
15- bis 64jährige	63	70	68	69	64	71	71	70	63	69	65	66	63	68	63	64	62
über 65jährige	15	15	16	18	23	15	17	21	29	15	14	15	17	14	14	14	14
Kommentar		Allmähliche Überalterung				Zunehmende Überalterung				Ausgeglichener Altersaufbau				Verjüngung			
Belastungsquoten auf 100 15- bis 64jährige kommen																	
0- bis 14jährige	34	22	23	19	20	20	17	13	13	25	33	29	32	26	37	35	37
über 65jährige	24	21	23	27	37	21	24	29	46	21	22	23	26	21	22	22	23
0- bis 14- und über 65jährige	58	43	46	45	57	41	41	42	59	46	55	52	58	48	59	56	60
Kommentar		Abnehmende Kinder-, zunehmende Altenlasten				Zunächst abnehmende, dann zunehmende Gesamtbelastung nicht über den heutigen Stand				Kinderlasten zunächst abnehmend, dann auf heutigen Stand; Altenlasten zunächst abnehmend, dann auf heutigem Stand				Nettoreproduktionsrate zunächst abnehmend, dann auf heutigem Stand			

107

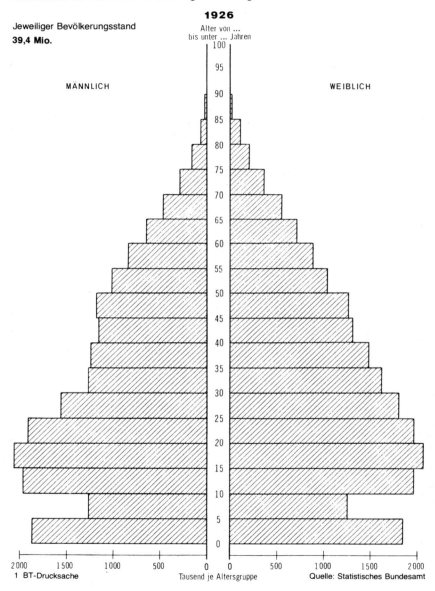

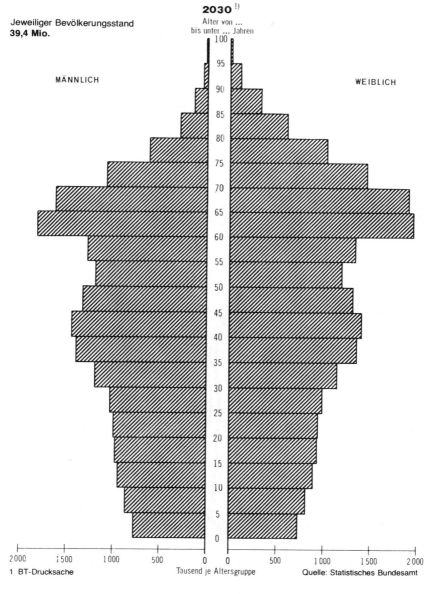

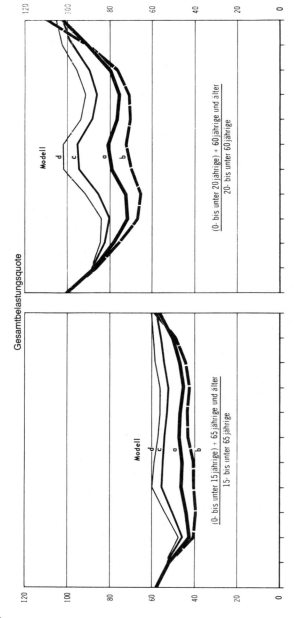

Belastungsquoten nach 4 Modellrechnungen¹) der deutschen Bevölkerung

1 BT-Drucksache
Quelle: Statistisches Bundesamt

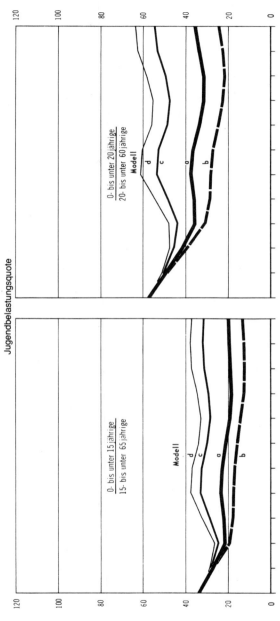

Altersbelastungsquote

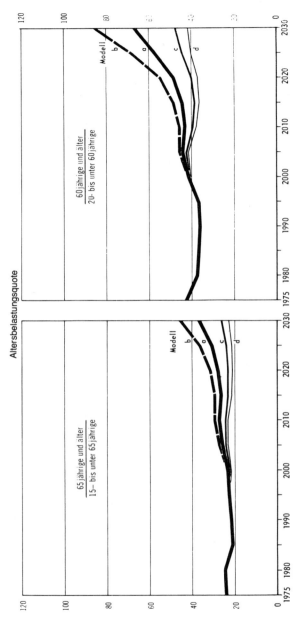

112

Wolfgang Lengsfeld / Katharina Pohl

Theoretischer Ansatz und Ergebnisse einer Längsschnitt-Untersuchung des Bundesinstituts für Bevölkerungsforschung über das generative Verhalten in den Familien

1. Ansätze der Längsschnitt-Untersuchung

Das weitgefaßte Ziel unserer Untersuchung ist es, ein Modell für das generative Verhalten in unseren Familien zu entwickeln, mit dem es möglich sein soll, die Auswirkungen bevölkerungspolitischer Maßnahmen oder auch die von gesellschaftlichen Veränderungen zu beschreiben und ggf. zu simulieren. Anlaß für die Untersuchung war der seit 1966 anhaltende Geburtenrückgang, den ein Gutachtergremium für dieses Projekt noch 1969 für vorübergehend hielt. Außerdem wurde damals angenommen, daß die vorliegenden amerikanischen Ergebnisse zur Motivation des generativen Verhaltens ohne weiteres auf bundesdeutsche Verhältnisse übertragbar seien. Wegen des Fehlens explizit formulierter geschlossener Theorien über das generative Verhalten zum Zeitpunkt des Untersuchungsbeginns lehnten wir uns beim Entwurf des ersten Fragebogens stark an frühere amerikanische Untersuchungen an, deren Ergebnisse zeigten, daß das generative Verhalten von der Persönlichkeitsstruktur der Frau und dem innerfamiliären Kommunikationsprozeß beeinflußt wird. Andererseits mußte die soziale Differenzierung des generativen Verhaltens, wie es die Resultate der amtlichen Statistik in der Bundesrepublik nahelegten, ebenfalls berücksichtigt werden.

Unter Berücksichtigung der Ergebnisse der Voruntersuchungen bestand die endgültige Fragebogenfassung überwiegend aus geschlossenen Fragen, die sich vorwiegend auf objektiv erfaßbare Tatbestände und allgemeine Verhaltenstendenzen bezogen. Es wurden die sozio-demographischen Basisdaten erfragt, d. h. Daten zur Herkunftsfamilie und zur Geschwisterkonstellation der Ehepartner, Angaben über ihren schulischen und beruflichen Werdegang sowie über ihre gegenwärtige sozioökonomische Situation, wobei neben der finanziellen auch die Wohnungssituation beleuchtet wurde. Ergänzend zu diesem Fragenkomplex erhoben wir auch jeweils Daten zur subjektiven Bewertung dieser Gegebenheiten. Weiterhin stellten wir Fragen zur innerfamiliären Situation und erfragten Meinungen und Einstellungen, die zur Kennzeichnung des innerfamiliären Kommunikationsmusters und des Falsifizierbarkeitsniveaus der Befragten dienten. Während es bei den Einstellungsfragen zur Zukunft, zur

Kindererziehung oder zur ehelichen Partnerschaft selten zu Schwierigkeiten kam, traten bei den Interviewten erhebliche Widerstände bei den Fragen zum sexuellen Verhalten und zum Gebrauch von Antikonzeptiva auf, so daß diese Fragen erst in einer späteren Befragungsrunde gestellt werden konnten. Abgesehen von diesem Bereich ähnelte der von uns verwendete Fragebogen im großen und ganzen denen, die auch in den amerikanischen Längsschnitt-Untersuchungen Verwendung fanden. Wie sie enthielt er im wesentlichen Fragen hinsichtlich objektiv faßbarer Tatbestände und Verhaltensweisen sowie Fragen, die sich auf innerfamiliäre Situationen und Einstellung in Bezug auf das generative Verhalten bezogen.

Die Erhebungsbogen für die nachfolgenden Befragungsabschnitte entwickelten sich jeweils aus den Erfahrungen und Ergebnissen des vorangegangenen Abschnitts. Durch Wiederaufnahme von Fragen in gleicher Formulierung wurden die zur Charakterisierung der innerfamiliären Struktur erhobenen Einstellungstendenzen und Meinungen in einem späteren Abschnitt nochmals erfragt, um sie auf ihre Zeitstabilität zu prüfen, denn die Merkmalsstabilität konnte nur für die objektiv erfaßbaren Persönlichkeitsdaten vorausgesetzt werden.

Erhebliche Zweifel bestanden von Anbeginn der Untersuchung an in bezug auf die völlig bewußte und rationale Planung sowie die Durchführung des generativen Verhaltens in unseren Familien. Psychologische Forschungsergebnisse zeigen, daß in jede Handlung rationale und motivationale Momente einfließen, und daß die Handlungskomponente weder in einfacher Beziehung zu den beiden erstgenannten steht, noch daß sie ohne Berücksichtigung der zum Ausführungszeitpunkt vorhandenen äußeren Umstände und Bedingungen in die Tat umgesetzt wird. Quasi im letzten Moment wird die Durchführung eines Planes noch modifiziert, so daß sich uns die Frage stellte, inwieweit der ursprüngliche Kinderwunsch unter konstanten Bedingungen auch realisiert wird. — Bevor jedoch auf einige Ergebnisse der Längsschnitt-Untersuchung eingegangen werden kann, sollen die Unterschiede zwischen Längsschnitt- und Querschnitt-Untersuchung sowie das Problem der Analyseebene kurz gestreift werden.

2. *Methodisch bedingte Ergebnis-Unterschiede bei Längs- und Querschnitt-Untersuchungen*

Der wohl wesentlichste Unterschied zwischen einer Längsschnitt- und einer Querschnitt-Untersuchung liegt darin, daß bei einer Querschnitt-

Untersuchung nur eine einmalige Erhebung vorgenommen wird, während bei einer Längsschnitt-Untersuchung dieselben Personen mehrfach befragt werden, und zwar in einem zeitlichen Abstand, der bereits zu Beginn der Untersuchung festzulegen ist und möglichst konstant sein sollte. Bei unserer Untersuchung betrug dieser zeitliche Abstand durchschnittlich zwei Jahre.

Ein weiterer wesentlicher Unterschied ist in der Auswertung zu finden. In einer Längsschnitt-Untersuchung ist es möglich, die Ergebnisse der verschiedenen Befragungen, und zwar immer derselben Personen zu unterschiedlichen Zeitpunkten, einander gegenüberzustellen. Mit Hilfe einer solchen Technik lassen sich Merkmalsveränderungen bei einem Individuum erfassen. Diese Merkmalsveränderungen können im Zeitablauf stattfinden, wie bei der Selbstsicherheit der von uns untersuchten Frauen mit zunehmendem Alter. Das mit dem Alter verbundene Ansteigen der sogenannten Unsicherheitstoleranz ist darüber hinaus sozial differenziert. Bei Frauen mit den höchsten Schulabschlüssen (Hochschulabschluß und Abitur) ist dieser Anstieg vergleichsweise gering gegenüber Frauen mit Mittlerer Reife oder gegenüber den Frauen mit Volksschulabschluß, bei denen der Zuwachs bei weitem am stärksten ist. Diese sozial differenzierten Veränderungen eines Persönlichkeitsmerkmales weisen Parallelen auf zu der sog. ,,schichtspezifischen Nachreifung" bei einer Reihe von Körpermerkmalen. Ob es sich dabei jedoch um ein biologisch fundiertes Phänomen handelt, kann hier nicht diskutiert werden.

Außer im Zeitablauf sind Merkmalsveränderungen offensichtlich auch an das Eintreten von bestimmten Ereignisssen gebunden, so z. B. an die Geburt eines Kindes. Bei unserer Untersuchung fanden wir u. a., daß sich nur etwa 5 Prozent der kinderlosen Frauen keine Kinder gewünscht haben. Nachdem diese Frauen im Zeitablauf von zwei Jahren ihr erstes Kind geboren hatten, erhöhte sich dieser Prozentsatz jedoch auf über 20 Prozent. Aus dieser in der Presse ,,Ein-Kind-Schock" genannten Erscheinung ergibt sich die Hypothese, daß sich unsere Frauen heute bereits vor dem ersten Kind mit der Frage auseinandersetzen, ob sie ein Kind haben wollen oder nicht. Früher setzte die Geburtenplanung wohl erst nach der Geburt des ersten Kindes ein.

Diese beiden beispielhaft erwähnten Ergebnisse wären mit Hilfe von Querschnitt-Untersuchungen nicht zu erhalten gewesen. Der Grund dafür liegt darin, daß solche Merkmalsveränderungen auch zurückgeführt werden könnten auf die Unterschiede zwischen den Stichproben. Die Erfassung von altersbedingten Merkmalsveränderungen oder solchen, die an das Eintreten von bestimmten Ereignissen gebunden sind, scheinen am ehesten mit Hilfe von Längsschnitt-Untersuchungen nachweisbar.

3. Zur Analyseebene

Dieses sog. Mehrebenenproblem wird neuerdings in der Sozialforschung sehr stark diskutiert, und zwar wegen der Erkenntnis, daß die Ergebnisse von Untersuchungen auf den unterschiedlichen Analyseebenen in der Regel nicht übereinstimmen. Dies ist besonders wichtig für die Reichweite der Schlüsse, die aus den Ergebnissen von solchen Untersuchungen gezogen werden.

Um die dahinterstehenden Gedanken zu verdeutlichen, kann man sich in die Situation eines Politikers versetzen. Er betrachtet soziale Vorgänge vorwiegend aus gesamtgesellschaftlicher Sicht, quasi aus der Vogelperspektive. Er verwendet wirtschaftliche oder soziale Indikatoren zur Kennzeichnung der gesellschaftlichen Abläufe.

Demographen oder Ökonomen betrachten aus dieser Gesamtperspektive des Politikers nur einen Ausschnitt. Ihre Theorien, die sie über ihren speziellen Sektor aufstellen, sind mehr oder weniger umfassend. Die Theorien zum generativen Verhalten schließlich sehen aus dem Bereich des Demographen wiederum nur einen kleinen Ausschnitt. Zur Zeit werden vor allem ökonomische, soziologische und sozialpsychologische Theorien formuliert. Sie arbeiten vorwiegend mit zusammengefaßten Daten, mit sog. Aggregatdaten z. B. aus der amtlichen Statistik. Dabei werden die Angaben von mehreren tausend Personen in Tabellen zusammengefaßt und dann weiter ausgewertet.

In der Regel fragen diese Untersuchungsansätze nach großen Zusammenhängen von Merkmalen, z. B. nach dem Zusammenhang von Einkommen und Beruf oder Einkommen und Kinderzahl usw. Aus den Beziehungen der Merkmale untereinander versuchen Demographen dann das generative Verhalten zu erklären, z. B. den Geburtenrückgang aus der mangelnden finanziellen Unterstützung der Familie. Doch die Gründe für Bevölkerungsveränderungen sind in der Regel nicht in einem oder in nur wenigen Merkmalen zu finden. Vor allem sind die Gründe nicht in allen Gruppen oder Unterteilungen der Bevölkerung gleich, d. h. in dem gleichen Merkmal oder in den gleichen Merkmalen zu finden. So z. B. ist das Kindergeld bei wenig verdienenden Arbeitern prozentual am Einkommen höher beteiligt als bei einer gut verdienenden Ärztin. Bei dieser wiederum ist die zeitliche Belastung durch ein Kind das größere

Problem. Wenn wir uns also — wie bei unserer Längsschnitt-Untersuchung — auf der Ebene der Familie befinden und Untersuchungen durchführen, dann kommt z. B. dem Kindergeld je nach Ausprägung anderer Merkmale — in den eben erwähnten Fällen handelte es sich um das Einkommen, das mal hoch oder mal niedrig war, und beim Beruf war es einmal eine Ärztin, ein anderes Mal ein Arbeiter —, eine völlig unterschiedliche Bedeutung für das generative Verhalten zu.

Die Feststellung von Merkmalsbeziehungen ist also für die Untersuchungsebene Familie nicht angemessen. Beziehungsmaße geben nämlich nur den durchschnittlichen Zusammenhang aller vorkommenden Merkmalsausprägungen an. Es kommt bei ihrer Berechnung zu einem sog. kompensatorischen Effekt, d. h. es wird der durchschnittliche Wert aus dem Prozentanteil errechnet, den das Kindergeld am Einkommen des Arbeiters und an dem der Ärztin ausmacht. Auf diese Weise kennzeichnet ein Zusammenhangsmaß die Bedeutung des Kindergeldes in keiner der beiden betrachteten Familien in ausreichender Weise.

Während die Feststellung von durchschnittlichen Zusammenhängen auf der Ebene der Aggregatdatenanalyse aufgrund der sehr großen Fallzahlen noch als angemessen angesehen werden kann, trägt dieses Vorgehen bei Familienuntersuchungen nur dazu bei, daß von Untersuchung zu Untersuchung scheinbar widersprüchliche Ergebnisse erzielt werden können, die mit den Ergebnissen von Aggregatdatenuntersuchungen meist nur unzureichend übereinstimmen werden. Der Grund dafür ist ein statistisch-methodischer. Da die mit Hilfe von Aggregatdaten erzielten Zusammenhangsmaße einen durchschnittlichen Wert aller möglichen, aus der zugrundeliegenden Population konstruierbaren Stichproben-Zusammenhangsmaße darstellen, können die Stichprobenwerte mit denen aus der Aggregatdatenebene auch nur zufällig übereinstimmen. — Aus diesen wenigen Anmerkungen wird deutlich, daß die Übertragung von Ergebnissen einer Analyseebene auf eine andere nicht ohne weiteres möglich ist. Die wissenschaftliche Durchdringung dieser Problematik hat im deutschen Sprachgebrauch aber gerade erst begonnen.

4. *Typisierung des Familienbildungsprozesses*

Wenn globale Zusammenhangsmaße — wie oben angedeutet — die Bedeutung von einzelnen Merkmalsausprägungen nicht hinreichend genau widerspiegeln, wird eine Untersuchungspopulation nach erkennbaren, z. B. sozialen Gliederungen in Teilpopulationen aufgeteilt und gefragt, wie sich die Zusammenhangsmaße in diesen Gruppen unterscheiden bzw. welchen Merkmalen in den jeweiligen Gruppen das größte Gewicht, der größte Erklärungswert für das zu untersuchende Verhalten zukommt. Dieses Vorgehen ist auch auf der Aggregatdatenebene, also auch z. B. in der amtlichen Statistik üblich. Dabei kann als gruppenbildendes Merkmal z. B. auch die Kinderzahl verwendet werden, doch nimmt die Größe der Untersuchungsgruppen bei Aufteilung der Bevölkerung nach zwei oder mehr Merkmalen sehr schnell ab, so daß statistisch sinnvolle Aussagen oft nur schwer möglich werden.

Als weitere Möglichkeit, die wir im Falle unserer Untersuchung angewendet haben, bietet sich die Zusammenfassung solcher Familien an, bei denen die Ausprägungen von besonders wichtigen Einzelmerkmalen gleich sind. Wir fanden mit Hilfe dieser Methode vier Typen des Familienbildungsprozesses, die sich wie folgt kennzeichnen lassen:

A. Geringes Alter der Frau bei der Geburt des ersten Kindes, eine geringe Zeitspanne zum zweiten Kind. In diesem Fall ist weder vor- noch innereheliche Geburtenkontrolle vorhanden. Die Kinder kommen eben, die Fruchtbarkeit wird durch das biologische Können im wesentlichen bestimmt.

Dieser Typ des Familienbildungsprozesses ist bei uns ausgesprochen selten geworden. Er fand vorwiegend in den unteren sozialen Schichten statt, es ist also ein veraltetes, im Aussterben begriffenes Verhaltensmuster.

B. Der zweite Typ ist gekennzeichnet durch geringes Alter der Frau bei Geburt des ersten Kindes und durch ein langes Hinausschieben des zweiten Kindes. Es kann nicht von einem vorehelichen, aber doch von einem innerehelichen Geburtenkontroll-Mechanismus ausgegangen werden. Die Fruchtbarkeit wird durch das persönliche Wollen, besonders nach der Geburt des ersten Kindes reduziert.

Diesen Typus finden wir in der sozialen Grundschicht, also bei der Masse unserer Bevölkerung.

C. Der dritte Typus ist gekennzeichnet durch hohes Alter der Frau bei der Geburt des ersten Kindes und durch ein langes Hinausschieben des zweiten Kindes, durch vor- und innereheliche Geburtenkontrolle, d. h. die Fruchtbarkeit wird mit geplanter Unterbrechung ständig durch das persönliche Nichtwollen reduziert bzw. kontrolliert.

Dieses Verhalten finden wir vor allem in mittleren sozialen Schichten, wo wir auch die wenigsten Kinder in der Statistik antreffen.

D. Der vierte Typus ist gekennzeichnet durch hohes Alter der Frau bei Geburt des ersten Kindes und durch eine geringe Zeitspanne zum zweiten Kind, durch voreheliche Geburtenkontrolle. Die Fruchtbarkeit wird entweder durch Geburtenkontrolle nach dem letzten gewünschten Kind oder durch das biologische Können, nämlich durch das Alter der Frau begrenzt.

Dieses Verhalten finden wir vor allem in den sozialen Oberschichten, also etwa bei 10 Prozent unserer Bevölkerung.

Diese Verhaltenstypen stellen natürlich nur eine schematische Darstellung dar. Es ist also typisiert worden. Es scheint so zu sein, daß der Familienbildungsprozeß sich in der neueren Zeit mehr vom ersten oder zweiten Typ hin in der großen Masse der Bevölkerung zum dritten oder vierten Typ hin verschiebt. Daraus würde sich auch logisch der Geburtenrückgang erklären.

Als letzte Möglichkeit zur Typisierung des Familienbildungsprozesses bietet sich die Verwendung von Cluster-Analysen an. Dabei wird aufgrund der Ähnlichkeit der einbezogenen Familien hinsichtlich einer großen Anzahl von Merkmalsausprägungen eine Gruppenbildung durchgeführt, ohne daß vorher gruppenbildende Merkmale wie soziale Schichtzugehörigkeit oder Kinderzahl festgelegt werden müßten. Diese Methode wurde bislang vorwiegend in anderen sozialwissenschaftlichen Bereichen verwendet, z. B. in der Bundesrepublik bei der Frage der Zuordnung von Berufswünschen von Abiturienten. Allein die Tatsache, daß die genannten Vorgehensweisen nicht zu übereinstimmenden Ergebnissen führen, weist auf die Notwendigkeit weiterer Untersuchungen auf diesem Gebiete hin.

5. *Einige Ergebnisse der Längsschnitt-Untersuchung*

Es zeigt sich, daß bereits der Wunsch nach dem ersten Kind unreflektiert und rational nicht begründbar zu sein scheint. Es läßt sich unschwer eine lange Liste von Günden aufstellen, die gegen ein Kind sprechen, doch bedarf es heute angesichts der weithin gewohnheitsmäßig betriebenen Geburtenkontrolle schon eher der bewußten Entscheidung für ein Kind. Während die Frage nach Gründen für die Kinderzahleinschränkung spontan eine Reihe von Antworten hervorruft, wird auf die Frage nach Gründen für den Kinderwunsch im wesentlichen mit Verständnislosigkeit reagiert. Die bisher uns genannten Gründe und Motive für den Wunsch nach Kindern sind jedenfalls wenig rational. Danach gehören Kinder zu einer vollständigen Familie, sie sind sichtbarer Beweis, geliebt zu werden, sie befriedigen das Bedürfnis, jemand glücklich zu machen und zu umsorgen, sie sind Mittel zum Zweck, den Partner zu halten und bringen überdies zusätzliche Lebenserfahrung und soziales Prestige. Die meisten der befragten Frauen hatten sich mit dieser Frage noch nie beschäftigt, spontane Antworten waren sehr selten. Offensichtlich basiert die Entscheidung, Kinder zu bekommen, nicht auf einem bewußt rationalen Kalkül, sondern auf unbewußt steuernden Motiven. Bei der Realisierung kommen dann noch die situativen Momente hinzu.

Es zeigte sich also, daß beispielsweise Frauen, die sich die Versorgung und Sozialisation von mehr als zwei Kindern zutrauen, ein vergleichsweise hohes Bildungs-, Einkommens- und Emanzipationsniveau und — bzw. oder — eine starke religiöse Bindung aufweisen sowie eindeutig eine positive Einstellung zu Antikonzeptiva haben. Regelmäßig damit verbunden ist außerdem eine hohe Unsicherheitstoleranz, d. h. die Frauen sind neuen Situationen gegenüber flexibel und anpassungsbereit. Daneben gewinnen Alters- und Spacing-Faktoren an Bedeutung. Wird das erste Kind kurz nach der Eheschließung der Frau, also vor ihrem 26. Geburtstag geboren, und folgt das zweite innerhalb der nächsten zwei Jahre, so ist diese Mutter bei der Geburt des dritten Kindes kaum älter als eine andere Frau, die sich mit der Geburt ihres einzigen Kindes mehr Zeit gelassen hat.

6. Schlußfolgerungen

Nach dem derzeitigen Stand unserer Auswertungen sind bei theoretischen Ansätzen also folgende Punkte zu berücksichtigen:

— Das realisierte generative Verhalten eines Ehepaares ist nicht das Ergebnis eines auf dem individuellen Wollen basierenden rationalen Entscheidungsprozesses. Dies weist auf die Notwendigkeit des Einsatzes indirekter Erhebungsverfahren hin.

— Gleiche Gegebenheiten der Lebensumwelt werden je nach ihrem sozialen und sozialpsychologischen Kontext unterschiedlich bewertet. Bedingungskonstellationen setzten sich somit nicht aus additiv wirkenden Merkmalen zusammen; eine Linearität der Regressionen zwischen den einzelnen Bedingungskomponenten kann nicht vorausgesetzt werden.

— Gleiche subjektive Bewertung gleicher Bedingungskonstellationen kann — sofern von unterschiedlichen momentanen externen Situationseinflüssen überlagert — zur Realisierung unterschiedlichen Verhaltens bei gleicher Verhaltenstendenz führen.

— Nicht einzelne Variablen, sondern einzelne Valenzen verschiedener Variablen differenzieren zwischen den Familien, die geplantes generatives Verhalten realisieren und denen, die von ihren Plänen abweichen.

— Bei der Untersuchung des generativen Verhaltens sind die alters- und familienzyklusspezifischen Veränderungen speziell der sozialpsychologischen Merkmale besonders zu berücksichtigen.

— Das realisierte generative Verhalten und seine Bedingungen lassen sich anscheinend nicht mit Hilfe genereller Zusammenhangsmaße zwischen mit ihm verbundenen Merkmale aufklären. Dieser theoretisch-statistische Ansatz ist aufgrund der kompensatorischen Wirkung einzelner Merkmalsausprägungen bei ihrer Zusammenfassung zu generalisierenden Maßen offensichtlich wenig geeignet, die Bedingungsstrukturen bei der Realisierung des Kinderwunsches aufzudecken. Es scheint daher notwendig, die familienspezifischen Ketten von Merkmalsausprägungen selbst zu verwenden und zu typisieren.

H. G. Moors

Theoretischer Ansatz und Ergebnisse der niederländischen Untersuchung zum generativen Verhalten 1975

1. Einleitung

1975 wurden von Ende Februar bis Anfang Mai 4522 Ehefrauen in 187 niederländischen Gemeinden im Rahmen der Untersuchung über Fruchtbarkeit und Motivation zur Elternschaft (die sogenannte NOVOM-Untersuchung) befragt. Zweck dieser Befragung war es, Einsicht in die Änderungen zu bekommen, die zu einer beschleunigten Senkung der ehelichen Fruchtbarkeit in den letzten Jahren geführt haben. Besonders muß der Frage Bedeutung zugemessen werden, ob die durchschnittliche Familiengröße sich über oder unter dem Reproduktionsniveau bewegen wird, oder kurz gesagt: Ob die niederländische Bevölkerung auf lange Sicht weiter wachsen wird.

Der Rückgang der durchschnittlichen Familiengröße und die sich ändernde Geburtenplanung hat widerum auch Folgen für die unterschiedliche Dauer der Familienphasen. Eine zunehmende Verzögerung der Familiengründung bei neugeschlossenen Ehen und die Tatsache, daß die Ehefrauen innerhalb der kurzmöglichsten Zeitspanne die für ihre Ehe gewünschte Kinderzahl zu realisieren versuchen, schafft für die Ehefrau größere Möglichkeiten, u. a. im Hinblick auf eine Berufstätigkeit.

Um bei Bevölkerungsprognosen wie auch bei der Durchführung einer adäquaten Bevölkerungspolitik Hypothesen aufstellen zu können, ist Einsicht in die Hintergründe des generativen Verhaltens nötig. Die obengenannte Stichprobe basiert auf Ehe-Generation, das heißt: Nicht das Geburtsjahr, sondern das Jahr der Heirat war das Kriterium für die Auswahl der Befragten. Der Grund dafür war, daß die Fruchtbarkeits-Statistiken von demselben Prinzip ausgehen und sich also am besten dem prognostischen Modell des niederländischen Zentralbüros für Statistik anschließen. In die Stichprobe wurden Frauen aufgenommen, die zwischen 1963 und 1973 geheiratet haben. Diese Befragung kann als niederländischer Beitrag zum „World Fertility Survey" betrachtet werden, der Fragebogen stimmt weitgehend mit dem Modell-Fragebogen des WFS überein.

Einer Analyse der Hintergründe der differentiellen Fruchtbarkeit nach sozialer Schicht kommt in diesem Projekt durch die Informationen über die Einstellung zu Vor- und Nachteilen von Kindern und die damit verbundene Motivation zur Elternschaft besondere Bedeutung zu. Es ist anzunehmen, daß die Einstellung im Hinblick auf Kinderzahl und Geburtenplanung Teil eines breiten Spektrums von Meinungen und Standpunkten darstellt, wobei der Wert eines Kindes für seine Eltern und damit also auch die Motivierung zur Elternschaft nur einen Teil ausmacht. Ein weiterer Grund, die Fruchtbarkeit genauer unter die Lupe zu nehmen, ist der folgende: Die Resultate der niederländischen Fruchtbarkeitsuntersuchung im Jahre 1969 deuten darauf hin, daß man in Zukunft mit einer abnehmenden Bedeutung der bisher üblichen konventionellen sozial-demographischen Variablen für eine Erklärung der Unterschiede der Fruchtbarkeit zu rechnen hat (Moors, 1974). Zuerst seien einige wichtige Resultate der NOVOM-Umfrage behandelt (Moors, et al. 1976).

2. *Tatsächliche Fruchtbarkeit*

Der starke Geburtenrückgang, der in den letzten Jahren auch in den Niederlanden zu beobachten war, wird auch in der NOVOM-Untersuchung für die in den Jahren 1963 bis 1973 geschlossenen Ehen bestätigt. Es hat sich gezeigt, daß einerseits diese Entwicklung gesteuert wird durch die Entscheidung der Eheleute, besonders die Geburt des ersten Kindes auf später zu verschieben, andererseits durch eine Zunahme der Kleinfamilien. 40 % der im Jahr 1963 geschlossenen Ehen hatten innerhalb eines Jahres das erste Kind. In den neueren Ehe-Generationen ist dies nur noch bei 20 % der geschlossenen Ehen der Fall. Die Abnahme der sogenannten ,,Muß-Ehen'' erklärt dies nur teilweise. Dieses ,,sich Zeit lassen mit dem Nachwuchs'' hat zur Folge, daß das Wachstum der Familien sich verlangsamt hat. Dies zeigte sich schon bei einigen Gruppen der Ehen aus den Jahren 1963/1964: Zum Beispiel bei den konfessionslosen Frauen, bei Frauen mit höherer Schulbildung und bei den Frauen, die wenigstens während der ersten Jahre der Ehe berufstätig waren. Diese Verzögerung der Familienbildung scheint sich bei Ehen, die in der Periode 1966 bis 1970 geschlossen wurden, nunmehr allgemein durchgesetzt zu haben. Mit Ausnahme der Orthodox-Reformierten aus den Ehejahrgängen 1966 bis 1970 liegt die mittlere Zahl der Kinder, die innerhalb der ersten fünf Ehejahren geboren wurden, für alle nach Schulbildung und Religion unterschiedenen Gruppen unter dem mittleren Wert der Ehekohorten 1963/64. Die Tatsache, daß sich die Zahl der Frauen, die nach der Eheschließung berufstätig bleiben, vergrößert hat, könnte die sich anbahnende Entwicklung gesteigert haben.

Innerhalb der verschiedenen Ehe-Generationen selbst sind aber wichtige Unterschiede zwischen den verschiedenen sozialen Schichten zu beobachten. Kinderlose Ehen in allen Kohorten der Untersuchung waren am häufigsten anzutreffen bei Akademikerinnen und bei den in ihrem früheren Beruf tätig gebliebenen Ehefrauen. Besonders bei Frauen aus den Ehen 1971 bis 1973 sind diese Unterschiede zwischen den sozialen Gruppierungen beachtlich. Von den Frauen mit der höchsten Bildungsstufe waren 67 % im Zeitpunkt der Umfrage noch ohne Kinder im Vergleich zu durchschnittlich rund 48 % der gesamten Ehe-Generationen 1971 bis 1973. Der Unterschied zwischen Berufstätigen und Nichtberufstätigen in dieser Ehekohorte war, was die mittlere Kinderlosigkeit betrifft, noch auffallender, nämlich 84 % zu 22 %.

Es muß hinzugefügt werden, daß man sich sicher nicht in allen Fällen für eine definitive, freiwillige Ehe ohne Kinder ausgesprochen hat. Der größte Teil dieser Frauen wünscht sich sicher Kinder, aber zu einem späteren Zeitpunkt. Inwieweit dies ,,später' zu einer gewünschten Kinderlosigkeit führt, müßte noch untersucht werden.

Die große Familie mit vier und mehr Kindern ist, schon bei den Ehegenerationen 1963/1964, hauptsächlich bei bestimmten sozialen Gruppierungen anzutreffen: Frauen nur mit Volksschulbildung, Orthodox-Reformierte und Frauen, die nach der Eheschließung ihren Beruf nicht weiter ausüben.

3. Familienbildung

Im allgemeinen wird die Familienbildung in den ersten zwölf Jahren der Ehe vollendet; für 94 % der Frauen der Ehekohorte 1963 trifft dies zu. 40 % der Frauen war der Meinung, daß die Familie bereits nach fünf Jahren Ehe als vollständig zu betrachten sei. Unterschiedlich sind die Antworten der verschiedenen sozialen Gruppen auf die Frage, wann man die Familie als abgeschlossen zu betrachten habe (dies hängt selbstverständlich auch von der Anzahl der Kinder ab, die man sich wünscht). Wenn wir die Ehekohorte seit 1968 betrachten, zeigt sich, daß besonders die kirchlich ungebundenen Frauen sowie Frauen nur mit Volksschulbildung und die Nicht-Berufstätigen fanden, daß sie die gewünschte Kinderzahl schon erreicht hatten und sich keine weiteren Kinder mehr wünschten. Bei den Konfessionslosen lag dies Ergebnis daran, daß sie sich eine möglichst kleine Anzahl Kinder wünschten (2,1), und bei den nicht berufstätigen Ehefrauen an der schnellen Folge der Geburten in den ersten Ehejahren.

Tabelle 1:

Durchschnittliche realisierte, erwartete und gewünschte Kinderzahl nach Heiratsjahrkohorten für Erst-Ehen der Frau

	1963—64	1965—67	1968—70	1971—73
schon realisiert	2,19	1,94	1,48	0,65
erwartet	0,13	0,22	0,68	1,52
insgesamt erwartet	2,32	2,17	2,16	2,17
insgesamt gewünscht	2,59	2,41	2,36	2,34

In der nahen Zukunft ist eine Zunahme der Geburten aller Wahrscheinlichkeit nach am ehesten bei den Orthodox-Reformierten zu erwarten, bei den Akademikerinnen und bei berufstätigen Frauen. Bei den zwei letzten Gruppen spielt das Aufschieben der Geburt eine große Rolle. Bei den Orthodox-Reformierten bewirkte die Tatsache, daß diese Gruppe sich eine höhere Kinderzahl wünscht (2,6), daß ein relativ hoher Prozentsatz der Frauen aus den Ehegenerationen 1968 bis 1973 ihre Familie als noch nicht abgeschlossen betrachtete.

4. Einstellung zu Kinderzahl und Geburten

Zwei Drittel der Frauen, die sich ein Kind oder mehrere Kinder zusätzlich wünschen, verschieben diese Geburten auf einen späteren Zeitpunkt. Der Wunsch zum Aufschieben scheint unbeeinflußt von der Tatsache zu sein, wieviele Kinder man schon hat. Die Dauer der Ehe spielt dabei eine wichtige Rolle.

Aus den Ehekohorten 1971 bis 1973 wünschen sich drei von vier Ehefrauen eine größere Zeitspanne als ein Jahr bis zur nächsten Geburt. Ungefähr die Hälfte der Frauen, die noch Kinder erwarten, betrachtet ihre Familie nach der Geburt eines weiteren Kindes als vollständig. Die Frauen, die sich noch zwei oder mehr Kinder wünschen (22 % der Befragten), waren im allgemeinen weniger als fünf Jahre verheiratet.

Keinen Einfluß hat das Heiratsalter auf die Anzahl der Kinder, die man schon hat, oder auf die Erwartung weiterer Geburten. Nur bei Frauen, die 30 Jahre oder älter waren, war die erwartete und die realisierte Kinderzahl im Durchschnitt kleiner als bei jüngeren Frauen.

Eigenartig mutet die Tatsache an, daß die erwartete Kinderzahl nicht immer mit der gewünschten Familiengröße übereinstimmt. Im allgemeinen kann man sagen, daß die erwartete Fruchtbarkeit weit unter der gewünschten Kinderzahl liegt. Für die jüngeren Ehegenerationen in der Untersuchung ist anzunehmen, daß auch bei diesen Generationen die erwartete Kinderzahl nicht vollständig realisiert werden wird. Es zeigte sich, daß sich Fruchtbarkeitserwartungen oft im Laufe der Ehe ändern und daß man sich später weniger Kinder wünscht als in den ersten Jahren. Einerseits spielen die Erfahrungen mit der Geburt und der Erziehung der Kinder eine Rolle, andererseits vergrößert sich die Erkenntnis der eigenen biologischen Unfruchtbarkeit.

Die Diskrepanz zwischen Wunsch und Wirklichkeit ist am größten bei Frauen, die bei der Eheschließung dreißig Jahre oder älter waren. Kinderlosigkeit wird auch in den jüngeren Kohorten nur von einer kleinen Minderheit als Ideal betrachtet, wobei aber zu beachten ist, daß andere Untersuchungen erwiesen haben, daß man sich erst nach einigen Ehejahren definitiv freiwillig für eine Ehe ohne Kinder entscheidet. Die 4 % der Ehen in unserer Untersuchung, die sich keine Kinder wünschen, haben keinen prognostischen Wert. Weitere Analysen in Hinsicht auf diesen Punkt werden sicherlich folgen.

Die große Familie wird allmählich verschwinden. 15 % der im Jahre 1963 geschlossenen Ehen wünschte sich vier oder mehr Kinder, aber nur noch 9 % der Frauen, die 1973 geheiratet haben, wünschte sich eine Familie dieser Größe.

Die gewünschte Familiengröße und die tatsächliche Kinderzahl zeigen im allgemeinen dieselben sozialen Unterschiede. Die wichtigsten Ausnahmen sind die Akademikerinnen oder Frauen mit einer höheren beruflichen Ausbildung, wobei besonders die älteren Ehekohorten 1963 bis 1964 sich für eine im Durchschnitt höhere Kinderzahl entschieden hatten. Auch hier zeigt sich deutlich die Diskrepanz zwischen gewünschter Kinderzahl (0,3) und realisierter Fruchtbarkeit (2,1). Es ist sehr unwahrscheinlich, daß die zusätzlich gewünschten Kinder noch realisiert werden. Offenbar sind bei dieser Gruppe die Ansichten über Geburtenfolge und Zahl der Kinder nicht in Übereinstimmung zu bringen. Auch hier fällt die kleine gewünschte Kinderzahl der Nicht-Religiösen und der Berufstätigen in allen untersuchten Ehekohorten auf.

5 Empfängnisverhütung

Die Anwendung kontrazeptiver Mittel hat in der Folge der Kohorten ohne Zweifel zugenommen. Es ist jedoch schwer, diese Entwicklung zahlenmäßig darzustellen, da die Geburtenregelung im Laufe der Ehe und abhängig von der bereits vorhandenen Kinderzahl zunimmt. Die älteren und jüngeren Ehekohorten sind daher nicht ohne weiteres zu vergleichen. Wenn aber die Anwendung kontrazeptiver Mittel in Verbindung gebracht wird mit den vorhandenen Kindern, dann zeigt sich eine starke Zunahme des Gebrauchs der kontrazeptiven Mittel mit der Absicht, Geburten aufzuschieben. 90 % der Ehefrauen ohne Kinder oder mit nur einem Kind aus den Kohorten 1971 bis 1973 verwandten kontrazeptive Methoden, obwohl die meisten von ihnen ihre Familie als noch nicht abgeschlossen betrachteten und deswegen nur ein Aufschieben der Geburt anstrebten. Bei den früheren Kohorten ist der Prozentsatz der Frauen, die jemals Kontrazeption übten, erheblich kleiner. Für die Ehen, die ihre Fruchtbarkeit noch nicht abgeschlossen hatten, ist eine bemerkenswerte Zunahme des Gebrauchs der Pille als Mittel für das Aufschieben der Geburt festzustellen. Bei Frauen mit zwei oder mehr Kindern, bei denen die Familienbildung in vielen Fällen abgeschlossen ist, sind während der Ehedauer nur leichte Verschiebungen zwischen den aufeinanderfolgenden Ehegenerationen sichtbar. Zu nennen ist hier die abnehmende Anwendung des coitus interruptus und der periodischen Enthaltsamkeit, eine Abnahme, die übrigens für alle Altersgruppen zutrifft. Der Prozentsatz der Frauen, die je die Pille benutzten, erreicht in den Kohorten ab 1968 den sehr hohen mittleren Wert von 70 %. Wegen möglicher Sterilität, geringerer physiologischer Fruchtbarkeit und der zunehmenden Anwendung der Sterilisation ist nicht anzunehmen, daß dieser Prozentsatz in der Zukunft eine weitere Steigerung erfahren wird.

Die Anwendung von kontrazeptiven Mitteln bei Frauen ohne Kinder und mit nur einem Kind steht in engem Zusammenhang mit ihrem Alter. Je älter man ist, um so weniger ist man geneigt, Kontrazeption zu üben. Eine geringere physiologische Fruchtbarkeit ist dabei vermutlich wesentlich. Bei Frauen mit zwei oder mehr Kindern spielt das Alter nur bei Frauen über 34 Jahre eine Rolle bei der Entscheidung über die Ausübung der Kontrazeption. Ältere Frauen ziehen die mehr traditionellen Methoden vor, jedoch kommt auch Sterilisation bei diesen mehr vor als bei den jüngeren Altersgruppen (siehe dazu Tabelle 2).

Wenn wir die heutige Anwendung kontrazeptiver Methoden nach sozialen Kategorien betrachten, fällt der niedrige Prozentsatz der Geburtenregelung betreibener Frauen mit nur Volksschulbildung (67 %) auf und von

Tabelle 2:

Die Art der Familienplanung zum Zeitpunkt der Erhebung nach dem Alter der Frau (ohne schwangere Frauen) in %.

	16—24	25—29	30—34	35+	zusammen
Physiologische Unfruchtbarkeit oder geringere Fruchtbarkeit	1	1	4	23	6
Keine Empfängnisverhütung angewendet	19	20	15	14	17
Pille	64	56	50	27	51
Sterilisation	0	3	7	7	4
Andere Methoden	17	20	24	28	22

Frauen, die sich vorgenommen haben, beruflich nicht tätig zu sein (70 %). Am höchsten ist die Anwendung unter Konfessionslosen (82 %), bei Frauen mit Mittelschulbildung (83 %) und Frauen, die die Absicht haben, in der nahen Zukunft beruflich tätig zu sein (83 %). Auch bei den Orthodox-Reformierten wird Geburtenregelung wohl angewendet, aber relativ oft wird hier eine traditionelle, weniger wirksame Methode gewählt. Nenneswert ist dabei noch, daß gegenwärtig der Prozentsatz von Geburtenregelung betreibender Frauen bei den Berufstätigen nicht vom mittleren Wert abweicht. Die wahrscheinlich relativ geringe physiologische Fruchtbarkeit unter berufstätigen Ehefrauen ist hierfür eine der Ursachen.

Weiter ist wichtig, daß durchschnittlich 9 % der Frauen im fruchtbaren Alter mit zwei Kindern z. Z. der Befragung keine Geburtenregelung ausübten. Relativ hoch ist wiederum dieser Prozentsatz bei Frauen mit nur Volksschulbildung, bei Reformierten und bei Frauen, die nicht die Absicht hatten, beruflich tätig zu sein.

Sterilisation, zum Schluß, kommt hauptsächlich vor nach einer Ehedauer von wenigstens acht Jahren und wenn man mindestens zwei Kinder hat. Am höchsten ist der Prozentsatz unter Nicht-Religiösen und Ehepaaren, bei denen die Frau berufstätig ist.

6. Verhaltensmodelle der Familienplanung als prognostisches Instrument

Einer der wichtigsten Aspekte dieser Untersuchung, der bei der Analyse intensives Interesse verdient, ist die prognostische Bedeutung der Einstellung zur Familiengröße. Eine Evaluation könnte am besten durch eine Untersuchung des konkreten reproduktiven Verhaltens erfolgen.

Die Resultate der Untersuchung von 1969 zeigen, daß weder das Niveau noch der Trend der zu erwartenden Kinderzahl einigermaßen geeignet sind, die tatsächliche Entwicklung der ehelichen Fruchtbarkeit anzugeben. Das gleiche Ergebnis finden wir auch bei der NOVOM-Befragung. Wie die Entwicklung der zu erwartenden Kinderzahl zeigt, könnte, über eine zehnjährige Periode gerechnet, eine Abnahme der Kohorten-Fruchtbarkeit bei den bestehenden Ehen von etwa 7 % stattfinden.

Neuere Vorausberechnungen des Zentralbüros für Statistik gehen von einer Abnahme um 23 bis 28 % über die gleiche Periode von zehn Jahren bis zum Niveau von 1,7 respektive 1,6 Kinder pro Ehe aus der Kohorte 1973 aus. Was die jüngste Entwicklung betrifft, so sind zwei wichtige Änderungen festzustellen, die dem Problem eine ganz andere Dimension geben: Die Kinderzahl, die Ehepaare sich wünschen, ist bedeutend niedriger als es vor Jahren der Fall war, und es gibt nur noch wenige Ehepaare, die mehr als zwei oder drei Kinder haben möchten. Diese Ehepaare sind auch in der Lage, ihre Fruchtbarkeit ihrem eigenen Willen gemäß zu regeln. Die Methode, die wir neuerdings entwickelt haben, geht allerdings von der Tatsache aus, daß Ehepaare kaum in der Lage sind, Entscheidungen zu treffen, die weiter in die Zukunft reichen.

Dies zeigt sich, wenn wir Jungverheiratete nach der erwarteten Kinderzahl fragen. Kurzfristig sind Ehepaare eher in der Lage, auf diesem Gebiet eine klare Entscheidung zu treffen. Solch eine Entscheidung ist zum Beispiel auch die Voraussage des Zeitpunkts der Geburt des ersten Kindes. Es hat sich gezeigt, daß kurzfristige Entschlüsse, die man am Anfang seiner Ehe hinsichtlich der Familiengröße getroffen hat, weitreichende Implikationen auf den weiteren Prozeß der Familienplanung haben. Wenn wir also etwas über das Tempo der Familienplanung am Anfang der Ehe wissen und über die Rolle, die kontrazeptive Methode dabei spielen, könnte man eine Voraussage über die vollendete Familiengröße machen. Um dies zu ermöglichen, wurden sechs Modelle des reproduktiven Verhaltens unterschieden, die alle definiert wurden aufgrund der Charakteristiken des Fruchtbarkeitsverhaltens bis zur und zu Anfang der zweiten Schwangerschaft (Moors, 1978).

Im Gegensatz zu anderen Klassifizierungen dieser Art sind diese Modelle dadurch gekennzeichnet, daß man Ehepaare nicht wegen ihrer Einstellung, sondern wegen ihres Verhaltens en détail in bezug auf die Geburtenplanung miteinander vergleicht. Jedes dieser Verhaltensmodelle zeichnet einen Typus der Familienplanung, der auch in der täglichen Wirklichkeit klar erkennbar ist. Da ist zum Beispiel das traditionelle Modell, in dem Ehepaare keine Geburtenregelung betreiben ohne Rücksicht auf die Konsequenzen für ihre endgültige Kinderzahl. Ihre Familiengröße wird hauptsächlich durch biologische Ursachen bestimmt. Eine andere charakteristische Form ist das sogenannte Reaktionsmodell. Ehepaare stellen fest, daß das erste Kind früher als gewünscht geboren wurde. Sie nehmen sich vor, solche überraschenden Ereignisse durch effektiven Gebrauch der Kontrazeption in der Zukunft zu vermeiden. Ein drittes Verhaltensmodell, das ich hier nennen möchte, ist das sogenannte rationale Modell. Es ist der modernen Zeit am meisten gemäß und beinhaltet, daß Ehepaare sehr lange mit Familiennachwuchs warten und dies durch den effektiven Gebrauch von Kontrazeptiva zu verwirklichen verstehen. In anderen Untersuchungen hat man jedoch festgestellt, daß in derartigen Familien sich dann öfters kein oder wenig Familiennachwuchs einstellt.

Die auf Grund der Entwicklung der einzelnen Verhaltensmodelle der Familienplanung geschätzte eheliche Fruchtbarkeit zeigt bei den Eheschließungen der Jahre 1963—1973 einen allmählichen Rückgang bis zu 27%. Dieser Rückgang ist größtenteils den Änderungen zuzuschreiben, die im Fruchtbarkeitsniveau der einzelnen Verhaltensmodelle auftreten. Die Bedeutung der Änderungen in der Frequenz, mit der die Modelle auftreten, ist deutlich geringer.

Die ursprüngliche Basishypothese, daß die Fruchtbarkeit jeden Modells einen stabilen Charakter zeigen würde, traf nur zu für die Modelle, deren Fruchtbarkeitsniveau stark biologisch bestimmt war. Eine der wichtigsten Ursachen, die Änderungen innerhalb eines Verhaltensmodells hervorrufen, war das Aufkommen induzierter Schwangerschaftsabbrüche, ein Faktor, der, was die Definition der Verhaltensmodelle betrifft, noch nicht eingeordnet ist.

Die sich verzögernde Familienbildung nach dem rationalen Verhaltensmodell, an erster Stelle dadurch verursacht, daß die betreffenden Ehepaare mit der Geburt des ersten Kindes warten, kommt klar zum Ausdruck. Weil es gerade dieses Modell ist, das in letzter Zeit an Bedeutung zugenommen hat (von anfänglich 8% bis zu 25% in zehn Jahren) kann behauptet werden, daß Frauen, die in dieses Modell passen, ausschlaggebend für den Rückgang der Fruchtbarkeit in den Ehen der Kohorten 1963—1973 waren. Dieser Rückgang ist auch spürbar im Einklang mit den neuesten Prognosen des Zentralbüros für Statistik in den Niederlanden.

Zurückblickend kann behauptet werden, daß, abgesehen von den biologisch gesteuerten Modellen, wozu man auch das traditionelle Verhaltensmodell rechnen muß, mit einem weiteren Rückgang der modellspezifischen Fruchtbarkeit gerechnet werden muß. Eine fortschreitende Zunahme des rationalen Verhaltensmodells ist dabei ebenfalls zu erwarten. Außerdem zeigt sich, daß die Unterschiede in der endgültigen Fruchtbarkeit der verschiedenen Schichten wesentlich weniger groß sein werden, als die geäußerten Wünsche und Erwartungen der Befragten vermuten lassen.

Zum Schluß darf man hier mit einigem Vorbehalt sagen, daß sich Einstellung und Verhalten im Hinblick auf die Fruchtbarkeit immer mehr angleichen. Was die einzelnen Verhaltensmodelle betrifft, sind die Unterschiede hinsichtlich der projektierten und der erwarteten Familiengröße bei der NOVOM-Untersuchung geringer als bei der Untersuchung im Jahre 1969. Falls diese Entwicklung anhält, wird der prognostische Wert der Fruchtbarkeitserwartungen, jedenfalls der Kohorten mit einigen Jahren reproduktiver Erfahrungen, zunehmen können. Jetzt einige Worte zum Thema der Erklärung der Unterschiede der Fruchtbarkeit.

7. *Theoretische Ansätze zur Erklärung der Hintergründe der Fruchtbarkeitsdifferenzen*

Wenn wir uns damit beschäftigen, die Unterschiede der Fruchtbarkeit zu erklären, sollten wir uns zu allererst mit dem Problem der individuellen Motivation und Einstellung in bezug auf die Fruchtbarkeit befassen, sowie damit, wie Motivation und Einstellung zustande kommen. Handelt es sich hier hauptsächlich um eine Verinnerlichung kultureller Werte oder um ureigenste individuelle Haltungen?

Beide Aspekte spielen, unserer Meinung nach, eine Rolle und sind außerdem sehr miteinander verstrickt. Bei der Analyse der Fruchtbarkeit herrschte im allgemeinen bisher die Tendenz vor, Untersuchungen auf Mikro-Niveau durchzuführen und dabei den Akzent auf die Bedeutung der sozialen Merkmale des Ehepaares zu legen. Jedoch wird diese Wahl nicht willkürlich getroffen. Die Analysen der Fruchtbarkeit in bezug auf Religion, Beruf, Einkommen, Ausbildung und so weiter ermöglichen eine

Verbindung mit den Statistiken der natürlichen Bevölkerungsbewegung und mit den Volkszählungen.

Die Hypothesenbildung aufgrund dieser Variablen ist weit entwickelt, vor allem dadurch, daß die prognostische Bedeutung in der Vergangenheit für wichtig gehalten wurde. Hintergründe der Korrelationen mit der Fruchtbarkeit wurden dabei nur selten explizit formuliert und hatten meistens einen eher spekulativen Charakter. Die Zweifel über die Möglichkeiten, auf diese Art und Weise einen adäquaten Beitrag zu Analysen der Änderungen der Fruchtbarkeit zu liefern, wachsen auch aus empirischer Sicht. Vor allem gibt es die auffallend abweichenden Relationen zwischen den sozialen Variablen und der Familiengröße im internationalen Vergleich. Ferner sind die Unterschiede der Fruchtbarkeit, gemessen an sozialen Schichten, weniger deutlich, als dies in der Vergangenheit der Fall war. Die Bedeutung der sozialen und kulturellen Variablen für die statistische Erklärung der differentiellen Fruchtbarkeit nimmt ab und es scheint, als würde sich diese Tendenz fortsetzen.

Diese Gründe waren es, weshalb wir uns entschlossen haben, den Meinungen oder Wertorientierungen bei der Untersuchung über mögliche Kinder mehr Aufmerksamkeit zu schenken. Ich möchte das Betonen dieser Aspekte ,,Sozialpsychologische Arbeitsweise" nennen. Als Grundlage haben wir ein Messinstrument benutzt, das neben anderen auch von Fawcett in den Vereinigten Staaten entwickelt worden ist.

Fawcett unterscheidet eine Anzahl von Dimensionen von Nutzen und Kosten, die Kinder bringen bzw. verursachen. Diese wurden operationalisiert mit Hilfe einer Anzahl von Skalen des Likert-Typus. Unsere Erfahrungen bei Probeuntersuchungen führten zu einer neuen Betrachtung der Dimensionen dieses Messinstrumentes (Niphuis-Nell, 1976). Neun Faktoren wurden definiert:

Im Hinblick auf den Nutzen der Elternschaft fünf Faktoren, nämlich: Kontinuität und Sicherheit, Muttersein als sinnvolle Erfahrung, soziale Identität, Glück und Zuneigung, sowie Wohlergehen und Vollständigkeit der Ehe und Familie.

Die Kosten werden in einem Faktorbündel gemessen und beinhalten sowohl psychologische, soziale wie auch finanzielle Kosten.

Zum Schluß noch drei Persönlichkeitscharakteristiken: Modernität, Empfindlichkeit gegenüber sozialer Kontrolle und Entschlußkraft.

Wir sind davon ausgegangen, daß das Erkennen der Nutzen und Kosten von Kindern Einfluß hat auf Einstellung und Verhalten in bezug auf die Fruchtbarkeit und daß diese dabei wenigstens zum Teil als intervenierende Variable zwischen den sozialen Charakteristiken der Befragten einerseits und der Fruchtbarkeit andererseits betrachtet werden müssen. Die in dieser Hypothese genannte Relation kann aber nur dann Gültigkeit haben, wenn zwei Bedingungen erfüllt sind. Erstens: Kulturell muß ein bestimmtes Maß an Wahlfreiheit bezüglich der Familienplanung vorhanden sein. Zweitens: Eine getroffene Wahl hinsichtlich der Familienplanung muß realisiert werden können.

Zusammenfassend kann man sagen, daß die niederländische Gesellschaft im allgemeinen auf entsprechende Weise die beiden oben genannten Bedingungen erfüllt. Die Normen hinsichtlich der Kinderzahl lassen eine gewisse Wahlfreiheit zu. Kontrazeptiva sind vorhanden und ihr Gebrauch ist für den Großteil der Frauen zur Selbstverständlichkeit geworden. Man kann die Fruchtbarkeit aber auch primär als Resultat der sozialen Änderungen und Prozesse betrachten. Als Determinanten der Fruchtbarkeit müssen in diesem Fall Makrovariable untersucht werden, die Gruppen oder Regionen als Einheit beeinflussen.

Eine Enquête konzentriert sich auf Variable individuellen Niveaus und gibt keine oder kaum eine Information über die soziale, kulturelle und physische Umgebung, in der das Individuum seine Aktivitäten zu entfalten pflegt. Allgemein bekannt ist, daß das Verhalten des Individuums mehr oder weniger durch die unmittelbare Umgebung beeinflußt wird. Die Bedeutung des sozial-räumlichen Kontextes für die Erklärung der differentiellen Fruchtbarkeit wird in unserer Untersuchung mittels der Merkmale der Wohngemeinde untersucht. Ich möchte dies ,,Ökologische Variable" nennen, womit gemeint ist, daß jedes Merkmal allen in einer bestimmten Gemeinde wohnenden Personen zugeschrieben werden kann. Die gewählten Merkmale sind voneinander sehr verschieden: Demographische Merkmale (wie zum Beispiel die Bevölkerungsdichte); Merkmale, die sich auf das fürsorgerische Niveau beziehen (wie zum Beispiel das Vorhandensein von Kinderhorten); sozio-ökonomische Merkmale (wie zum Beispiel die durchschnittliche Anzahl der Personen pro Wohnung und die Lage auf dem Arbeitsmarkt) oder sozial-kulturelle Merkmale (wie zum Beispiel die konfessionelle oder die politische Struktur einer Gemeinde).

Um von den Möglichkeiten, Unterschiede im Fruchtbarkeitsniveau zu erklären, einen globalen Eindruck zu bekommen, wurde aus den drei Blickwinkeln eine multiple Regressionsanalyse durchgeführt, und zwar für eine Stichprobe von Erst-Ehen gebärfähiger Frauen, die maximal seit sieben Jahren bestehen. Dabei zeigte sich, daß die Varianz der differentiellen Fruchtbarkeit, so wie diese in der Gesamtzahl der Lebendgeborenen zum Ausdruck kommt, zu 34 % erklärt werden konnte. Dies stimmt überein mit einem Korrelationskoeffizient von etwa 0,58. Die konventionellen Variablen, wie zum Beispiel Religion, Ausbildung, Beruf, Einkommen und so weiter, machen den größten Teil, nämlich 26 Prozent der gesamten Varianz aus. Es ergab sich, daß die sozial-psychologischen Variablen nur teilweise intervenierend zu sein scheinen, was die Korrelation zwischen den sozialen Variablen und der Fruchtbarkeit betrifft. Der Teil der Varianz, der aus der Einschätzung der Nutzen und Kosten von Kindern erklärt werden kann und keine anderen Charakteristiken der Frau bzw. des Ehepaars berücksichtigt, ist also sehr begrenzt. Das gleiche gilt in noch stärkerem Maße für die ökologischen Variablen.

Obwohl diese Analyse nur eine erste und sehr beschränkte Auswertung des beabsichtigten analytischen Entwurfs darstellt, zeigen uns die Resultate, daß Grund zu der Annahme besteht, daß unsere anfängliche Analyse-Struktur einige Mängel zeigt. Am wichtigsten ist wahrscheinlich, daß die Wertschätzung von Kindern im allgemeinen nicht unbedingt mit der Anzahl der gewünschten Kinder in Einklang stehen muß. Unser Endergebnis, daß die ermittelten immateriellen Nutzen und Kosten besonders bei kinderlosen Frauen die Entscheidung zu wenigstens einem Kind beeinflussen könnten, weist in diese Richtung. Die Annahme ist gerechtfertigt, daß eine sozial-psychologische Analyse der Unterschiede der Fruchtbarkeit sich vorzugsweise auf die Familienplanung als einem sequenziellen Entschluß-Prozeß richten sollte. Hier geht man von der Tatsache aus, daß jedes neue Kind wieder ganz andere Nutzen und Kosten verursacht, die eine entscheidende Rolle in dem Entschlußprozeß spielen könnten. Auch das Auftauchen von nicht-linearen Beziehungen in der Analyse könnte auf diese Art vermieden werden.

Es ist unsere Absicht, weitere Analysen dieser Art durchzuführen. Aber auch dann wird sich wahrscheinlich zeigen, daß ein wichtiger Teil der Varianz der Fruchtbarkeit dem Zugriff des Forschers entgleitet. So kann zum Beispiel auch der Zufall in bestimmtem Umfang die Familiengröße mitbestimmen. Es ist jedoch äußerst schwierig zu quantifizieren, in welchem Umfang Faktoren dieser Art eine Rolle spielen.

Literaturverzeichnis:

Moors, H.-G.: Child Spacing and Family Size in the Netherlands, Leiden 1974.

Moors, H. G. et al: National Onderzoek Vruchtbaarheid en Ouderschapsmotivatie: eerste resultaten, Nederlands Interuniversitair Demografisch Institut (Intern Rapport Nr. 7), Voorburg 1976

Moors, H.-G.: Prognostic implications of early family building behaviour: the use of survey data in estimating ultimate family size. In: Moors, H.-G. et al, Population and Family in the Low Countries II, Leiden 1978

Niphuis-Nell, M.: Satisfactions and costs of Children and fertility attitudes. Netherlands Interuniversity Demographic Institute (Working Paper Nr. 4), Voorburg 1976

Niphuis-Nell, M.: Satisfacties en kosten van het hebben van kinderen. In: Bevolking en Gezin, Nr. 3/1976, S. 307—331

Gerd-Rüdiger Rückert

Schicht-Indikatoren des generativen Verhaltens

1. Theoretischer Ansatz

Der theoretische Ansatz dieser Untersuchung ist in die Gruppe der makrosoziologischen Fruchtbarkeitstheorien einzuordnen, weil wir uns die Aufdeckung der Ursachenfaktoren eines bestimmten Fruchtbarkeitsniveaus aus der Sozialstruktur einer Gesellschaft zum Ziele setzen. Dabei wird davon ausgegangen, daß sowohl die Fähigkeiten eines Individuums, wirksam Geburtenkontrolle durchzuführen, sein Familienideal zu verwirklichen und rationale Entscheidungen beim generativen Verhalten zu treffen, als auch die soziale Selbsteinschätzung und die Ausrichtung des generativen Verhaltens an der erkannten sozialen Lage der Familie und ihrer Mitglieder nicht aus der Individualität eines einzelnen selbst hervorgeht; sie sind vielmehr das Ergebnis schichtspezifischer Sozialisation und Realitätsdeutungen (s. hierzu auch den Beitrag Schmid, S. 77 ff). Unser sozialstruktureller Ansatz setzt beim Versuch ein, aus der Stellung von Ehepaaren beispielsweise in Arbeit, Beruf, nach Bildungsgrad, Einkommen und Verfügungsgewalt über Ressourcen die Bestimmungsgründe für ein bestimmtes generatives Verhalten zu finden.

Die Ermittlung von Fruchtbarkeitsunterschieden bestimmter sozialer Gruppen der Gesellschaft kann nicht nur dazu verwendet werden, Erklärungsversuche zu erarbeiten, weshalb es Fruchtbarkeitsunterschiede gibt oder gab, wie sie entstanden sind oder warum sie fortbestehen. Eine solche Analyse bietet vielmehr auch Ansatzpunkte für eine Bevölkerungspolitik, die sich zum Ziele setzt, durch Änderungen der wirtschaftlichen und sozialen Konstellations- und Rahmenbedingungen auf Änderungen des generativen Verhaltens hinzuwirken. Auch lassen sich aus der Ermittlung und den Erklärungsversuchen der derzeitigen Fruchtbarkeitsunterschiede bestimmter Bevölkerungsgruppen unter Umständen Prognosen der voraussichtlichen künftigen Fruchtbarkeit ableiten, wenn feststeht oder prognostizierbar ist, wie sich bestimmte Bevölkerungsgruppen oder Einflußfaktoren der Fruchtbarkeit in Zukunft entwickeln werden.

Man könnte hier durchaus fragen, ob es nicht ein vergleichsweise umständlicher Weg ist, aus der sozialen Lage bestimmter Bevölkerungsgruppen auf die Einflußgrößen des generativen Verhaltens zu schließen.

Ein wesentlich einfacherer Weg könnte darin bestehen, auf direktem Wege die Bedingungen zu erfragen, die für ein bestimmtes generatives Verhalten einer Bevölkerungsgruppe ursächlich sind. Hier hat uns aber insbesondere Jürgens (1977) im Rahmen einer Longitudinal-Studie gezeigt, daß wir berechtigte Zweifel an der Fähigkeit des einzelnen Befragten haben müssen, Ursachen für sein generatives Verhalten anzugeben.

2. Einengung des Themas

Abweichend vom vorgegebenen Vortragsthema: ,,Schichtenspezifische Unterschiede des generativen Verhaltens" wird in dieser Arbeit eine Einengung des Themas vorgenommen und nur auf Schicht-Indikatoren des generativen Verhaltens abgestellt. Diese Einengung wurde notwendig, weil das bei Untersuchungen des generativen Verhaltens vorliegende Datenmaterial eine sinnvolle Gliederung nach der sozialen Schichtzugehörigkeit von Personen nicht zuließ. Bekannte Instrumente einer Schichtbildung, die von einer Reihe von Indikatoren, wie von Wohnverhältnissen und Haushaltsausstattung, Ausbildungsstand, Einkommen und Beruf bis hin zu kulturellen Verhaltensweisen ausgehen und diese Indikatoren miteinander verknüpfen, erwiesen sich für eine Handhabung mit dem Material der amtlichen Statistik als zu anspruchsvoll. Wir wollen hier nicht auf die Problematik sozialer Schichtungen eingehen, eine umfassende Einführung hierzu liegt von Bolte, Kappe und Neidhardt (1974) vor. Doch sei der Hinweis erlaubt, daß uns in keinem der bekannten Verfahren, sei es beispielsweise dem von Mayntz (1958), Scheuch und Daheim (1961), Jürgens (1965), Blau und Duncan (1967) und sogar auch von Tegtmeyer (1976) die Gewichtung der einzelnen Indikatoren im Hinblick auf Fragestellung des generativen Verhaltens überzeugt hat oder mit dem vorhandenen Datenmaterial brauchbare Ergebnisse zu erzielen waren.

3. Material der Untersuchung

Dem makrosoziologischen Ansatz dieser Untersuchung entsprechend, wird im wesentlichen auf die Ergebnisse der amtlichen Statistik in Form von Volkszählungsergebnissen und Ergebnissen des Mikrozensus zurückgegriffen. Ab und an fließen auch Informationen aus der Longitudinal-Studie des Bundesinstituts für Bevölkerungsforschung ein.

Sowohl hinsichtlich des Erhebungspunktes des hier benutzten Datenmaterials als auch hinsichtlich bestimmter Kontrollvariablen, wie beispielsweise der Ehedauer, wurde bewußt flexibel vorgegangen, d. h. es wurden unterschiedliche Zeitpunkte bzw. Dauern akzeptiert. Die in der Bundesrepublik Deutschland vorgelegten Untersuchungen zu Schicht-Indikatoren des generativen Verhaltens anhand der Ergebnisse retrospektiver Befragungen basieren häufig auf der Analyse von Ehen, deren Fruchtbarkeit als abgeschlossen angesehen werden kann, d. h. auf Ehen, die seit 15 oder mehr Jahren bestehen. Als ein wesentliches Ergebnis unserer Untersuchung ist anzusehen, daß wir diese Beschränkung für unnötig halten und vielmehr vertreten, daß Untersuchungen zu Schicht-Indikatoren des generativen Verhaltens auch für Ehen mit kürzerer Ehedauer möglich und sinnvoll sind. Für eine Konzentration auf Ehen mit kürzerer Ehedauer lassen sich einige Gründe anführen:

In der Volkszählung wie auch im Rahmen des Mikrozensus werden sowohl im Zeitablauf unveränderliche Merkmale der Personen erfragt und erfaßt, wie beispielsweise Geburtsdatum und Eheschließungsjahr, als auch veränderliche Merkmale wie beispielsweise Einkommen, Stellung im Beruf, Wohnort, höchster Ausbildungsabschluß und Konfessionszugehörigkeit. Hinsichtlich der veränderlichen Merkmale der Personen werden in der Regel die Ausprägungen der Merkmale am Erhebungsstichtag erfragt. Hieraus ergibt sich, daß der Informationsgehalt einer Merkmalsausprägung am Zählungsstichtag in Bezug auf Fragestellungen des generativen Verhaltens umso geringer ist, je weiter der Familienbildungsprozeß in der Vergangenheit liegt.

Geht man ferner davon aus, daß Untersuchungen zu den Schicht-Indikatoren des generativen Verhaltens der Ermittlung von Einflußfaktoren der Fruchtbarkeit dienen sollen, so interessieren unter dem Gesichtspunkt der Aktualität der Ergebnisse für die Gegenwart die Einflußfaktoren in den derzeit oder vor ein paar Jahren geschlossenen Ehen und weniger die der schon sehr lange bestehenden Ehen.

Schließlich ist hier auch von Bedeutung, daß sich der Familienbildungsprozeß in der Regel auf die ersten Jahre unmittelbar nach der Eheschließung konzentriert. Dies hat zur Folge, daß nach einer Ehedauer von etwa sechs Jahren bereits fast zwei Drittel der Kinder geboren sind, die für die Ehen insgesamt zu erwarten sind. Dementsprechend zeigen sich bereits auch schon bei dieser relativ kurzen Ehedauer die wesentlichsten Unterschiede in der Kinderzahl bestimmter Bevölkerungsgruppen. Die ermittelten Beziehungen erweisen sich dabei als relativ stabil, d. h. es gibt keine grundsätzlichen Änderungen bei längerer Ehedauer.

4. Kontroll-Variablen

Es hat sich eingebürgert, bei Untersuchungen der das generative Verhalten beeinflussenden Variablen zwischen sogenannten Kontroll-Variablen und erklärenden Variablen der Fruchtbarkeit zu unterscheiden (United Nations 1976). Als Kontroll-Variablen sieht man die rein demographischen Variablen an, wie das Alter, die Ehedauer und das Heiratsalter von Frauen.

Das Heiratsalter einer Frau in Kombination mit dem Geburtsjahrgang legt den sozial-historischen Hintergrund für ein bestimmtes generatives Verhalten fest. Damit trägt man der Tatsache Rechnung, daß generatives Verhalten sozial-historisch bedingt ist, d. h. daß die Angehörigen verschiedener Geburtsjahrgänge oder verschiedener Heiratsjahrkohorten in der Regel unterschiedliche Kinderzahlen aufweisen, weil sich die gesellschaftlichen und ökonomischen Bedingungen der Bevölkerungsreproduktion im Zeitablauf verändern. Beispielsweise wurden im Rahmen einer 1971 durchgeführten Mikrozensus-Zusatzbefragung für die von 1951 bis 1960 geschlossenen Ehen 208 Kinder je 100 Ehen ermittelt. Die durchschnittliche Kinderzahl in den Ehen der Eltern der befragten Ehepaare lag demgegenüber noch bei rd. 360 Kindern je 100 Ehen.

Das Heiratsalter einer Frau hat auch unmittelbar Einfluß auf die Zeitspanne der möglichen Reproduktion. Dabei gilt, daß — bei sonst gleichen Bedingungen — die Kinderzahlen in den Ehen um so höher sind, je niedriger das Heiratsalter der Frauen ist. Hinsichtlich der Kontroll-Variable „Ehedauer" gilt, daß die aufsummierten Kinderzahlen in den Ehen naheliegenderweise mit zunehmender Ehedauer zunehmen. Von Bedeutung ist aber in diesem Zusammenhang die erwähnte Beobachtung, daß sich der Familienbildungsprozeß verstärkt auf die ersten Ehejahre konzentriert. Soweit möglich wurden im Material die Ehedauer und das Heiratsalter der Frauen kontrolliert.

5. Schicht-Indikatoren des generativen Verhaltens

Als erklärende Variablen für die Unterschiede des generativen Verhaltens wollen wir im weiteren die im Rahmen der Volkszählung 1970 oder der Mikrozensen erhobenen demographischen Variablen ansehen. Im einzelnen werden die folgenden Schicht-Indikatoren behandelt:

(1)   Altersunterschied der Ehegatten

(2)   Monatliches Nettoeinkommen des Ehemannes und der Ehefrau

(3) Konfessionszugehörigkeit der Ehegatten
(4) Höchster Ausbildungsabschluß der Ehegatten
(5) Stellung im Beruf der Ehegatten
(6) Wohnsituation der Ehegatten
(7) Erwerbstätigkeitsstatus der Frau

Auf die regionalen Aspekte des generativen Verhaltens wird hier nur am Rande eingegangen (siehe hierzu den Beitrag Schwarz, S. 155 ff). Aus der Auflistung der demographischen Merkmale wird auch deutlich, daß wir nur Schicht-Indikatoren des generativen Verhaltens in Ehen betrachten und die nicht-eheliche Fruchtbarkeit vernachlässigen.

5.1 Altersunterschied der Ehegatten

Daß der Altersunterschied der Ehegatten eine erklärenden Variable für Unterschiede des generativen Verhaltens darstellt, ist im deutschsprachigen Schrifttum unseres Erachtens bisher noch nicht ermittelt worden. Daher wollen wir diese Beziehung hier vorstellen, wenngleich die Bedeutung des Altersunterschiedes der Ehegatten auf die Kinderzahl der Ehen bei den Frauen im üblichen Heiratsalter, also etwa bis zum Alter von 30 Jahren, nicht sehr groß ist. Er wirkt sich aber in Ehen mit relativ spät heiratenden Frauen stark aus, wobei gilt, daß die Kinderzahlen in den Ehen um so größer sind, je jünger bei gegebenem Heiratsalter der Frau der Ehemann ist, und um so kleiner, je älter der Mann ist.

5.2 Monatliches Nettoeinkommen des Ehemannes und der Ehefrau

Der Zusammenhang zwischen Kinderzahl und Einkommen wurde in der amtlichen Statistik der Bundesrepublik Deutschland zum ersten Mal anhand der Ergebnisse einer Mikrozensus-Befragung 1962 untersucht. Danach wurde festgestellt, daß nicht die Familien mit dem niedrigsten, sondern die Familien mit dem höchsten Einkommen des Mannes am größten sind (Schwarz 1964). Diese Abhängigkeit der durchschnittlichen Kinderzahl der Ehen von der Höhe des monatlichen Nettoeinkommens des Ehemannes wird in neueren Untersuchungen erneut bestätigt (Linke und Rückert 1974).

Der Zusammenhang zwischen Kinderzahl und Einkommen wird allerdings wesentlich komplizierter, wenn neben die Betrachtung des Nettoeinkommens des Ehemannes die zusätzliche Berücksichtigung des Nettoeinkommens erwerbstätiger Frauen tritt. Für diese Fragestellung hat u. a. Linke als allgemeine Tendenz festgestellt, daß bei beliebiger Einkommenshöhe der Ehefrau die durchschnittliche Zahl der Kinder im Haushalt mit steigendem Einkommen des Ehemannes zunimmt (Linke 1975). In den Ehen, in denen die Ehefrau nicht erwerbstätig ist, ist aber bei beliebiger Einkommenshöhe des Ehemannes die durchschnittliche Zahl der Kinder unter 18 Jahren jeweils höher als in den Ehen, in denen die Ehefrau erwerbstätig ist.

Bei Konstanz des Einkommens des Ehemannes zeigt sich hinsichtlich der Größe der durchschnittlichen Kinderzahl in Abhängigkeit von der Einkommenshöhe der erwerbstätigen Ehefrau eine u-förmige Beziehung (siehe hierzu Tabelle 1). Liegt das Einkommen der erwerbstätigen Ehefrau in der niedrigsten Einkommensstufe, so ist, unabhängig von der Einkommensgruppe des Ehemannes, die durchschnittliche Zahl der Kinder unter 18 Jahren im Haushalt am höchsten. Die durchschnittliche Kinderzahl nimmt dann mit steigendem Einkommen der erwerbstätigen Ehefrau bis zu einer bestimmten Einkommensschwelle, die 1976 bei 1 800 DM lag, sehr stark ab. Nach dieser Einkommensschwelle steigt die durchschnittliche Zahl der Kinder wieder an.

5.3 Konfessionszugehörigkeit der Ehegatten

Hinsichtlich des Zusammenhangs zwischen Kinderzahl und Konfessionszugehörigkeit der Ehegatten ist festzustellen, daß die rein katholischen Ehen nach wie vor die meisten Kinder haben. Die zweithöchste Kinderzahl ist für die rein evangelischen Ehen zu beobachten. Sodann folgen die Ehen, in denen ein Ehepartner römisch-katholisch und der andere evangelisch ist, am niedrigsten sind die Kinderzahlen in den verbleibenden sonstigen Ehen. Verglichen mit den Ergebnissen älterer Eheschließungsjahrgangskohorten ist die Differenzierung in den Kinderzahlen der einzelnen Konfessionszugehörigkeitskombinationen im Zeitablauf nicht nur absolut, sondern auch relativ kleiner geworden. Die Abnahme der Differenzierung kann durchaus als Indiz der Abnahme der Bedeutung angesehen werden, die der Konfessionszugehörigkeit in bezug auf das generative Verhalten zukommt.

Während uns aus der amtlichen Statistik nur Informationen über den Zusammenhang zwischen Kinderzahl und Konfessionszugehörigkeit der Ehegatten vorliegen, wurden im Rahmen der angesprochenen Longitudinalstudie auch die Beziehungen zwischen Religiosität und generativem

Tabelle 1:

Durchschnittliche Kinderzahl je 1000 Ehen verheirateter deutscher Frauen der Eheschließungsjahre 1966 bis 1970 nach dem monatlichen Nettoeinkommen des Familienvorstandes und dem eigenen Nettoeinkommen.

— Ergebnis des Mikrozensus 1976 —

Netto- einkommen der Frau	Durchschnittliche Kinderzahl je 1000 Ehen bei untenstehendem monatlichem Nettoeinkommen des Familienvorstandes und nebenstehendem Nettoeinkommen der Frau				Insgesamt
	unter 1200 DM	1200 b.u. 1800 DM	1800 b.u. 2500 DM	2500 und mehr DM	
kein Einkommen	1 543	1 676	1 654	1 706	1 659
unter 600 DM	1 025	1 327	1 362	1 438	1 262
600 b.u. 1200 DM	686	805	877	1 185	826
1200 b.u. 1800 DM	602	594	541	885	622
1800 und mehr DM	1 044	750	800	1 121	929
Insgesamt	1 129	1 381	1 383	1 526	1 361

Verhalten untersucht. Es zeigte sich hier, daß die Kinderzahlen der Ehen mit zunehmender Religiosität der Ehepartner deutlich zunehmen (Jürgens und Pohl 1975).

5.4 Höchster Ausbildungsabschluß der Ehegatten

Akzeptiert man die Ausbildungsgradrangfolge Volksschule, Berufsfach-/Fachschule, Mittlere Reife, Abitur, Ingenieurschule und Hochschule, so nehmen die Kinderzahlen in den Ehen mit steigendem Bildungsgrad des Ehemannes zunächst ab, dann wieder zu, so daß sich ein u-förmiger Zusammenhang zwischen Bildungsgrad und Kinderzahl ergibt (siehe hierzu Tabelle 2). Bei Gliederung nach dem Bildungsgrad der Frauen zeigt sich demgegenüber eine stetige Abnahme der Kinderzahlen in den Ehen mit steigendem Bildungsgrad. Insgesamt gesehen sind die Unterschiede in den Kinderzahlen der Ehegatten unterschiedlicher Bildungsabschlüsse vergleichsweise gering.

Tabelle 2:

Durchschnittliche Kinderzahl je 1000 Erst-Ehen der Eheschließungsjahre 1960 bis 1970 nach dem höchsten Ausbildungsabschluß der Ehegatten (nach dem Heiratsalter standardisiert).

— Ergebnis der Volkszählung vom 27.5.1970 —

Höchster Ausbildungsabschluß	Durchschnittliche Kinderzahl je 1000 Ehen bei nebenstehendem höchsten Ausbildungsabschluß und untenstehendem Geschlecht	
	Geschlecht der Ehegatten	
	männlich	weiblich
Volksschule	1 401	1 409
Berufsfach-/Fachschule	1 328	1 204
Mittlere Reife	1 123	1 180
Abitur	944	1 117
Ingenieurschule[1]	1 272	—
Hochschule	1 296	1 078

1 Auf die Darstellung des Ergebnisses für Frauen mit dem Ausbildungsabschluß Ingenieurschule wurde aufgrund der geringen Besetzungszahlen verzichtet.

5.5 Stellung im Beruf der Ehegatten

Bei Gliederung der Kinderzahlen in den Ehen nach der Stellung im Beruf des Mannes ergibt sich folgende Rangfolge in der Höhe der Kinderzahl: Landwirte, Arbeiter, Selbständige, Beamte und schließlich Angestellte. Die Differenzierung in den Kinderzahlen der Ehen nach der Stellung im Beruf des Mannes ist sehr ausgeprägt. Noch stärker aber sind die Unterschiede, wenn man nach der Stellung im Beruf der Frau gruppiert. Die hierbei gefundenen Ergebnisse sind aber mit denen für die Stellung im Beruf des Mannes identisch; die geringsten Kinderzahlen weisen die Angestellten auf, gefolgt von Beamtinnen, Arbeiterinnen und den Selbständigen, wobei die zwischen den beiden letzten Gruppen nur minimale Unterschiede hinsichtlich der Kinderzahl bestehen.

In diesem Zusammenhang könnte interessieren, ob und wie die von uns bereits erwähnte Reduzierung der Kinderzahlen in Ehen im Intergenerationenvergleich nach der Stellung im Beruf differiert, zumal der Schicht-Indikator ,,Stellung im Beruf" als ein zentraler Indikator für die Ermittlung schichtenspezifischer Unterschiede des generativen Verhaltens anzusehen ist (siehe hierzu Tabelle 3).

Wie erwähnt, hatten die von 1951 bis 1960 geschlossenen Ehen im April 1971 eine um über 40 Prozent geringere durchschnittliche Kinderzahl als die Eltern dieser Ehepaare. Die Reduzierung der Kinderzahlen im Intergenerationenvergleich ist dabei um so größer, je größer die Kinderzahl in der Herkunftsfamilie war. Dieser Feststellung entspricht zum Teil, daß die Reduktion der Kinderzahlen im Intergenerationenvergleich mit der beruflichen Stellung des Mannes 1971 variiert. Während Arbeiter und Angestellte im Vergleich zu ihren Eltern um fast 50 Prozent geringere durchschnittliche Kinderzahlen aufwiesen, betrug die Reduktion bei den Landwirten, Selbständigen und Beamten nur gering mehr als ein Drittel. Trotz unterschiedlicher Stärke des Geburtenrückgangs im Intergenerationenvergleich je nach Größe der Herkunftsfamilie oder der sozialen Stellung der Eltern waren die Unterschiede in der Reduktion der Kinderzahlen aber doch nicht so stark, daß sich die Rangpositionen in der Größe der Familien der Kinder im Vergleich zu ihren Eltern wesentlich verändert hätten. So war die durchschnittliche Kinderzahl in den Ehen im April 1971 um so größer, je größer die Herkunftsfamilie war. Auch entstammten beispielsweise Landwirte, für die die höchste durchschnittliche Kinderzahl ermittelt wurde, selber Familien, die seinerzeit ebenfalls die höchste durchschnittliche Kinderzahl aufwiesen; demgegenüber wurden für die Angestellten in der Eltern-Generation wie in der Kinder-Generation die geringsten Kinderzahlen ermittelt. Hinsichtlich der globa-

Tabelle 3:

Durchschnittliche Kinderzahl je 100 der von 1951 bis 1960 geschlossenen Ehen nach der beruflichen Stellung des Mannes 1971 und der durchschnittlichen Kinderzahl der Eltern der Ehepartner.

— Ergebnis des Mikrozensus 1971 —

Berufliche Stellung des Mannes 1971	Durchschnittliche Kinderzahl je 100 Ehen	Durchschnittliche Kinderzahl je 100 Ehen der Eltern ... des Mannes	der Frau
Landwirte insgesamt	278	427	409
davon:			
Hofgröße unter 20 ha	265	431	412
Hofgröße 20 u.m. ha	303	421	402
Selbständige insgesamt	204	334	318
davon:			
bis 1 Mitarbeiter	197	340	332
2 bis 9 Mitarbeiter	208	331	304
10 u.m. Mitarbeiter	217	321	295
Beamte insgesamt	203	325	324
davon:			
im einfachen Dienst	202	359	355
im mittleren Dienst	200	343	334
im gehobenen Dienst	197	301	309
im höheren Dienst	221	291	294
Angestellte insgesamt	184	320	320
davon:			
mit einfacher Tätigkeit	190	364	357
mit schwierigen Aufgaben	179	324	325
mit selbständiger Tätigkeit	186	294	300
mit umfassenden Führungsaufgaben	204	294	282
Arbeiter insgesamt	220	412	398
davon:			
ungelernte Arbeiter	235	445	428
angelernte Arbeiter	228	437	414
gelernte und Facharbeiter	210	385	380
Vorarbeiter, Kolonnenführer, Meister und Poliere	217	401	373
Alle Ehepaare	208	363	355

len Kategorien der beruflichen Stellung haben sich im Zusammenhang mit der Reduzierung der Kinderzahlen in den Ehen im Intergenerationenvergleich die Differenzierungen generativer Strukturen also nur bezüglich der absoluten Größenordnungen abgebaut, nicht aber bezüglich der relativen.

Bei weiterer beruflicher Untergliederung innerhalb einer beruflichen Stellung wird allerdings eine neue Differenzierung des generativen Verhaltens in Abhängigkeit von der Soziallage der Ehepaare deutlich, soweit man die hier gewählten Untergliederungen in der Stellung im Beruf als Indikator der Soziallage ansieht. Während in der Eltern-Generation ein eindeutig negativer Zusammenhang zwischen der sozio-ökonomischen Lage der Familie und ihrer Kinderzahl vorherrschte, nehmen in der Kinder-Generation die Kinderzahlen mit steigender Soziallage zunächst ab, dann jedoch wieder zu, so daß mit Ausnahme der Arbeiter in allen Kategorien die Ehen der Angehörigen der höchsten Soziallage am kinderreichsten sind.

Abschließend sei in diesem Zusammenhang darauf hingewiesen, daß sich beim Vergleich der Kinderzahl der Eltern-Generation mit der Kinderzahl der Kinder-Generation eine erstaunlich starke Intergenerationenbindung im generativen Verhalten zeigt (Rückert 1976). Hierbei konnte ermittelt werden, daß Frauen, die Einzelkinder waren, sehr häufig kinderlos bleiben und auch überdurchschnittlich häufig Ein-Kind-Familien gründen. Frauen, die Zwei-Kind-Familien oder größeren Familien entstammen, bleiben demgegenüber seltener kinderlos. Dabei wird Kinderlosigkeit um so seltener beobachtet, je größer die Herkunftsfamilie war. Umgekehrt gilt auch, daß heute ,,kinderreiche" Frauen also Frauen mit drei, vier oder noch mehr Kindern, nur sehr selten kleinen Familien entstammen.

5.6 Wohnsituation der Ehegatten

Hinsichtlich der Wohnsituation der Ehegatten als erklärende Variable für Unterschiede des generativen Verhaltens konnte durch eine faktorenanalytische Untersuchung gezeigt werden, daß ein recht deutlicher Zusammenhang zwischen Wohnsituation und Kinderzahl besteht (Rückert und Schmiedehausen 1975). Bei sonst gleichen Bedingungen finden sich in Ein- und Zweifamilienhäusern größere Familien als in Mietwohnungen in Mehrfamilienhäusern und Hochhäusern. Eng mit der Frage der Wohnsituation verbunden ist auch die Frage des Rechtsverhältnisses als Eigentümer oder Mieter einer Wohnung zu sehen (siehe hierzu Tabelle 4). Schließlich dürften auch die von Schwarz beschriebenen regionalen Unterschiede der Geburtenhäufigkeit teilweise Ausdruck regionaler Unterschiede in der Wohnsituation sein.

Tabelle 4:

Durchschnittliche Kinderzahl je 1000 Frauen der Geburtsjahrgangsgruppe 1922–1936, gegliedert nach dem höchsten Ausbildungsabschluß der Frauen und danach, ob am Zählungsstichtag (April 1971) Hauseigentum vorhanden war oder nicht.

— Ergebnis des Mikrozensus 1971 —

Schulabschluß der Frauen	Durchschnittliche Kinderzahl je 1000 Frauen		
	insgesamt	davon mit Hauseigentum	ohne Hauseigentum
Volksschule, ohne Lehre	2 157	2 398	1 954
Volksschule, mit Lehre	1 730	1 980	1 589
Mittlere Reife	1 617	1 871	1 428
Abitur, Technikerschule, Hochschule, Universität	1 566	1 947	1 269
Insgesamt	1 901	2 204	1 684

5.7 *Erwerbstätigkeitsstatus der Frau*

Hinsichtlich der Beziehungen zwischen dem Erwerbstätigkeitsstatus der Frauen und ihrem generativen Verhalten gibt es zahlreiche Untersuchungen, insbesondere für hochindustrialisierte Gesellschaften, die einen negativen Zusammenhang zwischen der Familiengröße und dem Ausmaß der Erwerbstätigkeit der Frauen zum Ergebnis haben, d. h., erwerbstätige verheiratete Frauen haben gewöhnlich weniger Kinder als andere verheiratete Frauen. Judith Blake nannte diese Beziehung sogar die stärkste, räumlich und zeitlich dauerhafteste und theoretisch plausibelste Beziehung im Rahmen der Studien zu den Unterschieden des generativen Verhaltens. Eine Analyse zu dieser Fragestellung anhand der Ergebnisse der Volkszählung 1970 für die Bundesrepublik Deutschland ergibt tatsächlich auch, daß die durchschnittliche Kinderzahl nie erwerbstätig gewesener Frauen höher ist als die der erwerbstätigen Frauen (Rückert 1978). Frauen, die zum Zeitpunkt der Befragung nicht, dafür aber früher erwerbstätig waren, nehmen hinsichtlich ihrer durchschnittlichen Kinderzahl eine mittlere Position ein.

Ferner läßt sich feststellen, daß sich innerhalb der erwerbstätigen Frauen eine deutliche Differenzierung in Abhängigkeit von der Dauer der Erwerbstätigkeit der Frauen ergibt (siehe hierzu Tabelle 5). Mit zunehmender Erwerbstätigkeitsdauer nach der Eheschließung ergibt sich eine deutliche Abnahme in der durchschnittlichen Kinderzahl der Ehen.

Tabelle 5:

Durchschnittliche Kinderzahl und prozentuale Verteilung der Kinderzahlen im April 1971 der Ehepaare der Eheschließungsjahre 1951—1960, nach Nichterwerbstätigkeit bzw. Dauer der Erwerbstätigkeit der Ehefrau im Anschluß an die Eheschließung bis zur ersten Unterbrechung der Erwerbstätigkeit.

— Ergebnis des Mikrozensus 1971 —

Ehen mit untenstehender Erwerbstätigkeit der Ehefrau nach der Eheschließungen	Durchschnittliche Kinderzahl je 1 000 Ehen	Verteilung der Ehen auf untenstehende Kinderzahl (%)				
		0	1	2	3	4 u.m.
keine	2 244	10,5	20,8	33,5	19,8	15,5
unter 2 Jahre	2 386	3,9	19,2	39,7	23,1	14,2
2 bis unter 5 Jahre	2 079	6,6	26,2	39,7	17,6	9,9
5 und mehr Jahre	1 716	20,2	28,6	28,9	13,2	9,1
Insgesamt	2 091	12,0	23,5	33,7	18,0	12,9

6. Erklärungsbeitrag der Schicht-Indikatoren

Aus der Beobachtung, daß sich bei der Gruppierung der Ehen nach den Merkmalsausprägungen bestimmter Schicht-Indikatoren Unterschiede in der Kinderzahl dieser Teilgruppen ergeben, folgt, daß die hier ausgewählten und keineswegs vollständigen Schicht-Indikatoren des generativen Verhaltens einen Erklärungsbeitrag für die Unterschiede in der Kinderzahl der Ehen liefern. Allerdings ist zu berücksichtigen, daß bei Feststellung eines Zusammenhangs zwischen sozialen Kategorien und generativem Verhalten in der Regel die Frage der Kausalität ungelöst bleibt. Konstatiert man z. B. einen Zusammenhang zwischen Einkommen und Kinderzahl, so kann die Kinderzahl zum einen tatsächlich eine Funktion des Einkommens sein, zum anderen kann aber auch das Einkommen eine Funktion der Kinderzahl sein. Auch löst die Ermittlung eines Zusammenhangs zwischen Einkommen und Kinderzahl nicht die Frage nach dem Warum dieses Zusammenhangs. Ist dieser Zusammenhang erklärbar aus der Tatsache, daß Kinder Geld kosten, oder steht Einkommen hier für etwas anderes, z. B. für einen bestimmten Lebensstil?

Ähnliches wäre zu den Beziehungen zwischen Wohnsituation und generativem Verhalten zu sagen. Der Befund, daß sich in Ein- und Zweifamilienhäusern größere Familien befinden als in Mehrfamilienhäusern, Mietwohnungen und Hochhäusern ist zunächst unzweifelhaft. Jedoch läßt sich aus diesem Befund noch nicht ablesen, ob das Wohnen im Einfamilienhaus Folge oder Ursache der durchschnittlich höheren Kinderzahl ist.

Auch hinsichtlich der sehr engen Beziehung zwischen dem Erwerbstätigkeitsstatus der Frauen und ihrem generativen Verhalten sind Bedenken anzumelden. Schubnell hat schon vor Jahren zu Recht betont, daß es bisher noch nirgendwo gelungen ist, den exakten Einfluß der Erwerbstätigkeit von Frauen auf die Kinderzahl nachzuweisen (Schubnell 1973). Unstrittig ist durchaus, daß außerhäuslich erwerbstätige Frauen weniger Kinder haben als nicht-erwerbstätige Frauen. Wie stark allerdings die aus der außerhäuslichen Erwerbstätigkeit resultierende Reduzierung der Kinderzahlen in den Ehen ist, kann mit dem derzeit zur Verfügung stehenden Datenmaterial für die Bundesrepublik Deutschland nicht nachgewiesen werden. Bei den außerhäuslich erwerbstätigen Frauen kann nämlich nicht zwischen den Frauen unterschieden werden, die ihre Kinderzahl niedrig halten, um erwerbstätig zu sein, und jenen Frauen, die aus anderen Gründen weniger Kinder haben und aufgrund ihrer geringen Kinderzahl leichter als Frauen mit großen Familien erwerbstätig sein können.

Weiterhin ergibt sich das Problem, daß die hier betrachteten Schicht-Indikatoren des generativen Verhaltens untereinander selbst in enger Beziehung stehen, d. h. also das Problem der Multikolinearität. Auch ist es unrealistisch, Frauen oder Ehepaare nur hinsichtlich eines einzelnen Schicht-Indikators zu charakterisieren und die Merkmalsausprägungen hinsichtlich anderer Schicht-Indikatoren zu vernachlässigen. Wenngleich die in diesem Zusammenhang auftauchenden Fragen keineswegs abschließend analysiert sind, sei doch der Hinweis erlaubt, daß durchgeführte Informationsanalysen zum Ergebnis hatten, daß die hier vorgestellten Schicht-Indikatoren des generativen Verhaltens auch bei multivariater Betrachtung noch einen Erklärungsbeitrag für das generative Verhalten liefern.

Zusammenfassend läßt sich feststellen, daß in hochindustrialisierten Ländern wie der Bundesrepublik Deutschland die Entscheidung der Ehepaare für eine bestimmte Kinderzahl oder gegen Kinder offensichtlich von einem ganzen Geflecht von Motivationen und persönlichen und gesellschaftlichen Rahmenbedingungen abhängt. Daher ist Schubnell zuzustimmen, wenn er betont, daß es keine alleinige Hauptursache gibt, die das generative Verhalten bestimmter Bevölkerungsgruppen als historischen Prozeß in jedem Zeitabschnitt und bei jeder Bevölkerung erklären könnte (Schubnell 1973).

Es gibt nur ein Geflecht von vielfältigen Ursache-Wirkungsbeziehungen, die in ihrem Gewicht und ihrer zeitlichen Intensität sehr unterschiedlich sind. Auch ist Jürgens und Pohl zuzustimmen, daß die objektiv erfaßbaren sozio-kulturellen Faktoren, zu denen Indikatoren der Soziallage, des Bildungs- und Einkommensniveaus zählen, offensichtlich in Verbindung mit psycho-sozialen Verhaltensweisen für das generative Verhalten an Bedeutung gewinnen (Jürgens und Pohl 1975). Isoliert betrachtet lassen sich selbst aus der Kombination sozio-kultureller Faktoren nur teilweise Rückschlüsse auf das generative Verhalten ziehen.

7. Folgerungen

Ungeachtet der beschriebenen Erkenntnisproblematik soll hier nicht auf den Versuch verzichtet werden, im Rahmen unseres Teilwissens eine Gewichtung der Determinanten des generativen Verhaltens vorzunehmen. Für uns stellt, neben den Einflüssen aus der Wohnsituation, der Erwerbstätigkeitsstatus von Frauen die zentrale Teil-Determinante für die derzeitigen Unterschiede des generativen Verhaltens dar. Dies sei hier nicht nur festgestellt, sondern es sollen — dem sozialstrukturellen Ansatz dieser Untersuchung folgend — auch Interpretationsansätze für die enge Beziehung zwischen dem Erwerbstätigkeitsstatus von Frauen und ihrem generativen Verhalten geboten werden:

Die starke Differenzierung in der Kinderzahl zwischen nicht-erwerbstätigen Frauen auf der einen und erwerbstätigen Frauen auf der anderen Seite könnte auf eine gewisse Unvereinbarkeit von Familienwünschen und dem Wunsch der Frauen nach Erwerbstätigkeit hindeuten. Wir wissen, daß erwerbstätige Frauen zu Beginn ihrer Ehe eine nur geringfügig kleinere Kinderzahl wünschen als nicht-erwerbstätige Frauen; wir wissen aber auch, daß sie ihre Kinderwünsche nicht voll realisieren.

Hiermit könnte zum Ausdruck kommen, daß in zahlreichen Ehen der Wunsch der Frauen nach Erwerbstätigkeit und zugleich nach einem verantwortbaren Großziehen der Kinder derzeit zu Konflikten führt.

Der Wunsch der Frauen nach Erwerbstätigkeit ist, zumindest in den unteren Sozialschichten, überwiegend ökonomisch motiviert. Dies Motiv ergibt sich weitgehend aus der finanziellen Situation junger Familien. Gerade in den ersten Ehejahren besteht ein erhöhter finanzieller Aufwand für den Aufbau des Familienhaushaltes, so daß das Einkommen erwerbstätiger Frauen dazu beiträgt, die finanziellen Belastungen in den Ehen zu verringern. Die ersten Ehejahre sind aber auch die für den Familienbildungsprozeß wichtigsten Jahre. Wenn nun Frauen bei Geburt eines Kindes oder von Kindern ihre Erwerbstätigkeit aufgeben, so sinkt — noch in der Phase des wirtschaftlichen Haushaltsaufbaus — das Einkommen der Familien und damit ihr Lebensstandard. Gleichzeitig ist dies aber auch ein Zeitpunkt, bei dem durch die Geburt eines Kindes oder von Kindern einmalige und laufende Aufwendungen die Familien zusätzlich belasten, weil bei den derzeit gewährten wirtschaftlichen Familienhilfen, das heißt insbesondere bei den Kindergeldleistungen, nur ein teilweiser Ausgleich des Kostenaufwandes für Kinder vorgesehen ist.

Von daher ist es sehr plausibel, daß verheiratete Frauen trotz Geburt eines Kindes oder von Kindern versuchen, weiter erwerbstätig zu bleiben, insbesondere bei der derzeitgen Arbeitsmarktlage. Zumindest aber streben sie die baldige Wiederaufnahme einer Erwerbstätigkeit an, wozu auch gehören kann, daß die Geburt weiterer Kinder der Ehe aufgeschoben und damit meist auch aufgehoben wird.

Eine gewisse Verunsicherung der Mütter ergibt sich in dieser Situation jedoch aus dem nunmehr weitverbreiteten Wissen, daß es für die Erziehung und das Wohl des Kindes besser ist, wenn die Frau zumindest in den ersten Lebensjahren des Kindes nicht erwerbstätig ist. Gerade in den letzten Jahren haben sich in der Bundesrepublik Deutschland die Massenmedien verstärkt Fragestellungen der optimalen Kindererziehung u. a. im Baby- und Kleinkindalter zugewandt. Damit wurden auch die wissenschaftlichen Erkenntnisse zum Bindungsgeschehen im ersten Lebensjahr und im Kleinkindalter nahezu Allgemeingut. Wesentlich mehr Frauen als früher ist heute bekannt, daß ein Kind um so ausschließlicher von den Personen lernt, an die es gebunden ist und die es liebt, je jünger es ist und desto weniger von Personen, zu denen es keine emotionale Beziehung aufbauen konnte oder kann — unabhängig von deren fachlicher Qualifikation (siehe hierzu auch Hassenstein 1977).

Wenn man das Recht der Eltern, die Erziehung ihrer Kinder im Kleinkindalter zu übernehmen, bejaht, so sollte man zur Verringerung des beschriebenen Konfliktes die jungen Ehepaare in die Lage versetzen, sich unter Verzicht auf Erwerbstätigkeit eines Ehepartners verstärkt der Erziehung und Betreuung ihrer Kinder zu widmen. Die Beispiele Frankreichs, der Deutschen Demokratischen Republik und Schwedens zeigen, daß auch in anderen Ländern Maßnahmen ergriffen werden, um die Situation nach der Geburt eines Kindes oder von Kindern in Ehen mit einem dann nicht-erwerbstätigen Elternteil zu verbessern.

Literaturverzeichnis:

Blau, P. M. u. Duncan, O. D.: The American Occupational Structure. New York, London, Sydney 1967

Bolte, K. M., Kappe, D. u. Neidhardt, F.: Soziale Ungleichheiten. Opladen 1974

Hassenstein, B.: Faktische Elternschaft: Ein neuer Begriff der Familiendynamik und seine Bedeutung. In: Familiendynamik, Heft 2 (April), Stuttgart 1977

Jürgens, H. W.: Der Sozialtypus, ein Beitrag zu seiner anthropologischen Begrissbestimmung. In: H. W. Jürgens u. C. Vogel: Beiträge zur menschlichen Typenkunde. Stuttgart 1965

Jürgens, H. W. und Pohl, K.: Kinderzahl — Wunsch und Wirklichkeit. Schriftenreihe des Bundesinstituts für Bevölkerungsforschung, Bd. 1, 1975

Jürgens, H. W.: Longitudinaluntersuchung zum generativen Verhalten. In: Bundesinstitut für Bevölkerungsforschung (Hrsg.), Materialien zur Bevölkerungswissenschaft, Heft 3, 1977

Linke, W. u. Rückert, G.-R.: Kinderzahl der Frauen in erster Ehe. Ergebnis der Volkszählung am 27. Mai 1970. In: Wirtschaft und Statistik, Heft 9/1974 S. 631—639

Linke, W.: Veränderung der Kinderzahl verheirateter Frauen von 1966 bis 1971. In: Zeitschrift für Bevölkerungswissenschaft, Heft 2/1975, S. 54—77

Mayntz, R.: Soziale Schichtung und sozialer Wandel in einer Industriegemeinde. Stuttgart 1958

Rückert, G.-R. und Schmiedehausen, D.: Bestimmungsgründe der regionalen Unterschiede der Geburtenhäufigkeit. In: Akademie für Raumforschung und Landesplanung (Hrsg.), Untersuchungen zur kleinräumigen Bevölkerungsbewegung. Bd. 95, Hannover 1975, S. 69—97

Rückert, G.-R.: Die Kinderzahl der Ehen in der Bundesrepublik Deutschland im Intergenerationenvergleich. In: Zeitschrift für Bevölkerungswissenschaft, Heft 2/1976, S. 36—52

Rückert, G.-R.: Geburtenrückgang und Erwerbstätigkeit der Frauen und Mütter in der Bundesrepublik Deutschland im internationalen Vergleich (1978). Expertise im Auftrag der Sachverständigenkommission für den 3. Familienbericht der Bundesregierung (im Druck)

Scheuch, E. K. u. Daheim, H. J.: 1961, Sozialprestige und soziale Schichtung. In: Soziale Schichtung und soziale Mobilität, Sonderheft 5 der Kölner Zeitschrift für Soziologie und Sozialpsychologie Köln und Opladen 1961, S. 65—103

Schubnell, H.: Der Geburtenrückgang in der Bundesrepublik Deutschland. Schriftenreihe des Bundesministers für Jugend, Familie und Gesundheit, Bd. 6, Bonn-Bad Godesberg 1973

Schwarz, K.: Die Kinderzahl in den Ehen nach Bevölkerungsgruppen. In: Wirtschaft und Statistik. Heft 2/1964, S. 71—77

Tegtmeyer, H.: Die soziale Schichtung der Erwerbstätigen in der Bundesrepublik Deutschland. In: Zeitschrift für Bevölkerungswissenschaft, Heft 1/1976, S. 34—54

United Nations: Fertility and Family Planning in Europe around 1970: A comparative study of twelve national surveys. New York 1976

Karl Schwarz

Regionale Unterschiede der Geburtenhäufigkeit

1. Vorbemerkung

Unter diesem Thema soll versucht werden, zwei Fragen zu beantworten:

(1) Gibt es im Bundesgebiet noch beträchtliche regionale Unterschiede der Geburtenhäufigkeit?

(2) Falls ja, inwieweit sind sie auf Unterschiede der regionalen Sozialstrukturen zurückzuführen?

Die Bedeutung der ersten Frage ergibt sich aus der verbreiteten Ansicht, das generative Verhalten der Bevölkerung in Stadt und Land hätte, wie dies für viele Verhaltensweisen der Sozialschichten vermutet wird, die Tendenz, sich mehr und mehr anzugleichen. Die Antwort auf unsere erste Frage hat aber auch eine unmittelbar praktische Bedeutung für die Verwirklichung raumordnerischer Ziele. In Verbindung mit den Konsequenzen der natürlichen Bevölkerungsbewegung für die Wanderungen gibt sie nämlich Anhaltspunkte über die zukünftig zu erwartende räumliche Verteilung der Bevölkerung und damit die Siedlungsstruktur. Möglicherweise lassen sich daraus sogar Schlußfolgerungen ziehen, die bevölkerungspolitisch wichtig sein könnten.

Die zweite Frage erscheint mir vor allem für Überlegungen zum künftigen generativen Verhalten, z. B. im Zusammenhang mit Bevölkerungsprognosen, wichtig. Es gibt nämlich eine Forschungsrichtung, welche die bisherigen Veränderungen des generativen Verhaltens weitgehend aus Veränderungen der Sozialstruktur erklären möchte und damit rechnet, daß die zu erwartenden weiteren Änderungen der Sozialstruktur entsprechende Auswirkungen auf das künftige generative Verhalten der Bevölkerung eines Landes haben werden. Vielleicht tragen die Ausführungen auch dazu bei, generell den Blick für „Das Regionale" in Untersuchungen zum generativen Verhalten zu schärfen.

Um Mißverständnisse zu vermeiden, ist zu klären, was wir unter Unterschied des generativen Verhaltens verstehen wollen: Die absoluten oder die relativen Unterschiede der Kinderzahlen. Was damit gemeint ist, sei an folgendem Beispiel demonstriert: Eine Teilbevölkerung habe im Durchschnitt sechs Kinder, eine andere vier. Wir können sagen, der Unterschied beträgt zwei Kinder, aber auch sagen, die Kinderzahl der ersten Gruppe übersteigt diejenige der zweiten um 50 %. Bei einem späteren Vergleich mag sich herausstellen, daß die erste Gruppe ihre Kinderzahl auf drei reduziert hat und die andere jetzt nur noch zwei Kinder hat. Auch dann hat die erste Gruppe immer noch 50 % mehr Kinder als die zweite, der absolute Unterschied hat sich jedoch auf ein Kind vermindert. Ich neige dazu, die relativen Unterschiede als maßgebliches Kriterium anzusehen. Gleich, was die Diskussion hierzu ergeben mag, müssen die Schlußfolgerungen hinsichtlich der Veränderungen des generativen Verhaltens von Bevölkerungsgruppen etwas anders ausfallen, je nachdem, welche Interpretation man sich zu eigen macht.

Schließlich noch ein Hinweis auf das verwendete Material. Es besteht aus zwei Teilen:

Aus den Ergebnissen einer Berechnung der Nettoreproduktionsraten der deutschen Bevölkerung in den kreisfreien Städten und Landkreisen des Bundesgebiets für die Jahre 1961, 1970 und 1974 sowie aus einer Auszählung der Kinder der in den Jahren 1961 bis 1965 zwischen deutschen Partnern geschlossenen Ehen in den 38 Einheiten des Bundesraumordnungsprogramms und in den Bundesländern aus dem Material des Mikrozensus 1976. Der Mikrozensus ist eine amtliche, jährliche Repräsentativstatistik, die 1 % der Bevölkerung erfaßt. Der Stichprobenumfang läßt nur eine begrenzte Regionalisierung der Daten zu.

2. Zu den regionalen Unterschieden der Geburtenhäufigkeit

Berechnet man für die Kreise des Bundesgebiets die Standardabweichung der Nettoreproduktionsraten vom Mittelwert, der für 1961 1,27 und für 1974 0,75 beträgt, so machen die absoluten Abweichungen (Varianz) für 1961 0,21 und für 1974 0,18 aus, die prozentualen (Variationskoeffizient) 17 bzw. 24 %. Die absolute Streuung der Einzelwerte um den Mittelwert hat also leicht abgenommen, die relative beträchtlich zugenommen. Eine weitere Feststellung: In den kreisfreien Städten verringerte sich die Nettoproduktionsrate im Zeitraum 1961/74 von 1,04 auf 0,59 oder um 43 %, in den Landkreisen von 1,34 auf 0,81 oder um 40 %. Für die Großstädte mit 100 000 und mehr Einwohnern unter den kreisfreien Städten fiel die Nettoreproduktionsrate von 0,99 auf 0,55 oder um 46 %. Es handelt sich dabei immer um ungewogene Durchschnitte. Für das Bundesgebiet nahm die Nettoreproduktionsrate der deutschen Bevölkerung 1961/74 von 1,14 auf 0,67 und bis 1976 weiter auf 0,63 oder um 45 % ab (Tabelle).

Häufigkeitsverteilung der Nettoreproduktionsraten der Kreise des Bundesgebietes 1961, 1970 und 1974

Netto-reproduktions-raten	1961 Gesamtbevölkerung			1970 Gesamtbevölkerung		deutsche Bevölkerung			1974 Gesamtbevölkerung		deutsche Bevölkerung		
	kreisfreie Städte	Landkreise	zus.	Gesamtbevölkerung	kreisfreie Städte	Landkreise	zus.		Gesamtbevölkerung	kreisfreie Städte	Landkreise	zus.	
0,39 und weniger	–	–	–	–	–	–	–		1	2	1	3	
0,40–0,59	–	–	–	1	3	1	4		30	51	12	63	
0,60–0,79	5	–	5	35	49	4	53		186	48	116	164	
0,80–0,99	45	4	49	184	76	87	163		133	2	113	115	
1,00–1,19	79	79	158	189	8	170	178		17	–	22	22	
1,20–1,39	11	192	203	104	–	116	116		2	–	3	3	
1,40–1,59	2	124	126	18	–	16	16		1	–	1	1	
1,60–1,79	–	30	30	3	–	4	4		–	–	–	–	
1,80 und mehr	–	–	–	–	–	–	–		–	–	–	–	
Insgesamt	142	429	571	534	136	398	534		370[1]	103	268	371	
Mittelwert	1,04	1,34	1,27	1,05	0,83	1,13	1,05		0,77	0,59	0,81	0,75	
1961 = 100	100	100	100	82,7	79,8	84,3	82,7		60,6	56,7	60,4	59,1	
Standardabweichung vom Mittelwert:													
absolut	0,144	0,172	0,211	0,200	0,125	0,179	0,212		0,155	0,112	0,159	0,177	
in %	13,8	12,8	16,6	19,0	15,1	15,9	20,2		20,0	19,0	19,5	23,5	

1 Ohne Osterode am Harz.

Die genannten Zahlen beweisen, daß der Geburtenrückgang nicht darauf zurückzuführen ist, daß sich die Geburtenhäufigkeit in den Gebieten mit früher vielen Kindern dem Niveau in den Gebieten mit schon früher relativ wenigen Kindern angepaßt hat; sie hat vielmehr überall, in den Städten sogar noch etwas stärker als in den ländlichen Gebieten, um fast 50 % abgenommen.

Weniger abstrakt wollen wir diese Feststellungen durch weitere ergänzen: In den kreisfreien Städten war die Geburtenhäufigkeit in allen Vergleichsjahren beträchtlich niedriger als in den Landkreisen. 1961 lag sie — immer gemessen an den Nettoreproduktionsraten — in den kreisfreien Städten um 22,4 %, 1970 um 26,6 % und 1974 um 27,2 % unter der Geburtenhäufigkeit in den Landkreisen. Auch danach sind also die Unterschiede etwas gewachsen. Noch größere Unterschiede ergeben sich beim Vergleich zwischen den Landkreisen und den Großstädten. Die Nettoreproduktionsrate der Großstädte 1974 liegt um 33,1 % unter der Rate für die Landkreise und um 27 % unter dem (ungewogenen) Bundesdurchschnitt. Auch dieser Vergleich ergibt, daß 1961 der Unterschied mit 26 % noch nicht so groß war.

Wir haben somit immer noch ein großes und — wie schon gesagt wurde — inzwischen sogar stärker gewordenes Land-Stadt-Gefälle der Geburtenhäufigkeit. Lediglich das Niveau, auf dem es besteht, ist weit niedriger geworden.

Sollen in aufeinanderfolgenden Generationen gerade gleich viele Personen vorhanden sein (Nettoreproduktionsrate 1), sind hierfür im Durchschnitt etwa 2,2 Kinder je Ehe erforderlich. Multipliziert man die Nettoreproduktionsraten mit 2,2 erhält man somit — als anschaulicheres Maß der Geburtenhäufigkeit — die ungefähre Zahl der Kinder, die je Ehe (genauer je verheiratete Frau) zu erwarten ist, wenn für eine Generation lebenslang die für die Beobachtungsjahre festgestellten altersspezifischen Geburtenhäufigkeiten (und Sterblichkeitswerte) gelten.

Schon im Jahre 1961 war die Geburtenhäufigkeit in den Großstädten für dieses Reproduktionsminimum oder, anders ausgedrückt, für eine Erhaltung des Bevölkerungsstandes ohne Zuwanderung etwas zu klein. Nach den Ergebnissen 1974 würden in den Großstädten bei unveränderter Geburtenhäufigkeit sogar nur etwas mehr als halb so viele (1,2) Kinder zur Welt kommen als für die Reproduktion der Bevölkerung erforderlich sind. In einigen Großstädten sind die Werte noch niedriger. Sie haben dort einen Tiefstand erreicht, der bisher für ganz unwahrscheinlich gehalten worden ist. Die Bevölkerung der Großstädte würde beim gegenwärtigen Geburtenniveau ohne Zuwanderung langfristig um etwa 2,2 % pro Jahr abnehmen. Für die kreisfreien Städte (einschl. Großstädte) ergeben sich 1961 2,3, 1974 aber nur noch 1,3 Kinder, für die Landkreise 1961: 2,9, 174: 1,8 Kinder. Auch im Durchschnitt der Landkreise liegt die Geburtenhäufigkeit somit heute um rd. 20 % unter dem Reproduktionsminimum, was schon in der Reproduktionsrate 0,81 für 1974 zum Ausdruck kam. Die Ergebnisse für das Beobachtungsjahr 1974 entsprechen bei den kreisfreien Städten langfristig einer Bevölkerungsabnahme um jährlich 2 % und bei den Landkreisen um jährlich 0,8 %.

Es handelt sich bei diesen Zahlen, wohlgemerkt, um Durchschnitte. Die Werte für die einzelnen Landkreise, kreisfreien Städte und Großstädte weichen hiervon oft erheblich ab und der Übergang zwischen Land und Stadt ist fließend. So hatten in allen Jahren zahlreiche Landkreise keine höhere Geburtenhäufigkeit als viele kreisfreie Städte. Das gilt vor allem für die Stadt-Umland-Kreise.

Unter den 268 Landkreisen Ende 1974 gab es nach den Beobachtungen im gleichen Kalenderjahr nur noch 26 oder ein Zehntel mit einer Nettoreproduktionsrate von 1 und mehr.

Sie liegen vor allem im Emsland und im „Oldenburgischen Münsterland", wo nach den Beobachtungen im Jahre 1974 je Ehe im Durchschnitt noch zwei bis drei Kinder zu erwarten wären, im Vergleich zu durchschnittlich drei bis vier Kinder 10 Jahre zuvor. Als extremes Beispiel sei aus diesem Gebiet der Landkreis Aschendorf-Hümmling herausgegriffen mit einer Nettoreproduktionsrate von 1,8 im Jahre 1961 (= 3 bis 4 Kinder) und einer Rate von 1,4 (= 2 bis 3 Kinder) im Jahre 1974. Ein extrem anderes Beispiel ist die Stadt München mit einem Rückgang der Nettoreproduktionsrate von 0,8 (= 1 bis 2 Kinder) auf knapp 0,4 (= 1 Kind) im Zeitraum 1961/74.

Weitere Aufschlüsse über die noch vorhandenen sehr starken Unterschiede des generativen Verhaltens in den Teilräumen des Bundesgebiets können wir aus einem Vergleich der durchschnittlichen Kinderzahlen der 1961/65 geschlossenen Ehen in den 38 Einheiten des Bundesraumordnungsprogramms gewinnen. Bei der Würdigung der Ergebnisse ist in Betracht zu ziehen, daß diese Ehen 1976 schon seit 11 bis 15 Jahren bestanden haben. Somit handelt es sich um Ehen, aus denen so gut wie keine weiteren Kinder mehr zu erwarten sind. Es sei außerdem darauf aufmerksam gemacht, daß sie in einer Zeit geschlossen wurden, in der der Geburtenrückgang allenfalls bei den älteren Ehen mit schon mehreren Kindern dadurch sichtbar wurde, daß in diesen Ehen immer weniger vierte und weitere Kinder zur Welt kamen.[1]

Es gibt nur 10 Raumordnungseinheiten, in denen die durchschnittliche Kinderzahl der 1961/65 geschlossenen Ehen über zwei beträgt. Sie liegen vor allem in West-Niedersachsen, in der Eifel, in Südbaden und Süd-Württemberg sowie in der Oberpfalz und in Niederbayern. Die höchsten Zahlen ergaben sich mit etwas über 2,5 Kindern für die Raumordnungseinheiten Osnabrück und Ems, die niedrigsten von 1,6 für die Raumordnungseinheiten Düsseldorf, Frankfurt-Darmstadt und München-Rosenheim. Es bestätigt sich also abermals eine beträchtliche Streuung. Die Standardabweichung der Einzelwerte vom (ungewogenen) Mittelwert macht absolut 25 Kinder und relativ 13 % aus. Diese Streuung ist viel kleiner als bei den Kreisen, doch läßt sich das leicht daraus erklären, daß es in jeder Raumordnungseinheit, wenn auch in unterschiedlicher Mischung, sowohl städtische als auch ländliche Gebiete gibt.

Für die später, in den Jahren 1966 bis 1970 geschlossenen Ehen, die 1976 im Durchschnitt rd. 8 Jahre bestanden, ist der Versuch gemacht worden, die Zahl der bis 1976 geborenen Kinder auf die endgültige Kinderzahl hochzuschätzen. Diese Schätzung kann als einigermaßen zuverlässig betrachtet werden, da unter heutigen Verhältnissen bis zum achten Ehejahr mehr als 80 % aller zu erwartenden Kinder geboren sind.

Nach den Ergebnissen der Hochschätzung wären nur noch in der Raumordnungseinheit Ems längs der niederländischen Grenze mehr als zwei Kinder (2,2) zu erwarten, in allen anderen Raumordnungseinheiten weniger als zwei Kinder, die allerwenigsten in den Raumordnungseinheiten Hamburg, Essen und Köln (1,4) sowie in den Raumordnungseinheiten Frankfurt-Darmstadt, Mainz-Wiesbaden und München-Rosenheim (1,5).

Um darzustellen, welche weiteren Reduzierungen der Kinderzahlen im Bundesdurchschnitt im Bereich des Möglichen liegen, seien einige Ergebnisse für die beiden größten Städte des Bundesgebiets, Hamburg und Berlin (West), zur Struktur der Ehen nach der Kinderzahl genannt. Von den in den Jahren 1961/65 geschlossenen und 1976 noch bestehenden Ehen in Hamburg blieben 21 %, von den entsprechenden Ehen in Berlin (West) 28 % kinderlos. Drei oder mehr Kinder haben in Hamburg und Berlin nur 10 % der Ehen. Die durchschnittliche Kinderzahl beträgt

---

1 Vgl. Höhn, Ch.: Kinderzahl ausgewählter Ehejahrgänge. In: Wirtschaft und Statistik, 8/1976, S. 484—488

für Hamburg 1,4 und für Berlin 1,3. Die in der Familie lebenden Kinder aus evtl. früherer Ehe sind hierbei eingeschlossen. Auf 1,5 bis 1,6 Kinder je Ehe kommen in Hamburg und Berlin nur die gutverdienenden Beamten, Angestellten und Arbeiter, vermutlich deswegen, weil ihre Ehefrauen in weit geringerem Umfang erwerbstätig sind oder erwerbstätig waren als die Ehefrauen in den übrigen sozioökonomischen Gruppen. Wieder als Gegenstück sei die Raumordnungseinheit Ems genannt, mit 2,5 Kindern aus den 1961/65 geschlossenen Ehen, darunter nur 6 % kinderlose und 46 % mit drei oder mehr Kindern.

3. Zu den Ursachen der regionalen Unterschiede der Geburtenhäufigkeit

Charakteristisch für die Gebiete mit immer noch relativ hoher Geburtenhäufigkeit ist eine niedrige Bevölkerungsdichte verbunden mit einem immer noch verhältnismäßig hohen Anteil hauptberuflich tätiger Landwirte (über 10 % der Ehepaare) und ein relativ niedriger Stand der Schulbildung. Der Einfluß der Religionszugehörigkeit tritt neben diesen Merkmalen fast ganz zurück. Soweit er im Hinblick auf relativ hohe Kinderzahlen in vielen katholischen und relativ niedrigen Kinderzahlen in vielen evangelischen Gebieten noch vorhanden zu sein scheint, wird er vorgetäuscht, weil andere Charakteristika der Bevölkerung mit dem Anteil der Katholiken und Evangelischen stark korrelieren. Andererseits handelt es sich bei den außerstädtischen Gebieten mit recht niedriger Geburtenhäufigkeit vor allem um Stadt-Umland-Gebiete, charakterisiert durch hohe Bevölkerungsdichte, unerheblichen Anteil landwirtschaftlicher Bevölkerung und einem Bildungsstand, der in manchen Fällen höher ist als in den großstädtischen Kerngebieten.

Ferner sei auf folgende, für das ganze Bundesgebiet und, was hier besonders wichtig ist, auch für fast alle seine Teilräume geltenden Zusammenhänge zwischen sozio-ökonomischen Status und Kinderzahl der Ehen hingewiesen. Unter Mitberücksichtigung des Einkommens, bei dem für die vorgetragene Untersuchung allerdings nur zwischen einem monatlichen Nettoeinkommen des Ehemanns unter und über 2 000,— DM unterschieden werden konnte, ergibt sich, beginnend mit der Schicht mit den meisten Kindern, folgende Reihenfolge der Zahl der Kinder in den Ehen:

1. Landwirte
2. gut verdienende Arbeiter

3. gut verdienende Beamte
4. mäßig verdienende Arbeiter
5. mäßig verdienende Selbständige außerhalb der Landwirtschaft
6. gut verdienende Selbständige außerhalb der Landwirtschaft
7. gut verdienende Angestellte
8. mäßig verdienende Beamte
9. mäßig verdienende Angestellte

Aus allen diesen Beobachtungen könnte man schließen, daß die regionalen Unterschiede der Geburtenhäufigkeit möglicherweise nur auf unterschiedlichen sozio-ökonomischen Strukturen der Bevölkerung in den Teilräumen des Bundesgebiets beruhen und hieraus zu erklären sind. Um diesen Struktureffekt auszuschalten, ist für die 38 Einheiten des Bundesraumordnungsprogramms berechnet worden, wie groß die Kinderzahlen in den 1961 bis 1965 geschlossenen Ehen wären, wenn man hinsichtlich der Verteilung der Ehen auf Landwirte, übrige Selbständige, Beamte, Angestellte und Arbeiter, unter zusätzlicher Berücksichtigung des Einkommens vom Bundesdurchschnitt ausgeht. Die Ergebnisse widersprachen sehr den Erwartungen; denn es erwies sich, daß die Bedeutung der unterschiedlichen sozi-ökonomischen Strukturen für die regionalen Unterschiede des generativen Verhaltens sehr gering ist. Das zeigen folgende Ergebnisse über die Streuung der durchschnittlichen Kinderzahlen in den 38 Raumordnungseinheiten: Die Varianz der Einzelwerte vermindert sich beim Übergang von den tatsächlichen zu den standardisierten Werten nur von knapp 25 auf 22 oder um 3 Kinder je 100 Ehen, der Variationskoeffizient nur von 13,1 auf 11,8 %. Die Streuung der Einzelwerte um den Mittelwert bleibt also fast ganz erhalten. Oder ein anderes Beispiel aus einer Regressionsschätzung: Bei tatsächlich 150 Kindern je 100 Ehen bewirkt die Standardisierung nur eine Erhöhung auf 154, bei tatsächlich 250 Kindern nur eine Verminderung auf 243. Selbst in den Gebieten mit den größten Abweichungen der Sozialstruktur vom Bundesdurchschnitt, nämlich den Raumordnungseinheiten Osnabrück, Ems, Regensburg-Weiden und Landshut-Passau, veränderte sich die für 1976 festgestellte durchschnittliche Kinderzahl der in den Jahren 1961/65 geschlossenen Ehen durch „Standardisierung" der sozio-ökonomischen Strukturen dieser Ehen auf den Bundesdurchschnitt nur um maximal 13 Kinder je 100 Ehen in der Einheit Landshut-Passau. Auch in diesem Extremfall erklären die Besonderheiten der sozio-ökonomischen Struktur also lediglich ein Drittel der überdurchschnittlichen Kinderzahl. Die relativ hohen Kinderzahlen in den genannten Gebieten müssen infolgedessen andere Gründe haben. Der Effekt der vom Bundesdurchschnitt abweichenden sozio-ökonomischen Strukturen in den hochverdichteten Raumordnungseinheiten auf die Kinderzahlen ist sogar nahezu bedeutungslos. Danach sind also auch hier die Gründe, dieses Mal für besonders niedrige Kinderzahlen, anderweitig zu suchen. Aber wo?

Zahlreiche Merkmale, die für die Geburtenhäufigkeit von Bedeutung sind oder von Bedeutung sein können, bleiben unberücksichtigt, wie z. B. die Erwerbstätigkeit der Frauen und ihr Rollenverhalten oder die Wohnweise. Man kann jedoch unterstellen, daß durch die vorgenommene Standardisierung der sozio-ökonomischen Strukturen auf den Bundesdurchschnitt weitgehend auch der Einfluß des Bildungsstandes eliminiert worden ist, weil Stellung im Beruf und Einkommen einerseits und Bildungsstand andererseits stark miteinander korrelieren. Sehr bedeutsam für die regionalen Unterschiede der Geburtenhäufigkeit dürfte die Wohnweise sein, d. h. das Leben im Einfamilienhaus oder im Miethaus. Für dieses Merkmal wurde stellvertretend das Merkmal „Einwohnerdichte" herangezogen. Bei einem Korrelationskoeffizienten von allerdings nur — 0,6 ergab die Regressionsschätzung für die Gebiete mit 80 Einwohnern je km² 184 Kinder je 100 Ehen, für die Gebiete mit einer Einwohnerdichte von 1 000 aber nur 176. Man wird also sagen können, daß das eigene Haus größere Kinderzahlen begünstigt. Die Restvarianz ist jedoch so groß, daß daneben viele weitere Einflüsse maßgebend sein müssen.

4. *Auf dem Hintergrund der vorgetragenen Ergebnisse sollten folgende Hypothesen diskutiert und auf ihre Richtigkeit empirisch überprüft werden:*

— In Stadt und Land bestehen Wertvorstellungen, Leitbilder oder Normen, die aus unterschiedlichen landschaftlichen, familiären, wirtschaftlichen und gesellschaftlichen Traditionen gespeist werden.

— Die überkommenen Leitbilder sind in den Städten früher abgebaut worden als auf dem Lande.

— Im ländlichen Milieu sind die Wohn- und Umweltbedingungen, die engeren familiären und nachbarschaftlichen Beziehungen und die stärkeren sozialen Kontrollen für eine größere Kinderzahl günstiger als in der Stadt.

— Der Städter und insbesondere der Großstädter hat häufig andere Vorstellungen vom Wesensgehalt der Ehe, der Rolle der Frau, der Verwendung der Freizeit und von der Karriere der Kinder und neigt schon deshalb zur „Kleinfamilie".

5. *Hinsichtlich der weiteren Entwicklung des generativen Verhaltens auf nationaler Ebene lassen die Ergebnisse folgende Schlußfolgerungen zu:*

Sicherlich werden die sozio-ökonomischen Strukturen auch in Zukunft nicht starr sein. Nach dem Untersuchungsergebnis erscheint es jedoch zweifelhaft, ob aus Änderungen dieser Strukturen auch wesentliche Änderungen des generativen Verhaltens im Durchschnitt der Bevölkerung zu erwarten sind. Sieht man von den zahlenmäßig nicht ins Gewicht fallenden Landwirten ab, liegt die Streuungsbreite der Kinderzahlen der hier untersuchten sozio-ökonomischen Gruppen in den 1961/65 geschlossenen Ehen im Bundesdurchschnitt etwa zwischen 1,7 und 2,1, mit Schwerpunkt bei etwa 1,8 Kindern. In allen Gruppen dominieren die Ehen mit einem Kind (um 25 %) und vor allem die Ehen mit zwei Kindern (um 40 %). Somit könnten nur ganz große und deswegen recht unwahrscheinliche Strukturverschiebungen oder die Herausbildung ganz neuer Verhaltenstypen die Kinderzahlen der Gesamtbevölkerung wesentlich nach oben oder unten verändern.

Möglich im Bereich des generativen Verhaltens erscheint eine immer enger werdende Annäherung der Wertvorstellungen und Leitbilder in Stadt und Land. Daraus wäre aber wohl nicht eine Zunahme der Geburtenhäufigkeit in den Städten, sondern eine weitere Abnahme der Geburtenhäufigkeit in den ländlichen Gebieten durch Anpassung der dort wohnenden Menschen an urbane Lebensmuster zu erwarten. Für das ganze Bundesgebiet müßte das zu einem weiteren Geburtenrückgang führen.

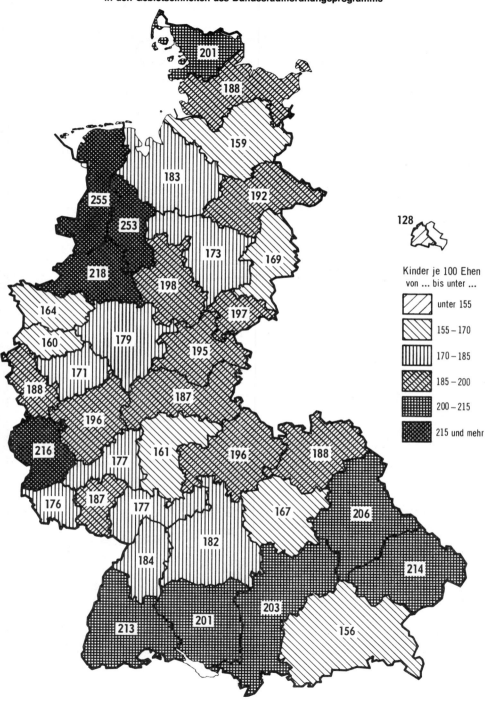

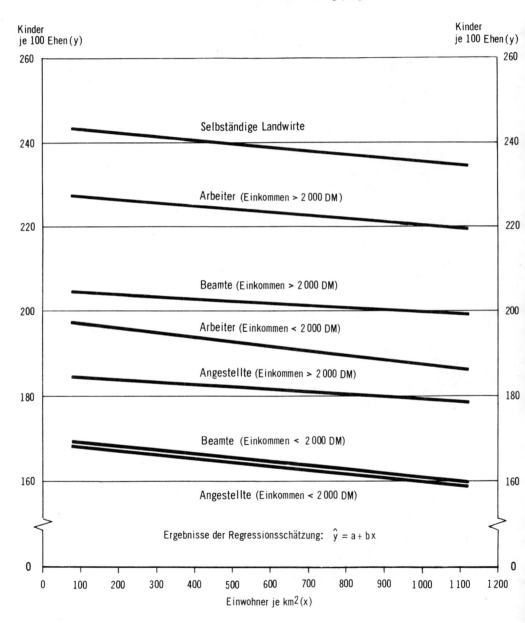

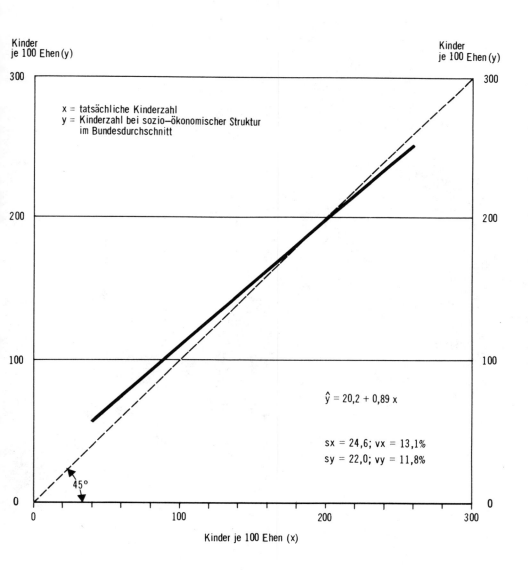

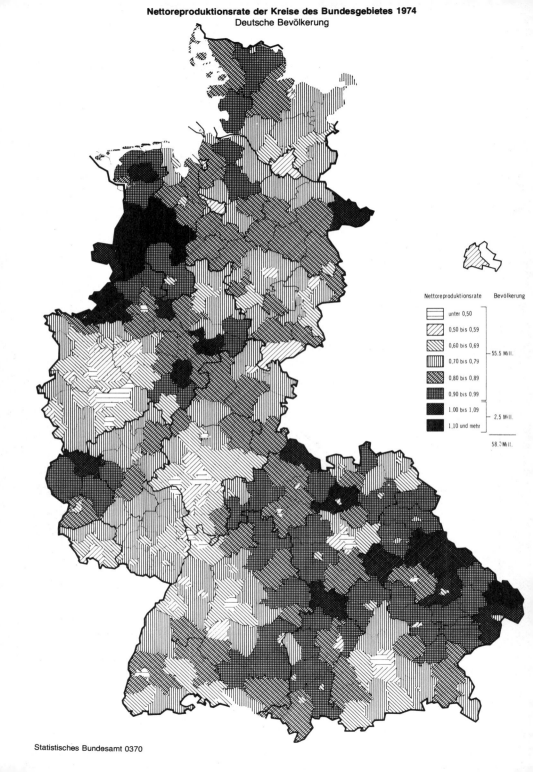

D. J. van de Kaa

Zum Bericht der Niederländischen Kommission für Bevölkerungsfragen

Es versteht sich fast von selbst, daß ich vor einer auserwählten Leserschaft wie dieser um jeden Preis den Eindruck vermeiden möchte, als ob ich mich zum allerersten Mal mit einer Veröffentlichung außerhalb der niederländischen Grenzen wage. So erscheint es mir das beste, den im demographischen Jet-Set so hoch angeschlagenen Eindruck zu erwekken, ein bereister Mann zu sein, indem ich Zitate aus dem Buch eines Autors anführe, von dem dann hoffentlilch ein großer Teil von Ihnen noch nie etwas gehört hat. Es handelt sich um den australischen Schriftsteller Patrick White, der vor einigen Jahren den Nobelpreis gewann, womit es sich wieder einmal bestätigt hat, daß die Segnungen der Erfindung des Dynamits keinen Kontinent auslassen.

Patrick White hat ein Buch geschrieben, das den fast demographisch anmutenden Titel 'The tree of man' trägt. Er beschreibt darin einen jungen Mann, Stan Parker, der eine Mutter hat, die es wie üblich besonders gut mit ihm meint. " 'Stan', said his mother once, 'you must promise to love God, and never to touch a drop' ". " 'Yes', said the boy, for he had experience of neither, and the sun was in his eyes". Diese Stelle beschäftigt mich noch immer, weil sie deutlich macht, wie leichtfertig Dinge manchmal zugesagt werden. Und dies wirklich nicht nur in Angelegenheiten, mit denen man keine Erfahrung hat oder von denen man nichts weiß.

So habe ich jetzt das Gefühl, daß ich einigermaßen leichtfertig gehandelt habe, als ich zusagte, auf wenigen Seiten von den Erfahrungen zu berichten, die ich in den fünf Jahren gesammelt habe, in denen ich als wissenschaftlicher Geschäftsführer des Staatscommissie Bevolkingsvraagstuk fungiert habe, und die Zusammenfassung eines Berichtes zu geben, den ich mit Mühe und Not auf 320 Seiten habe zusammenstreichen können. Da der Bericht ins Englische übersetzt wird und damit jedermann vom Inhalt genau Kenntnis nehmen kann, erscheint es mir das beste, zunächst darüber zu berichten, was der Einsetzung der Kommission vorausging. Danach komme ich auf die Schlüsse und Empfehlungen zu sprechen, zu denen die Kommission gelangte, und auf die Aufnahme, die der Bericht gefunden hat.

1. Einleitung

Die Erkenntnis der Verflechtung zwischen der gesellschaftlichen und der demographischen Entwicklungs hat seit Anfang unseres Dezenniums in der westlichen Welt stark zugenommen. Es wurden in mehreren Ländern Regierungskommissionen oder sonstige Gremien ins Leben gerufen, um Empfehlungen für von der Regierung zu treffende Maßnahmen zu erarbeiten. Dabei bestehen erhebliche Unterschiede in der Art und Weise, wie man dem Thema zu Leibe geht. Dies betrifft nicht nur Status, Umfang und Zusammensetzung der Gruppen, sondern auch das ihnen erteilte Mandat, das Ausmaß der Mitwirkung der Bevölkerung, Auswahl und Umfang des Stabes, Arbeitsweise, wissenschaftliche Methodik, Arbeitsperiode und, begreiflicherweise, die Kosten.

Zur Illustration der Situation in einigen ausländischen Staaten und der Sachlage hinsichtlich der niederländischen Kommission möchte ich folgendes bemerken: In Großbritannien entschied man sich für ein sieben Mann starkes Population Panel, das Experten mehrerer Disziplinen umfaßte, zusätzlich aber von den beteiligten Ministerien Hilfestellung erhielt. In den USA wurde eine Presidential Commission von 24 Mitgliedern eingesetzt, die hauptsächlich aus Laien bestand und gewissermaßen die innerhalb der Gesellschaft herrschenden Auffassungen widerspiegelte. Diese Kommission konnte sich eines umfangreichen, hochqualifizierten Stabes und zahlreicher Berater bedienen. Die Population Inquiry in Australien wurde von einem Hochschuldozenten der Demographie mit Unterstützung eines professionellen Stabes, einer Beratergruppe von acht unabhängigen Experten und Beamten zur Vorbereitung von Anhörungen durchgeführt. In Frankreich und Wallonien wurde wieder eine andere Lösung gewählt. Hier wurden die Berichte von Mitarbeitern spezialisierter Institute, somit auf der Grundlage eines Auftrages, erstellt. Von einer breiteren Beteiligung der Bevölkerung läßt sich in diesen Fall nicht sprechen.

Muß man daraus schließen, daß wie so oft auch hier anscheinend viele Wege nach Rom führen? Wahrscheinlich ist dies in der Tat der Fall. Dies besagt aber nicht, daß sie alle gleich gut begehbar sind. Ein kurzer Vergleich zeigt, daß die Nederlandse Staatscommissie Bevolkingsvraagstuk sich nach Zielgedanken und Arbeitsverlauf von den Aktivitäten der erwähnten Gremien sowohl im günstigen als im ungünstigen Sinne unterscheidet.

Im Gegensatz zu den meisten anderen Gruppen wurde die Kommisison auf Grund einer politischen Entscheidung eingesetzt und sie hatte ein offizielles Mandat. Allerdings läßt sich ein weniger glücklich formuliertes Mandat kaum vorstellen.

Die Kommission hatte mit schließlich insgesamt 34 Mitgliedern und stellvertretenden Mitgliedern zwar eine breitere gesellschaftliche Grundlage als die anderen Gruppen. Sie war aber trotzdem infolge ihrer heterogenen Zusammensetzung weder Fisch noch Fleisch, waren darin doch sowohl Ministerien als dienstleistende Behörden, die Welt der Wissenschaft als auch undeutlich umschriebene gesellschaftliche Gruppen vertreten. Von einem eindeutigen wissenschaftlichen oder sonstigen Charakter oder einer eindeutig repräsentativen Bedeutung konnte daher nicht die Rede sein.

Bei ihrer Einsetzung hatte die Kommission formell vermutlich einen geringeren Etat als in den anderen Beispielen. Der Aufbau eines tatkräftigen, vollberuflich arbeitenden wissenschaftlichen Stabes war infolgedessen unmöglich. Die Kommission verfügte lediglich über das kleinst denkbare feste Team. Hinzu kam, daß dort, wo in anderen Ländern Forschungsaufträge in nicht geringem Umfang nach außen vergeben werden konnten, die niederländische Kommission über diese Möglichkeit zum Sammeln von Material nur in sehr beschränktem Ausmaß verfügte. Statt dessen mußte man sich für die Bildung von Arbeitsgruppen, insgesamt acht, entscheiden, die auch Experten von außerhalb der Kommission einschalten konnten. Arbeitsgemeinschaften von Personen, die Zeit und Energie freiwillig zur Verfügung stellen, können aber unmöglich wirklich schnell arbeiten. Sie schaffen außerdem durch die Abfassung von eigenen Untersuchungsergebnissen, den Arbeitsgruppenberichten, die abgeschlossen sein müssen, ehe ein Endresultat formuliert werden kann, eine Zwischenphase. Auch hierdurch treten Verzögerungen ein. Infolgedessen hat die Staatskommission mehr Zeit benötigt als alle anderen Gruppen, und zwar wesentlich mehr als das Doppelte der Zeit des Population Panel oder der Presidential Commission. Darüber hinaus gilt natürlich, daß über eine Reihe von Jahren die Kosten von Koordination, Verwaltung und Überprüfung doch noch ziemlich in die Höhe kletterten. Mag denn auch der Schlußbericht in unentgeltlicher Arbeit zusammengestellt worden sein — wenn man alle Kosten zusammenrechnet, übertreffen diese die einige tausend Pfund, die in Großbritannien vermutlich ausgegeben wurde, bei weiten. Hinter den von den Vereinigten Staaten aufgewendeten einigen Millionen Dollar bleiben sie dagegen natürlich zurück.

Wollte man aus dem Vorhergehenden ableiten, daß die Vorbereitung der Kommission womöglich nicht optimal gewesen ist, so trifft dies doch nur teilweise zu. Naturgemäß hätte ein sehr sorgfältiges Abwägen von Alternativen und eine vorherige genaue Analyse der möglichen Folgen einer bestimmten Auswahl zu wirtschaftlicherer Struktur und Arbeitsweise geführt. (Ich nehme hier die Möglichkeit der Bildung auch einer deutschen Kommission bereits vorweg.) Tatsache ist aber, daß die weitesttragenden Entscheidungen nicht durch Wirtschaftlichkeitserwägungen inspiriert wurden und den amtlichen Vorbereitungen nur in geringem Ausmaß Rechnung trugen.

Was nun ging der Einsetzung der Kommission am 22. März 1972 voraus? Im allgemeinsten Sinn natürlich eine Periode des Bewußtwerdens. Diese Zeit ist gekennzeichnet durch Ereignisse wie die Veröffentlichung der nationalen Bevölkerungsprognose von 1965, wobei die Perspektive von 21 Millionen Niederländern um das Jahr 2000 am Horizont auftauchte, und die gleichfalls 1965 stattfindende Weltbevölkerungskonferenz von Belgrad.

In amtlichen Kreisen wurden die veränderten Ansichten erkannt; der Forderung, eine Kommission zur Untersuchung der spezifisch niederländischen Bevölkerungsproblematik ins Leben zu rufen, wurde Gehör gegeben. Man ging der Möglichkeit nach, ein solches Gremium zu schaffen, und es ist kaum als überraschend zu bezeichnen, daß in jener Zeit — wir schreiben das Jahr 1970 — auf das Streben nach Reduzierung der Bevölkerungszunahme und der Möglichkeit einer darauf hinarbeitenden Politik starker Nachdruck gelegt wurde.

Nach den vorausgegangenen amtlichen Konferenzen und Diskussionen traf es die Regierung nicht völlig unvorbereitet, als im November 1970 in der Zweiten Kammer des Parlaments Fragen über das Problem der Bevölkerungsentwicklung und die Position der Regierung in dieser Hinsicht gestellt wurden.

Die Abgeordneten Geertsema und Frau Veder-Smit von der Liberalen Partei (VVD, Volkspartei für Freiheit und Demokratie) fragten: "Sind die Mitglieder der Regierung bereit, eine Kommission ins Leben zu rufen oder sich auf andere Weise hinsichtlich der Frage beraten zu lassen, in welchem Maße in den Niederlanden ein Bevölkerungsproblem besteht und auf welche Weise die niederländische Regierung glaubt zur Lösung dieses Problems beitragen zu können?"[1] Die für das Thema zuständigen Regierungsmitglieder, der Ministerpräsident und der Staatssekretär im

1 Sitzungsperiode 1970—1971, Zweite Kammer, Nr. 465.

Ministerium für Soziale Fragen und Volksgesundheit, waren zu entsprechenden Maßnahmen bereit und erklärten, bereits Schritte zu deren Vorbereitung unternommen zu haben. Diese wurden jetzt beschleunigt. Die noch zu erwägenden und zu besprechenden Hauptpunkte waren die Präzisierung der Aufgaben der Kommission und die Auswahl ihrer Mitglieder aus den hierfür in Frage kommenden Institutionen. In dieser Phase wurde nach einer weit gefaßten Formulierung des Auftrages gestrebt, damit sich die Kommission nicht zu bald in ihren Aktivitäten eingeengt fühlen sollte. Ein zu dieser Zeit (Mitte Juli 1971) erstelltes Konzept formuliert den Auftrag wie folgt:

‚Aufgabe der Kommission ist es, die Regierung zu beraten über

a) die Folgen, welche die Bevölkerungszunahme für das Allgemeinwohl mit sich bringt, insbesondere was die Volksgesundheit, die räumliche Entwicklung und den Einfluß auf die Umwelt betrifft;

b) Maßnahmen, die im Hinblick auf die Bevölkerungsentwicklung erstrebenswert und möglich sind.'

Dieser schlichte Auftrag wurde jedoch nicht einhellig gebilligt und bei der Behandlung im Ministerrat am Ende des Jahres in die nachstehenden klangvollen Sätze abgeändert:

‚Aufgabe der Staatskommission ist die Untersuchung

a) der für die kommende Jahrzehnte zu erwartenden Entwicklung von Umfang und Zusammensetzung der niederländischen Bevölkerung durch Geburt, Krankheit und Sterblichkeit sowie der diese Entwicklung beeinflussenden Faktoren;

b) der Auswirkungen dieser voraussichtlichen demographischen Entwicklung auf den Gesundheitszustand der Bevölkerung; dabei ist den Folgen der in der Umwelt eintretenden Veränderungen Beachtung zu schenken.

Die der Regierung vorzulegenden Ergebnisse der Untersuchung sind nach Möglichkeit so zu formulieren, daß sie als Grundlage für die Beurteilung zu treffender Maßnahmen dienen können, welche die zukünftige Entwicklung innerhalb des niederländischen Volksganzen zu beeinflussen vermögen.'

Es läßt sich leicht feststellen, daß diese Formulierung ungünstig gegen das erstgenannte Konzept absticht. Außerdem ist ohne weiteres zu konstatieren, daß die Auffassungen offizieller Kreise nicht völlig miteinander übereinstimmten. Das doch so außerordentlich wichtige Element ‚Raumordnung' ist verschwunden, und die Dreiheit ‚Geburt, Krankheit und Sterblichkeit' genügt, um einen erröten zu lassen. Wird doch nach der einfachsten demographischen Formel das Wachstum (W) bestimmt durch Geburt (G), Sterblichkeit (S) und Migration (M), d. h. W = (G-S) + M.

Auch was die neue Zusammensetzung der Kommission betrifft, wurde nicht die beste Auswahl getroffen. Strebte man zunächst nach einem repräsentativen Gremium, das sich auf einen starken Arbeitsausschuß stützen konnte, so war das Resultat schließlich ein Kollegium, das aus drei Personengruppen bestand, nämlich leitenden Beamten, Wissenschaftlern und Vertretern undeutlich umschriebener Gesellschaftsgruppen.

Die wenig sorgfältige Entstehungsprozedur hat zu ziemlich weittragenden Folgen für die Kommission möglichen Aktivitäten und für die Beschlußfassung in der Kommission geführt. Jeder, der sich der keineswegs geringen Mühe unterzieht, den Endbericht kritisch durchzulesen, wird zu dem gleichen Schluß gelangen. Was nämlich hat sich ergeben? Der vage formulierte Auftrag verlangte eine Auslegung, die viel gemeinsames Nachdenken erforderte. Das Wort ‚Krankheit' mußte naturgemäß durch ‚Migration' ersetzt werden. Bei der Genehmigung durch den Ministerrat wurde die Kommission gleichzeitig erweitert. Es wurden Mitglieder und stellvertretende Mitglieder aus der Sozialarbeit und Wirtschaft ernannt; die Vertreter dieser beiden Kreise waren fast ausnahmslos politische Aktivisten. Damit wurde in den doch bereits wenig eindeutigen Charakter der Kommission im letzten Augenblick noch ein zusätzliches politisches Element hineingetragen. Trotzdem ging jeder mit frischem Mut an die Arbeit. Bereits 1973 erschien ein Interimsbericht[2] und 1976 der Schlußbericht[3], auf den ich im folgenden näher eingehen werde.

2. *Schlußfolgerungen und Empfehlungen*

Charakter und Zusammensetzung der Kommission lassen es wünschenswert erscheinen, den Schlußbericht in zwei Teile zu gliedern. Der erste ist der objektive, der beschreibende, oder wenn man will, der wissenschaftliche Teil. Er beschreibt die Feststellungen, zu denen die Kommis-

---

2 Bevolkingsvraagstuk, Interimrapport, Adviezen en Verslagen 1, Ministerie van Volksgezondheid en Milieuhygiëne, Leidschendam 1974.
3 Bevolking en Welzijn in Nederland, rapport van den Staatscommissie Bevolkingsvraagstuk, Staatsuitgeverij, 's-Gravenhage 1977.

sion bei ihrer Untersuchung der demographischen Entwicklung und ihrer Ursachen und Folgen für die Niederlande gelangte, und setzt die demographischen Entwicklungen in Beziehung zu Europa und der Welt. Dieser Teil umfaßt sechs Abschnitte. Es wurde in der Kommisison besprochen und revidiert und fand die Zustimmung sämtlicher Mitglieder, ehe der Entwurf zu Empfehlungen vorlag, und ehe die Mitglieder sich über den Inhalt des zweiten Teils des Berichts schlüssig waren.

Der zweite Teil erhebt keinen Anspruch auf Objektivität. Er interpretiert die Befunde auf subjektive Weise, trifft eine Auswahl und gründet darauf seine Empfehlungen. Dieser Teil beschwor begreiflicherweise mehr Emotionen herauf als der erste und wurde auch nicht durchweg geschätzt. Trotzdem haben sich auch hier schließlich nur zwei Mitglieder der Zustimmung enthalten. Beide sind politisch aktiv und überzeugte Anhänger christ-demokratischer Prinzipien.

Obgleich der zweite Teil der interessantere ist, möchte ich doch noch einiges über den ersten sagen. Schließlich umfaßt er etwa 150 Seiten.

Der erste Teil beginnt mit einer Abhandlung über den Begriff Bevölkerungspolitik und seine Zielsetzungen. Es sollte damit Sicherheit geschaffen werden, daß später in der Diskussion über diesen Begriff keine Verwirrung würde entstehen können. Hinsichtlich dieses Gegenstandes schloß sich die Kommission meinen Auffassungen an, die ich bereits vorher schriftlich niedergelegt hatte, so daß ich hier Selbsterarbeitetes sozusagen habe ‚kanalisieren' können. Was dargelegt wird, ist einfach. Eine ausgeglichene Bevölkerungsentwicklung ist für die Verwirklichung der Hauptzielsetzungen der Regierungspolitik und das Wohl der Bevölkerung von großer Bedeutung. Was als ‚ausgeglichen' zu betrachten ist, unterliegt einer ständig den Umständen angepaßten Beurteilung und beruht daher auf einem letztlich ziemlich subjektiven Abwägen einer großen Anzahl von Faktoren, die dieses Wohl bestimmen. Jede Bevölkerungspolitik ist ein Versuch, zu dem beizutragen, was als ausgeglichene Entwicklung betrachtet wird. Sie ist Mittel, kein Ziel.

In den demographischen Abschnitten wird alles dargelegt, was in diesem Zusammenhang wichtig ist. Es wird auseinandergesetzt, was vermutlich in den vorausgegangenen Jahren geschehen ist, es werden Hypothesen entwickelt über das, was in Zukunft voraussichtlich geschehen wird und mit Berechnungen untermauert. Es wird auseinandergesetzt, daß diese Prognosen sich wahrscheinlich nicht erfüllen werden, und es werden alternative Wege aufgezeigt. Leser, die bis hierher mitgerungen haben, werden dann endgültig abgeschüttelt, indem ihnen noch etliche zusätzliche Berechnungen und Mini-Berechnungen — natürlich mit wieder etwas anderem Modell — über die Auswirkungen von Altersveränderungen bei der ersten Eheschließung, die Verteilung der Geburten usw. vorgesetzt werden. Glücklicherweise waren die Mitlgieder der Kommission vorwiegend an zwei Fragen interessiert, die sich verhältnismäßig eindeutig beantworten ließen:

Frage 1: Wird die Bevölkerung bis zum Jahre 2000 noch weiter zunehmen, und wenn ja, um wieviel?

Antwort: Ja, bei einer Fruchtbarkeitsziffer von 30% unter dem Bestandserhaltungsminimun noch um etwa eine halbe Million, bei einer solchen von etwa 15 % unter diesem Wert um das Doppelte (siehe hierzu Tabelle 1).

Tabelle 1:

Gesamtbevölkerung nach zwei natürlichen Wachstumsvarianten und den gleichen Varianten in Kombination mit Wanderungs-Alternativen, Vorausberechnung 1976.

Jahr	Ausschließlich Wanderung		Einschließlich Wanderung			
			Max. Variante		Min. Variante	
	A	B	A	B	A	B
			(in 1000)			
1977	13.722	13.717	13.818	13.812	13.800	13.794
1978	13.781	13.765	13.894	13.877	13.855	13.838
1979	13.840	13.807	13.972	13.938	13.707	13.874
1980	13.899	13.844	14.050	13.994	13.961	13.906
1985	14.250	14.016	14.508	14.270	14.287	14.052
1990	14.648	14.178	14.956	14.475	14.683	14.211
1995	14.992	14.281	15.328	14.598	15.036	14.322
2000	15.221	14.284	15.580	14.618	15.274	14.331

Quelle: Eindrapport, Tabelle V. 22.

Frage 2: Ist es möglich, daß um 2015 ein Bevölkerungsumfang erreicht wird, der nicht größer ist als der heutige (13,6 Mill.) und kann diese Bevölkerung dann stationär bleiben?

Antwort: Nein. Es ist zwar eine Trasse denkbar, die dahin führt, daß zum erwähnten Zeitpunkt eine Bevölkerung von etwa gleichem Umfang zustande kommt, doch stationär kann diese nicht sein. Eine solche Trasse ist in Wirklichkeit durch sehr erheblich wechselnde Geburtsziffern und infolgedessen äußerst unregelmäßigem Altersaufbau gekennzeichnet (siehe Tabellen 2 und 3 sowie Schaubild 1).

Tabelle 2:

Alternative Wege zu gleichbleibender Bevölkerung und einer Einwohnerzahl um 2015, die der heutigen entspricht.

Variablen	Trasse I	Trasse II	Trasse III	Trasse III-E	Trasse IV
Konstanter jährlicher Fruchtbarkeitsrückgang	3,7%	2,2%	2,2%	2,2%	2,2%
Untergrenze (R_o)[1]	0,75	0,80	0,75	0,75	0,75
Geburtengenerationen, für welche diese Untergrenze aufrechterhalten bleibt	1950-75	1953-75	1960-70	1960-70	1960-75
Konstante jährliche Fruchtbarkeitssteigerung	3,7%	2,2%	2,2%	2,2%	2,2%
Erste Geburtengeneration, für welche $R_o = 1$	1985	1985	1986	1986	1991

Quelle: Eindrapport, Tabelle V. 19.
1   R_o = Netto-Reproduktionsrate.

Tabelle 3:

Bevölkerungsumfang bei alternativen Wegen zu gleichbleibender Bevölkerung, 1974 (13,491 Millionen) = 100.

Jahr	Trasse I	Trasse II	Trasse III	Trasse III-E	Trasse IV
1974	100	100	100	100	100
1985	101	105	104	103	104
1990	102	107	105	104	105
2000	103	109	107	104	106
2010	100	109	106	102	105
2015	98	109	105	101	104
2020	98	109	105	100	103
2050	84	101	93	88	89
2075	80	99	90	85	85
	in Millionen Einwohnern				
2015	13,287	14,767	14,206	13,634	13,981
Absolut 2075	10,840	13,337	12,120	11,451	11,414

Quelle: Eindrapport, Tabelle V. 20.

Schaubild 1:
Die Geborenen und Gestorbenen, Periode 1974 - 2074

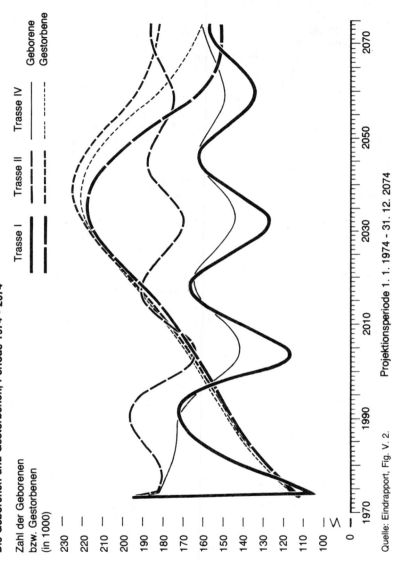

Quelle: Eindrapport, Fig. V. 2.

In dem Abschnitt, der sich mit den gesellschaftlichen Folgen der demographischen Entwicklungen befaßt, werden diese Folgen für eine große Anzahl von Gebieten auf systematische Weise für eine 1-, 2- und 3-Kinder-Alternative durchgerechnet und untersucht. Von besonderem Wert war hier die Leistung einer der acht Arbeitsgruppen der Kommission, der Gruppe Wirtschaft. Unter der Leitung des stellvertretenden Direktors des Zentralen Planbüros und mit mehreren Wirtschaftswissenschaftlern von großem Ruf (u. a. Schouten, Tinbergen) als Mitglieder produzierte die Gruppe eine leider von Überraschungen freie Projektion bei der 2-Kinder-Alternative mit diversen wirtschaftlichen Variablen bis zum Jahr 2015, aus denen sich eine Steigerung des Konsums, der Investitionen der Privatwirtschaft usw. auf das Vier- bis Fünffache des heutigen Umfangs ergab (siehe Tabellen 4 und 5). Die Frage, ob diese Entwicklung auch bei der 1- oder 3-Kinder-Alternative möglich wäre, wurde von der Gruppe bejahend beantwortet. Es wurde dargelegt, daß es für das Einkommen eines Berufstätigen kaum etwas ausmacht, ob die Einwohnerzahl 2015 nun 12 oder 20 Millionen beträgt. Da auch stärker spezialisierte Studien über Themen, bei denen die Beziehung zwischen dem berufstätigen und dem nicht berufstätigen Teil der Bevölkerung eine wichtige Rolle spielt (man denke z. B. an die Sozialversicherung) keine Anlaß zur Beunruhigung boten, machte diese Gruppe den Weg für eine Meinungsbildung frei, bei der vor allem die Resultate der Arbeitsgruppe Sozialfragen, Milieu, Politik und Verwaltung eine Rolle spielten. Die Berichte dieser Gruppen wiesen zwar Unterschiede im Abstufungs- und Vorstel-

Tabelle 4:

Erwerbspersonen und Abhängigkeitsgrad 1970−2015 bei drei Fruchtbarkeitshypothesen.

Jahr	Erwerbspersonen			Sonstige Personen			Abhängigkeitsgrad		
	1 K	2 K	3 K	1 K	2 k	3 k	1 k	2 K	3 K
				(in Millionen)					
1970	4,7	4,7	4,7	8,3	8,3	8,3	1,76	1,76	1,76
1985	5,2	5,2	5,2	8,7	9,2	10,1	1,67	1,78	1,94
2000	5,6	5,7	6,0	7,7	9,7	12,2	1,39	1,70	2,03
2015	4,7	5,8	7,1	7,1	10,0	14,5	1,49	1,72	2,04

Quelle: Eindrapport, Tabelle VI. 3.

Tabelle 5:

Maximumprojektion einiger wirtschaftlicher Größeneinheiten 1970–2015
2-Kind-Alternative.

Umschreibung	Stand 2015 (1970 = 100)		Durchschnitt Zunahme in v.H. pro Jahr (2015 gegenüber 1970)	
	Insgesamt	Je Kopf der Erwerbspersonen	Insgesamt	Je Kopf der Erwerbspersonen
Reallohn in Wirtschaftsunternehmen gebildet	440	357	3,4	2,9
Verbrauch in den Haushaltungen	470	381	3,5	3,0
Investitionen in Wirtschaftsunternehmen	450	365	3,4	3,0
Investitionen in Wohnbauten	200	162	1,6	1,1
Materieller Verbrauch der Behörde	420	340	3,2	2,8
Investitionen der Behörde	290	235	2,3	1,9
Arbeitszeit (Stunden im Jahr)	70		–0,8	
Sparquote (in v.H. des Volkseinkommens) 1970: 19,9		17,1		

Quelle: Eindrapport, Tabelle VI. 8.

lungsvermögen auf, ließen jedoch keinerlei Zweifel darüber aufkommen, daß von weiterer Bevölkerungszunahme keine Vorteile zu erwarten wären.

Im zweiten Teil des Berichtes entscheidet sich die Kommission denn auch sehr deutlich für eine demographische Entwicklung, bei der die Zunahme der Bevölkerung so weit wie möglich abgebremst wird. Sie sieht sich — wohlweislich — außerstande, einen optimalen Bevölkerungsumfang anzugeben, wohl aber eine optimale demographische Richtung. Diese beinhaltet das Folgende:

Auf *kurze Sicht,* etwa für die nächsten zehn Jahre, eine anhaltend
Auf *kurze Sicht,* etwa für die nächsten zehn Jahre, eine anhaltend geringe Fruchtbarkeit, die eher bei 30 % als bei 15 % unter dem Bestandserhaltungsminimum liegen sollte, so daß das zusätzlich zu erwartende natürliche Wachstum so weit wie möglich beschränkt bleibt. Jedoch ist eine Variation innerhalb dieser Marge unproblematisch.

Auf *mittellange Sicht,* also nach Ablauf der vorerwähnten Frist von etwa 10 Jahren, eine allmähliche Steigerung der Geburtenziffer bis etwa auf eine Reproduktionsrate von eins, dies heißt auf Bestandserhaltungsminimum. Damit könnten ein extremer Bevölkerungsrückgang und zu starke Schwankungen des Umfangs aufeinanderfolgender Geburtsjahrgänge verhütet werden.

Auf *lange Sicht,* etwa ab Mitte des kommenden Jahrhunderts, die Herausbildung einer stationären Bevölkerung von nicht definiertem Umfang.

Während der *gesamten Periode* kein nennenswerter Zustrom von Einwanderern.

Die Kommission führt für diese Wahl dreierlei Erwägungen an: Solche des nationalen und des internationalen Wohlsergehens und solche demographischer Art. Den ersten beiden wird in Presseberichten meist Aufmerksamkeit geschenkt, der letzten nicht. Und doch beginnt die Kommission damit. Ich möchte dies auch tun.

Die Kommission geht davon aus, daß die demographische Zukunftserwartung unsicher ist und demographische Prozesse sich bestenfalls unzulänglich steuern lassen. Es ist tatsächlich nicht sehr wahrscheinlich, daß die Fruchtbarkeit so lange konstant bleibt, wie in den Vorausberechnungen angenommen wird. Es ist nach Ansicht der Kommission durchaus denkbar, daß das heutige Niveau der Fruchtbarkeit einen Tiefstand darstellt und eine Steigerung eintreten wird. Es besteht daher die Möglichkeit, daß die von uns auf mittlere Sicht für erwünscht gehaltene Steigerung spontan zustande kommt oder nur verstärkt zu werden braucht. Wenn dies so ist, geht auch die Perspektive einer langfristig betrachtet gleichbleibenden Bevölkerung in geringerem Maße verloren, als dies sonst der Fall wäre. Die Wahrscheinlichkeit eines ausgesprochen starken Rückgangs der Bevölkerung nach rascher Erreichung des Maximums durch eine Periode geringer Fruchtbarkeit ist daher kleiner, als gelegentlich angenommen wird. Auch die Gegner eines extremen Rückgangs können daher die Empfehlung, den maximalen Umfang so gering wie möglich anzusetzen, durchaus billigen.

Das Akzeptieren des Verlaufs innerhalb einer bestimmten Trendmarge ist selbst auf kurze Sicht nötig, sollen nicht ständig Korrekturen erforderlich werden. Und schließlich will sich die Kommission nicht auf einen auf lange Sicht anzustrebenden Bevölkerungsumfang festlegen, einfach weil man zum heutigen Zeitpunkt noch nicht wissen kann, welches die Normen und Wertbegriffe der später lebenden Menschen sein werden. Sie beschränkt sich deshalb auf das Angeben der Richtung, die auf der Grundlage der heutigen Kenntnis und Erkenntnis am ehesten zum angestrebten Ziel führen könnte.

Die Erwägungen nationalen und internationalen Wohlergehens, die die Kommission zu ihrer Wahl veranlaßten, sind sowohl materieller als immaterieller Art. Sie alle zu nennen, würde hier zu weit führen; zum Teil ergeben sie sich auch aus den Empfehlungen, auf die ich anschließend zu sprechen kommen werde.

Die Zahl der Empfehlungen beträgt 66; sie erstrecken sich über ein außerordentlich weites Feld: Von Auffassungen und der Haltung der Niederlande im internationalen Zusammenhang bis zur Ausbildung von Demographen, und von dem Wunsch, sich sterilisieren zu lassen bis zum Sammeln von statistischen Daten. Die fünf wichtigsten Themen, außer natürlich der demographischen Entwicklung in den Niederlanden, sind die folgenden:

(1) Die niederländische Haltung im Rahmen internationaler Zusammenarbeit

Die Kommission empfiehlt der Regierung, in internationalen Gremien, die sich direkt oder indirekt mit Bevölkerungsproblemen befassen, einen sorgfältig abgewogenen, jedoch trotzdem deutlich profilierten Standpunkt einzunehmen, wobei von der Notwendigkeit einer beschleunigten Zügelung der Bevölkerungszunahme in der Welt ausgegangen wird. Was Westeuropa betrifft, muß tatkräftig und zielbewußt auf das Zustandekommen einer gemeinsamen Auffassung hinsichtlich der für das gesamte Gebiet anzustrebenden demographischen Entwicklung hingearbeitet werden. Die im Rahmen der internationalen Entwicklungszusammenarbeit gewährte Unterstützung für Bevölkerungsprogramme ist bis 1980 zu verdoppeln; sie müßte also von etwa 18 Millionen Gulden im Jahre 1975 auf rund 36 Millionen Gulden 1980 erhöht werden.

(2) Maßnahmen zur Förderung der Geburtenregelung

Die Kommission ist der Ansicht, daß die Regierung im Rahmen des Möglichen zur Erreichung einer Situation beitragen muß, in welcher die Partner in freier Verantwortung über Kinderzahl und Zeitpunkt der Geburten entscheiden können. Dies kommt uns bekannt vor, werden Sie sagen. Es wird jedoch im einzelnen angeführt, daß ... die Entscheidungen getroffen werden können (müssen) ohne auferlegte oder sonstwie unfreiwillige Beschränkungen hinsichtlich Alter, Geschlecht, Personenstand, Wohnort, Gesellschaftsgruppe, vorhandener oder gewünschter Kinder und Wahl von Mitteln oder Methoden'. Sie werden zugeben, daß eine so bis ins einzelne gehende Formulierung bisher noch nicht aufgestellt wurde und daß ihre Ausführung sehr viel beinhaltet.

Weitere hierzu gehörende Punkte betreffen eine Empfehlung zur Durchführung eines sogenannten Aktionsplanes zur Verringerung unbeabsichtigter und unerwünschter Schwangerschaften, eines Planes zu vorbereitenden Maßnahmen bei zunehmender Beantragung von Sterilisation, eines dritten für Beendigung des Mangels an Rechtssicherheit hinsichtlich der Abtreibung, eines vierten zu vorurteilsfreier Untersuchung der Möglichkeit zu freier Beschaffung oraler empfängnisverhütender Mittel, und eines fünften zur Durchführung bestimmter finanzieller Maßnahmen.

(3) Bildung von Familien und sonstigen menschlichen Beziehungen

Die dritte Gruppe von Empfehlungen betrifft die Bildung von Familien und sonstigen menschlichen Beziehungen. Es ist eine Endsituation anzustreben, so meint die Kommission, die es Männern und Frauen ermöglicht, in freier Verantwortlichkeit über den Platz zu entscheiden, den sie in Familie und Gesellschaft einnehmen wollen. Die Regierung sollte dazu nach bestem Vermögen beitragen. ‚Außerdem ist es notwendig, daß die getroffene Wahl zur Gesetzgebung und behördlichen Maßnahmen respektiert wird', sagt der Bericht wörtlich.

Zu den weiteren Themen gehört u. a. das Funktionieren der jetzigen Kleinfamilie. Die Regierung muß sich der Tatsache bewußt sein, daß die Familie von heute andere Mittel zur Befriedigung ihrer Bedürfnisse benötigt, als dies bis vor kurzem der Fall war. Es werden die Schaffung von Kindertagesheimen, Änderungen des Arbeitssystems

u. dgl. erörtert. Wichtig ist ferner die Empfehlung, daß auch andere Lebensformen als die Familie Beachtung finden müssen und, jedenfalls de facto, für Gleichberechtigung gesorgt werden muß.

(4) Internationale Wanderung

Das vierte Gebiet ist das der internationalen Wanderung. Die Kommission empfiehlt der Regierung, den Bedarf an Gastarbeit durch Maßnahmen einzuschränken, die im Inland das Verhältnis zwischen Angebot und Nachfrage für ungelernte Arbeit besser aufeinander abstimmen'. Bis dahin sind bereits kurzfristig die Genehmigungen einzuschränken.

Ferner wird empfohlen, hinsichtlich der Einwanderung in die Niederlande aus Ländern außerhalb der Europäischen Gemeinschaft ständig den Zusammenhang mit der Stadt- und Regionalpolitik innerhalb der EG und deren Haltung bezüglich der Zuwanderung aus dritten Ländern im Auge zu behalten. Außerdem werden die vollständige Integration von Surinamern und eine aktive Emigrationspolitik befürwortet.

(5) Verwaltungsmaßnahmen

Der letzte Punkt, mit dem ich mich befassen möchte, ist vielleicht der wichtigste. Es geht dabei um die Verwaltungsmaßnahmen, die in den Niederlanden nach Ansicht der Kommission zu treffen sind, um der angestrebten Bevölkerungspolitik Gestalt zu verleihen. Besondere Bedeutung wird dabei der Einsetzung eines ständigen amtlichen Ausschusses für Bevölkerungspolitik beigemessen. Diese Empfehlung wurde bereits angenommen und ausgeführt; der Ausschuß ist inzwischen gebildet worden. Er ist im Augenblick mit der Vorbereitung der Formulierung des offiziellen Regierungsstandpunktes hinsichtlich des Berichts und mit dem Studium der darin enthaltenen Empfehlungen beschäftigt. Ohne diesen Ausschuß wäre die Arbeit der Staatskommission vermutlich mehr oder weniger im Sande verlaufen; jetzt bin ich etwas optimistischer, wenn auch schwerwiegende politische Hindernisse bestehen bleiben.

Um diese zu beleuchten, kehre ich zu meinen Ausführungen über Entstehungsgeschichte und Zusammensetzung der Kommission zurück und gehe schließlich noch kurz auf die Reaktionen ein, die der Bericht der Kommission in der Öffentlichkeit ausgelöst hat.

3. Schlußbemerkungen

Sie werden sich entsinnen, daß die Kommission aus Mitgliedern und stellvertretenden Mitgliedern aus allerlei Bevölkerungsgruppen aus Beamten und Wissenschaftlern zusammengesetzt war. Bei der Beschlußfassung über den zweiten, interpretierenden Teil des Berichtes führte dies zu mancherlei Schwierigkeiten. Wenn z. B. abgestimmt werden mußte, besaßen dann sowohl die Mitglieder als auch die stellvertretenden Mitglieder Stimmrecht? Und wie sollten Beamte an der Beschlußfassung teilnehmen? Ein Problem war außerdem der politisch delikate Hintergrund mancher der behandelten Themen, über die Empfehlungen aufgestellt wurden. Man kann so weit wie möglich nach Konsens streben, aber manchmal stehen Ansichten sich praktisch diametral gegenüber und für manche Menschen, z. B. Politiker, ist kaum etwas anderes denkbar, als daß man sich nachdrücklich von Auffassungen der Mehrheit distanzieren können muß, die sich mit der eigenen Meinung über Fragen der menschlichen Gesellschaft deutlich nicht in Einklang befinden.

Die Möglichkeit, sich dem Konsens zu entziehen, war dann auch bewußt offengehalten worden. Daß sich nur zwei Mitglieder dieser Möglichkeit bedienten — die später ernannten Politiker Christ-Demokratischer Signatur — ist eigentlich überraschend. Geraten doch bei Diskussionen über Bevölkerungspolitik häufig Anhänger ‚konservativer‘ und ‚progressiver‘ Auffassungen in einer Gemeinschaft aneinander und diese Gruppierungen halten einander in den westeuropäischen Ländern zahlenmäßig häufig die Waage. Daß dies in der Kommission so wenig der Fall war, kann teils Zufall gewesen sein, ist möglicherweise aber der Tatsache zuzuschreiben, daß es sich mehr um immaterielle als materielle Werte handelte. Und wo es um die Begriffe ‚Freiheit und Gleichheit‘ auf immateriellem Gebiet geht, entscheidet sich hierfür augenblicklich nach allerlei Meinungsumfragen in den Niederlanden mehr als die Hälfte der Bevölkerung. Trotzdem ist es sehr wohl möglich, daß ein Teil der Kommissionsmitglieder die dem Staat nach dem Bericht zufallende Rolle zu stark akzentuiert fand und persönlich lieber mehr Nachdruck auf die eigene Verantwortlichkeit des Individuums gelegt hätte. Es ist auch denkbar, daß einige Mitglieder anstelle der 66 Empfehlungen, die alle denkbaren Themen behandeln, lieber zwei bis fünf Empfehlungen gewählt und diese dann so formuliert hätten, daß die Regierung sie ohne weiteres hätte übernehmen können.

Wie dem auch sei, sie haben dies nicht getan, so daß ein Bericht veröffentlicht werden konnte, in dem sich ein sehr großes Maß von Übereinstimmung widerspiegelt. Bemerkenswert ist außerdem, daß die beiden

Kommissionsmitglieder, von denen kein Konsens vorlag, viel nachdrücklicher einen auf lange Sicht gleichbleibenden, *geringeren* Bevölkerungsumfang als den heutigen befürworteten. Daß in der Presse trotzdem von dem Versagen der Zustimmung viel Aufhebens gemacht wurde, kann man sich vorstellen. Es war eine interessante Neuigkeit und hatte politische Bedeutung. Da eines der beiden Kommissionsmitglieder, die sich dem Konsens entzogen, jetzt Minister für Kultur, Rekreation und Sozialarbeit ist, kann dieser Schritt noch ziemlich weittragende Bedeutung haben.

Übrigens fand der Bericht in vielen Kreisen günstige Aufnahme und wurde als ‚sachlich‘, ‚rational‘ und ‚seiner Zeit weit voraus‘ bezeichnet. Er wurde jedoch auch als ‚durch und durch unchristlich‘ qualifiziert. Insoweit damit gemeint wird, daß das Wort ‚Gott‘ nicht darin vorkommt, völlig zurecht.

Auch in wissenschaftlichen Kreisen wurde der Bericht günstig beurteilt. Der demographische Teil wird häufig ‚gescheit‘ genannt. Hier zeigt sich, daß auch Demographen genügend Jargon entwickelt haben, um sich unverständlich zu machen. Im übrigen wird der Kommission vor allem vorgeworfen, daß manche Aspekte nicht ausführlich genug behandelt sind oder vergessen wurden. Dieser Vorwurf ist ohne Zweifel nicht so originell wie der Bericht der Kommission.

Detlev B. Rein
Aussagen der Bundesregierung und der Parteien zur demographischen Lage.[1] **Eine Dokumentation**

1. Einleitung

Aussagen der Bundesregierung und der Parteien zur demographischen Lage sind einerseits nur dann möglich, wenn der Regierung und den Parteien Erkenntnisse über die bisherige Bevölkerungsentwicklung vorliegen und wenn sie sich für den möglichen zukünftigen Verlauf auf Bevölkerungsvorausschätzungen und Modellrechnungen beziehen können. Es soll daher, soweit dies möglich ist, angegeben werden, auf welchen bevölkerungsrelevanten Daten die Aussagen beruhen.

„Aussagen zu etwas" bedeutet andererseits, daß eine Bewertung der Verhältnisse und Entwicklungen stattfindet. Solche Bewertungen können nur auf dem Hintergrund einer Werteordnung und der daraus abgeleiteten Idealvorstellungen und Ziele erfolgen. Diese werden von den Regierungen und Parteien in politischen Programmen zum Ausdruck gebracht. Haben diese politischen Aussagen die Bevölkerung zum Gegenstand, so spricht man von „Bevölkerungspolitik".

Fragt man nach der Definition von „Bevölkerungspolitik", so findet man in größeren Handwörterbüchern[2] Begriffsbestimmungen, die etwa so lauten:

„Bevölkerungspolitik ist der Inbegriff aller Maßnahmen, durch die eine Bevölkerung zahlenmäßig oder in ihrer Zusammensetzung beeinflußt werden soll."

Eine solche Definition erscheint aus verschiedenen Gründen als zu eng.[3]

---

1 Der Beitrag gibt ausschließlich die persönlichen Ansichten des Verfassers wieder.
2 Vgl. z. B. Bolte, Karl Martin: Stichwort „Bevölkerung (II) Politik". In: Handwörterbuch der Sozialwissenschaften, Bd. II, Stuttgart, Tübingen 1959; Schreiber, Wilfried: Stichwort „Bevölkerungspolitik". In: Staatslexikon, Bd. I, Freiburg 1957
3 Eingehende neue Darstellungen zum Begriff „Bevölkerungspolitik" finden sich insbesondere bei Jürgens und Wingen:
Jürgens, Hans W.: Bevölkerungspolitik. In: Hans W. Jürgens und Hans Strotzka, Bevölkerungspolitik und Familienplanung. Schriften zur Sozialarbeit des Österreichischen Komitees für Sozialarbeit, Heft 13/1976, S. 11—22
Wingen, Max: Grundfragen der Bevölkerungspolitik, Urban-Taschenbücher. Bd. 509, Stuttgart 1975 (Bibl.). — Ders.: Rahmensteuerung der Bevölkerungsbewegung als gesellschaftspolitische Aufgabe. In: Aus Politik und Zeitgeschichte, Beilage zur Wochenzeitung Das Parlament B 52/77, S. 3—19

Was ist, wenn die Regierung oder die Parteien genaue Zielvorstellungen hinsichtlich der Bevölkerung haben, die Bevölkerung sich aber gemäß diesen Vorstellungen entwickelt und daher keine Maßnahmen ergriffen werden? Gibt es dann nicht dennoch eine Bevölkerungspolitik?

Was ist, wenn die Bevölkerung sich zu einem beliebigen Zeitpunkt zwar nicht gemäß den formulierten Zielvorstellungen entwickelt, die politischen Instanzen aber auf ,,Selbstheilungskräfte" der Bevölkerung vertrauen?

Liegt nicht schließlich auch dann noch Bevölkerungspolitik vor, wenn von der tatsächlichen Entwicklung abweichende bevölkerungsrelevante Zielvorstellungen formuliert sind, die politischen Organisationen aber keinen Ansatzpunkt zu Maßnahmen sehen, die im Einklang mit übergeordneten rechtsstaatlichen Grundsätzen stehen?

Unter bevölkerungspolitischen *Maßnahmen* müßte man zudem nicht nur die verstehen, die ausschließlich unter dem Gesichtspunkt der Beeinflussung von Bevölkerungsentwicklung und -zusammensetzung ergriffen oder vorgeschlagen werden, sondern auch solche Maßnahmen, die zwar ergriffen werden, um auf andere gesellschaftliche Teilbereiche einzuwirken, die aber gleichzeitig bevölkerungsrelevante Auswirkungen haben, die erkannt und zumindest billigend in Kauf genommen werden. Es kommt also letztlich nicht darauf an, ob bevölkerungsrelevante Politik als Bevölkerungspolitik bezeichnet wird oder Familienpolitik, Rentenpolitik, Arbeitsmarktpolitik oder Raumordnungspolitik genannt wird; entscheidend ist vielmehr, ob sich politische Äußerungen oder Maßnahmen auf Bevölkerungsentwicklung, -zusammensetzung und -verteilung beziehen.

Von diesen Überlegungen ausgehend soll daher folgende Begriffsbestimmung von ,,Bevölkerungspolitik" zugrundegelegt werden:

,,Bevölkerungspolitik ist die Gesamtheit von Zielvorstellungen und Maßnahmen, die Größe, Zusammensetzung und Verteilung der Bevölkerung zum Gegenstand haben."

Da die bevölkerungsrelevanten Aussagen der Regierung und der Parteien zum Teil aufeinander Bezug nehmen und im Laufe der Zeit eine gewisse Entwicklung erkennen lassen, soll die Darstellung chronologisch erfolgen. Bei den Parteien sollen von den z. Zt. etwa 50 beim Bundeswahlleiter registrierten die vier im Bundestag vertretenen behandelt werden.[4]

4 Die verwendeten Quellen sind im Anhang zusammenfassend aufgeführt.

2. Zweite Umfrage der Vereinten Nationen zu Bevölkerungswachstum und Bevölkerungsentwicklung

Die chronologische Darstellung der Aussagen zur Bevölkerungsentwicklung und zur Bevölkerungspolitik soll mit zwei diesbezüglichen Umfragen der Vereinten Nationen und deren Beantwortung durch die Bundesregierung begonnen werden. Solche Untersuchungen sind für die Fragen nach der Einschätzung der Bevölkerungsentwicklung und nach der bevölkerungsrelevanten Politik in der Bundesrepublik Deutschland wertvoll, weil hier den politisch verantwortlichen Instanzen von dritter Seite ein umfassender Fragenkatalog vorgelegt worden ist, der es den beantwortenden Regierungen nahelegt, zu allen in Frage gestellten Bereichen Antworten zu formulieren. Anders als bei der Abgabe von Regierungserklärungen oder bei der Vorstellung von Regierungsprogrammen ist es daher nicht ohne weiteres möglich, bestimmte Problemkreise auszuklammern. Andererseits werden aber auch nicht — wie es bisweilen bei Anfragen im Bundestag geschieht — Fragen gestellt, die nur besonders problematische Bereiche herausgreifen.

Die ,,Second Inquiry on Population Growth and Development" der UN und ihre Beantwortung stammen zwar schon aus den Jahren 1972/1973, doch soll hier kurz aus der Antwort der Bundesregierung zitiert werden, weil diese hier eine grundsätzliche — und später wieder aufgegriffene — Darstellung ihres Konzepts von Bevölkerungspolitik gegeben hat:

,,Die Bundesrepublik Deutschland hat eine freiheitliche und soziale Rechtsordnung, die Ehe und Familie unter ihren besonderen Schutz stellt. Daraus ergibt sich für eine staatliche Bevölkerungspolitik:

— Die Entscheidungsfreiheit der Eheleute über Zahl und Zeitpunkt der Geburt ihrer Kinder muß gewährleistet sein;

— der Staat hat allen seinen Bürgern das Recht auf ein Leben unter menschenwürdigen Bedingungen zu gewährleisten;

— der Schutz von Ehe und Familien verpflichtet den Staat allerdings nicht dazu, die kinderreiche Familie als bevölkerungspolitisches Ziel anzustreben. Der Staat ist unter Respektierung der vollen Freiheit des einzelnen aber auch nicht gehindert, auf eine bestimmte Bevölkerungsentwicklung hinzuwirken."

Weiter heißt es:

,,Den Verhältnissen eines dichtbesiedelten Landes wie der Bundesrepublik Deutschland dürfte eine konstante Bevölkerungszahl eher entsprechen als eine stark anwachsende Bevölkerung; dies gilt zumindest für die nächste Zukunft. Verläßliche Aussagen sind hierzu allerdings erst dann möglich, wenn auf Grund wissenschaftlicher Untersuchungen gesicherte Prognosen erarbeitet worden sind, die als Entscheidungshilfe für bevölkerungspolitische Zielsetzungen dienen können. Zur Erarbeitung wissenschaftlicher Unterlagen hat die Bundesregierung im Jahre 1973 das Bundesinstitut für Bevölkerungsforschung errichtet."

3. Dritte Untersuchung der Vereinten Nationen über Bevölkerungsfragen

Im Frühjahr 1976 formulierte die Bundesregierung ihre Antwort auf die 3. Befragung der Vereinten Nationen zur Bevölkerungspolitik im Zusammenhang mit der Entwicklung 1976.

Zum Fragenkomplex über die wirtschaftliche und soziale Entwicklung und das Bevölkerungswachstum erklärte die Bundesregierung, daß sie die gegenwärtige Wachstumsrate der Bevölkerung als nicht zufriedenstellend betrachte, weil sie zu niedrig sei. Die gegenwärtige Wachstumsrate der Bevölkerung trage nicht positiv zur wirtschaftlichen und sozialen Entwicklung bei, weil sie nicht eine Bevölkerungsdynamik ermögliche, die ausreicht, um ein gewünschtes Reproduktionsniveau der Bevölkerung zu erreichen. Bezüglich der Rentenleistungen und des Gesundheitswesens für alte Menschen habe die derzeitige Wachstumsrate der Bevölkerung kurz- und mittelfristig keine negativen Auswirkungen, dagegen würden auf längere Sicht durchaus Probleme in verschiedenen Bereichen gesehen. Auf die Frage, welches nach Meinung der Regierungen die angemessenste Reaktion auf den Umstand ist, daß die gegenwärtige Wachstumsrate der Bevölkerung für die soziale und wirtschaftliche Entwicklung hinderlich ist, antwortete die Bundesregierung, daß eine Anpassung der wirtschaftlichen und sozialen Faktoren mit nur geringer mittelbarer Anpassung demographischer Faktoren die angemessenste Reaktion sei. Die Frage, ob die Regierung über eine formulierte Politik verfügt, um Probleme des Bevölkerungswachstums zu lösen, welche wirtschaftlichen und sozialen Faktoren angepaßt werden und wann diese Politik formuliert wurde, antwortete die Bundesregierung mit einem Hinweis auf die bereits zur 2. Befragung genannten und oben zitierten Grundprinzipien staatlicher Bevölkerungspolitik.

Zur Sterblichkeit wurde erklärt, daß die gegenwärtige Höhe der durchschnittlichen Lebenserwartung bei der Geburt annehmbar sei. Es wurde erwartet, daß die Höhe der Lebenserwartung bis 1985 für Männer einen

Wert zwischen 70 und 73 Jahren und für Frauen über 74 Jahren erreicht. Auf die Fragen, ob irgendein Bevölkerungsteil zur Zeit ein Sterblichkeitsniveau aufweist, das unannehmbar ist und ob die Regierung eine formulierte Politik hat, um diese differentielle Sterblichkeit zu reduzieren, antwortete die Bundesregierung folgendes:

„Eine bestimmte Meinungsäußerung ist der Bundesregierung deshalb noch nicht möglich, weil der unbefriedigende Stand der Mütter- und Säuglingssterblichkeit sowie der Sterblichkeit an bösartigen Neubildungen und ischämischen Herzkrankheiten — insbesondere ihr Auftreten in jüngeren Jahrgängen — in ihrer Bedeutung erkannt worden ist und gesundheitspolitische Folgerungen nach sich gezogen haben."

Bei der Fruchtbarkeit verhält es sich ähnlich wie beim Bevölkerungswachstum: Die Bundesregierung hielt die seinerzeitige Rate für nicht zufriedenstellend, weil zu niedrig. Auf dem damaligen Stand der Erkenntnis sah die Bundesregierung jedoch keinen Anlaß zu einer über den Rahmen bestehender gesellschaftspolitischer Maßnahmen hinausgehenden aktiven Politik zur Förderung der Fruchtbarkeit.

Wertet man die Antworten zum Abschnitt über die Bevölkerungsverteilung und die Binnenwanderung aus, so ergibt sich, daß die Bundesregierung gewisse Probleme hinsichtlich der räumlichen Bevölkerungsverteilung sah.

Die Veränderungsraten behindern demnach die Entwicklung sowohl in den städtischen als auch in den ländlichen Regionen. Die Bundesregierung sah die entsprechende Reaktion auf die Entwicklung der Bevölkerungsverteilung sowohl in der Anpassung der Verteilung der wirtschaftlichen und sozialen Aktivitäten als auch in einer mittelbaren Anpassung der Verteilung der Bevölkerung. Die Bundesregierung wolle die Wanderung verlangsamen, und zwar sowohl den Zuzug in die großstädtischen und städtischen Regionen als auch den Fortzug aus den ländlichen Gebieten. Die Bundesregierung nannte eine formulierte Politik, um die Verteilung der wirtschaftlichen und sozialen Aktivitäten zwischen den großstädtischen Regionen und den städtischen und ländlichen Gebieten zu beeinflussen: Es werden insbesondere die Entwicklung der Siedlungsstruktur, der Wirtschaftsstruktur und der Infrastruktur beeinflußt. Dies geschieht im Rahmen der Raumordnungspolitik.

Besondere Bedeutung kommt dem Abschnitt über die internationale Wanderung zu. Dort wurde als erstes folgende Frage gestellt: „Glaubt die Regierung, daß der gegenwärtige Umfang der Einwanderung in positiver Weise zur Erreichung der Ziele der wirtschaftlichen und sozialen Entwicklung beiträgt oder ist sie der Meinung, daß er ihre Erreichung behindert?" Die Bundesregierung hat keine der ersten fünf vorformulierten Antworten angekreuzt, in denen davon ausgegangen wird, daß die gegenwärtige Einwanderung bedeutend ist. Vielmehr hat die Bundesregierung die zusätzlichen Antwortmöglichkeiten wahrgenommen, die lautet „nicht zutreffend, Einwanderung unbedeutend". Sie hat folgende Bemerkung angefügt.

„Am 23. November 1973 hat die Bundesregierung die Einstellung der Vermittlung ausländischer Arbeitnehmer aus dem Ausland (ausgenommen EG-Staatsangehörige) beschlossen. Als Folge dieses Anwerbestopps, der nach dem Jahreswirtschaftsbericht 1976 fortbestehen soll, ist die Cesamtzahl der rund 4 Millionen Ausländer in der Bundesrepublik Deutschland seit 1975 im Sinken begriffen. Was die hier beschäftigten ausländischen Arbeitnehmer und ihre Familienangehörigen angeht, so hat die Bundesregierung im Aktionsplan zur Ausländerbeschäftigung vom 6. Juni 1973 ihre Eingliederung in das gesellschaftliche Leben zum Ziel gesetzt und die Fortsetzung dieser Politik im Jahreswirtschaftsbericht 1976 bestätigt."

Die Tatsache, daß seinerzeit etwa 4 Millionen Ausländer in der Bundesrepublik Deutschland lebten, steht nicht im Widerspruch zu der in der Befragung geäußerten Meinung der Bundesregierung, die Einwanderung in die Bundesrepublik sei unbedeutend, denn sie versteht unter Einwanderung nur einen solchen Zuzug von Ausländern, der mit der Absicht erfolgt, lebenslang in der Bundesrepublik zu bleiben. Der Zuzug von ausländischen Arbeitnehmern wird von der Bundesregierung hingegen als zeitlich begrenzte Arbeitswanderung verstanden, bei der nach einer gewissen Zeitspanne mit einem Wegzug der ausländischen Arbeitnehmer zu rechnen ist. Da die Bundesregierung die Einwanderung als unbedeutend ansah, hat sie die meisten anderen Fragen dieses Abschnittes nicht beantwortet; lediglich bezüglich der Frage nach der Einwanderung von Angehörigen der freien Berufe hat sie folgendes bemerkt: „Die Bundesregierung verfolgt eine Politik, die zum Ziele hat, den in der Bundesrepublik Deutschland ausgebildeten Nachwuchskräften aus Entwicklungsländern eine Rückkehr in die Herkunftsländer und den beruflichen Eingliederungsprozeß zu erleichtern."

Ebenso wie die Einwanderung betrachtete die Bundesregierung auch die Auswanderung als unbedeutend.

4. Aussagen der Parteien vor der Wahl zum 8. Deutschen Bundestag

Insbesondere in Zeiten vor den Bundestagswahlen entwickeln die Parteien besondere programmatische Aktivitäten. Jeweils neu erstellte Wahlprogramme haben gegenüber den grundlegenden Parteiprogrammen bei einer Betrachtung wie der unseren den Vorzug, daß sie unmittelbar die gesellschaftlichen und politischen Bedingungen im Zeitraum vor der Wahl ansprechen, während die eigentlichen Parteiprogramme schon relativ alt sein können; so stammt beispielsweise das Godesberger Programm der SPD aus dem Jahre 1959, also aus einer Zeit, in der Geburten- und Bevölkerungszuwachs verzeichnet werden konnte.

In ihren ,,Leitsätzen zur Familienpolitik" vom Mai 1976 sprach die *CDU* das Problem des starken Geburtenrückganges an und setzte sich zum Ziel, diesen zu überwinden. Die zunehmend negative Einstellung zum Kind habe erheblich dazu beigetragen, daß weniger Kinder geboren werden. Kinderfreundlichkeit müsse wieder selbstverständlich werden. Voraussetzung, um den starken Geburtenrückgang zu überwinden, sei die Verbesserung des Familienlastenausgleichs. Das Kindergeld müsse für das zweite und jedes weitere Kind angehoben und jährlich den steigenden Lebenshaltungskosten angepaßt werden. Die Leistungen des Kindergeldes sollten in Verbindung mit dem Wohngeld und der Ausbildungsförderung so festgelegt werden, daß eine Familie mit ihrem Gesamteinkommen nicht unter die Sozialhilfeschwelle sinkt, weil sie Kinder hat.

Noch deutlicher ging ein Papier eines Arbeitskreises der *CDU/CSU-Fraktion* des Deutschen Bundestages vom August 1976 auf die ,,erschreckenden Perspektiven der Bevölkerungsentwicklung" ein. Es hielt selbst die geringen Annahmen der fünften koordinierten Bevölkerungsvorausschätzung zur Geburtenentwicklung für zu hoch und nannte als Gründe das ständige Absinken des Status der Mehrkindfamilie bis hinein in die obere Mittelschicht, die Auswirkungen der Abtreibungsliberalisierung und die zurückgehenden Heiratsziffern. Die Überlegungen von CDU und CSU liefen darauf hinaus, die Familienhilfen so zu gestalten, daß verheiratete berufstätige Frauen in Kindererziehung und Haushaltsführung wieder eine Alternative zur Erwerbstätigkeit sehen können. Zum finanziellen Umfang der vorgeschlagenen Maßnahmen wurde angenommen, daß geburtenfördernde Maßnahmen angesichts der Tatsache, daß Familien mit Kindern das notwendige Finanzvolumen zur Hälfte selbst über das Steuersystem finanzieren müssen, mit Sicherheit zweistellige Milliarden-Beträge pro Jahr erfordern.

Die *CSU* hat im März 1976 ein neues Grundsatzprogramm beschlossen. In ihm wird ein neuer Stellenwert der Familie, verbunden mit gezielter Familienförderung, gefordert, um den Willen zum Kind zu wecken und zu stärken, denn nur so könne die Familie den Fortbestand unseres Volkes sichern. Angesichts des bedrohlichen Rückgangs der Geburtenrate sei besonderes Augenmerk auf familien- und kinderfreundliche Wohnungen zu legen. Auf lange Sicht sei aus arbeitsmarktpolitischen und entwicklungspolitischen Gründen eine Verringerung der Zahl ausländischer Arbeitnehmer in der Bundesrepublik Deutschland anzustreben.

Diese Äußerungen der CDU und CSU sind — soweit erkennbar — die einzigen vor der Wahl gewesen, die auf die Bevölkerungsentwicklung Bezug nahmen. In den Erklärungen der beiden anderen Parteien vor der Wahl tauchen Begriffe wie ,,Geburtenrückgang", ,,Bevölkerungsentwicklung" oder ,,Bevölkerungspolitik" nicht auf.

Im Sinne der oben gegebenen Definition von ,,Bevölkerungspolitik" soll aber noch kurz auf die familien- und sozialpolitischen Programme aller Parteien in den Bereichen eingegangen werden, in denen man einen gewissen Einfluß auf das generative Verhalten annehmen oder zumindest diskutieren kann.

Eine Reihe von Aspekten wurde in den Programmen aller vier Parteien berührt: So setzten sich alle für bessere familien- und kindgerechte Wohnungen ein, forderten eine familiengerechte Stadtplanung und die Einrichtung oder Verbesserung von Familienberatungsdiensten. Daneben gibt es aber noch eine Reihe von Punkten, in denen sich die Programme der Parteien deutlich unterschieden.

CDU und *CSU* gingen im wesentlichen von dem Konzept aus, es der Mutter junger Kinder zu ermöglichen, aus dem Berufsleben auszuscheiden und sich ganz der Erziehung der Kinder zu widmen. Dem soll vor allem das Erziehungsgeld dienen, das an nicht arbeitende Mütter von Kindern unter drei Jahren gezahlt werden soll. Dieses Erziehungsgeld soll einen solchen finanziellen Umfang erhalten, daß es einen hinreichenden Anreiz zur vorübergehenden Aufgabe des Berufes der Mutter bietet. Parallel zu dieser Ausrichtung der Mutter junger Kinder auf den häuslichen Wirkungskreis ist die Forderung nach der Partnerrente bei der CDU zu sehen. Mit dem Modell der Partnerrente will die CDU die Gleichberechtigung auch in der Sozialversicherung verwirklichen. Für den Ehepartner, der sich der Erziehung der Kinder widmet, sollen zusätzlich Erziehungsjahre rentensteigernd angerechnet werden.

Anders als das Konzept von CDU und CSU ging das der *SPD* davon aus, daß die junge Mutter auch weiterhin zumindest teilweise im Berufsleben steht. Dem entspricht einerseits, daß sich das Kindergeld zwar an den tatsächlichen durchschnittlichen Kosten orientieren soll, jedoch grundsätzlich nicht die vollen Kosten der Kindererziehung ersetzen soll. Auf der anderen Seite wurden auf arbeitsrechtlichem Gebiet einige Forderungen aufgestellt, deren Verwirklichung es den Frauen erleichtern soll, Kindererziehung und Arbeit in Einklang zu bringen. So wurde gefordert, die gesetzlichen Mutterschutzfristen auf 8 Wochen vor der Geburt und 6 Monate nach der Geburt zu erweitern. Durch Veränderungen der Arbeitsbedingungen, insbesondere gleitende Arbeitszeit, Halbtagsarbeitsplätze und solche mit geringerer Wochenstundenzahl soll es den Eltern ermöglicht werden, bessere Voraussetzungen für die Erziehung der Kinder zu erlangen. Außerdem sollten Regelungen eingeführt werden, die es einem Elternteil ermöglichen, für die Dauer von anderthalb bis drei Jahren aus dem Erwerbsleben zur Erziehung eines Neugeborenen auszuscheiden und hinterher wieder ohne Nachteile in den Arbeitsprozeß eingegliedert zu werden. Der Tendenz der SPD, die Frauen nicht gänzlich aus dem Arbeitsprozeß für die Zeit der Erziehung eines Kleinkindes herauszuziehen, entspricht die Forderung nach der Zurverfügungstellung von Kinderkrippenplätzen.

Die familienpolitischen Forderungen der *FDP* bewegten sich auf Gebieten, die nicht zu hohe finanzielle Aufwendungen erfordern. So wurde beispielsweise die Verbesserung der Rechte des Kindes gefordert oder die Einrichtung von Unterhaltskassen, die es alleinstehenden Müttern und Vätern erleichtern, Unterhaltsleistungen einzutreiben. Bezüglich der Frage, ob sich die Mutter kleiner Kinder nur der Erziehung widmen oder auch berufstätig sein soll, ergibt sich aus dem Wahlprogramm der FDP eine doppelte Antwort: Es wurden sowohl die Erweiterung der Teilzeitangebote für Männer und Frauen, als auch der Ausbau der Fort- und Weiterbildungseinrichtungen zur Wiedereingliederung in das Berufsleben nach familienbedingten Berufsunterbrechungen gefordert.

5 Regierungserklärung des Bundeskanzlers vom 16.12.1976 und Aussprache im Deutschen Bundestag hierüber

Nach seiner Wiederwahl zum Bundeskanzler gab Helmut Schmidt am 16. Dezember 1976 vor dem Deutschen Bundestag seine Regierungserklärung ab. Um dies gleich vorweg zu nehmen, in der Regierungserklärung wurden zwar einige Probleme der Bevölkerungsentwicklung dargestellt und geplante bevölkerungsrelevante Maßnahmen erörtert, der Begriff „Bevölkerungspolitik" wurde aber nicht verwendet.

Folgende bevölkerungsrelevante Probleme wurden in der Regierungserklärung angeschnitten: Seit mehr als 10 Jahren sei die Zahl der Geburten rückläufig. Zugleich seien einzelne Altersgruppen sehr unterschiedlich besetzt. Zusammen mit den Spätfolgen der beiden Weltkriege verursache dies erhebliche Schwankungen im Bevölkerungsaufbau. Daraus resultiere, daß 1985 über 2 1/2 Millionen Menschen mehr im erwerbsfähigen Alter stehen werden als heute. Dagegen werde beispielsweise die Zahl der unter 25-jährigen bis 1990 voraussichtlich um beinahe 5 Millionen Menschen abnehmen. Bis 1982 sei mit einer Zunahme der Lehrstellensuchenden und der Schüler in der Oberstufe der Gymnasien zu rechnen. An den Hochschulen werde der voraussichtliche Höhepunkt der Nachfrage erst 1985 oder später erreicht werden. Kurzfristig ergebe sich vor allem auf dem Arbeitsmarkt das Problem, daß zunächst Jahr für Jahr mehr Jugendliche die Schule verlassen und in den Beruf gingen.

In der Regierungserklärung wurden einige Maßnahmen angesprochen, die unmittelbare oder mittelbare Auswirkungen auf die Gestaltung des Kinderwunsches und dessen Realisierung haben könnten. So forderte der Bundeskanzler alle gesellschaftlichen Kräfte auf, dabei mitzuhelfen, daß unser Land kinderfreundlicher werde und daß es die Familien mit Kindern insgesamt auf vielen Feldern leichter haben als bisher. Die Lebensbedingungen hierzulande würden in zunehmender Weise als nicht kinderfreundlich angesehen. Auf finanziellem Gebiet wurde eine Verbesserung des Kindergeldes zum 1. Januar 1978 angestrebt, bei der das Kindergeld für das zweite Kind von 70 auf 80 DM und für das dritte und jedes weitere Kind von 120 auf 150 angehoben werden soll. — Dies ist inzwischen geschehen. —

Voraussetzung für diese Erhöhung des Kindergeldes sei allerdings eine Erhöhung der Mehrwertsteuer zum gleichen Zeitpunkt. — Der Mehrwertsteuersatz wurde zum 1. Januar 1978 von 11 auf 12 % erhöht. — Das Wohngeld sollte zum 1. Januar 1978 angepaßt werden, um insbesondere Bürgern mit niedrigem Einkommen und hoher Mietbelastung, wozu in vielen Fällen eben gerade kinderreiche Familien zu rechnen seien, besser zu unterstützen. — Diese Verbesserung des Wohngeldes wurde vom Bundestag im Sommer 1977 beschlossen und trat am 1. Januar 1978 in Kraft. —

Entscheidend für die Einkommenslage der privaten Haushalte sei heute vielfach, welche staatlichen Geldleistungen sie insgesamt erhalten, also sogenannte "Transferleistungen". Die Bundesregierung wolle eine Transfer-Enquête-Kommission berufen, die den Einfluß staatlicher Transfereinkommen auf die insgesamt verfügbaren Einkommen verschiedener Haushalte ermitteln soll. Dabei sollen insbesondere die unkoordinierten Einkommensgrenzen in verschiedenen Gesetzen beachtet werden und Vorschläge zu einer besseren Abstimmung gemacht werden.

Auf dem Arbeitsmarkt müßten mehr Teilzeitarbeitsplätze, insbesondere für die Frauen, angeboten werden. Dies würde zugleich fühlbar zur Entlastung des Arbeitsmarktes beitragen. Die Bundesregierung wolle zusammen mit den Ländern prüfen, welche Möglichkeiten sich hierfür im öffentlichen Dienst bieten und zugleich bat sie die Tarifpartner, von sich aus das gleiche zu tun.

Zur Frage der ausländischen Arbeitnehmer und ihrer Familien in der Bundesrepublik stellte der Bundeskanzler fest, daß ihre Lage vielfach unbefriedigend sei. Er wies auf die ungefähr 4 Millionen Ausländer in der Bundesrepublik Deutschland hin, die häufig in sehr starker Konzentration lebten. Der Anwerbestopp und die Lage am Arbeitsmarkt hätten den Zustrom begrenzt. Die Bundesregierung werde den Anwerbestopp beibehalten und sie werde keiner Ausdehnung der Freizügigkeit etwa im Rahmen von Assoziierungsverhandlungen zwischen der EG und weiteren Drittstaaten zustimmen.

In der Aussprache des Deutschen Bundestages über die Erklärung der Bundesregierung betonte der Abgeordnete Dr. Kohl (CDU/CSU), wenn die Bundesrepublik Deutschland die niedrigste Geburtenrate in der ganzen Welt habe, dann sei dies doch auch die Konsequenz einer falschen Familienpolitik in den letzten Jahren.

Der Abgeordnete Brandt (SPD) entgegnete ihm, es sei irreführend, den Rückgang der Kinderzahl mit der Politik der SPD in Verbindung zu bringen. Die SPD habe erst ab 1966 in der Großen Koalition und ab 1969 gemeinsam mit der FDP Regierungsverantwortung getragen, der Geburtenrückgang habe aber bereits 1964 eingesetzt.

6. Kleine Anfrage der Fraktion der CDU/CSU zur langfristigen Bevölkerungsentwicklung

Der bisher bedeutendste bevölkerungsrelevante parlamentarische Vorgang in der neuen Legislaturperiode war die Kleine Anfrage der Fraktion der CDU/CSU vom 25. 5. 1977 zur langfristigen Bevölkerungsentwicklung und die Antwort der Bundesregierung vom 24. 6. 1977.

Die CDU/CSU-Fraktion wies in der Einleitung zu ihrer Kleinen Anfrage auf die sich aus einer Überalterung der Bevölkerung ergebenden Probleme und auf den Umstand hin, daß die der 5. Koordinierten Bevölkerungsvorausschätzung zugrundegelegten Annahmen zur Geburtenentwicklung bereits unterschritten seien. Angesichts dieser Situation wachse in der Öffentlichkeit die Besorgnis über die Entwicklung u. a. des sozialen Sicherungssystems und des Gesundheitswesens, des Wirtschaftswachstums, der langfristigen Erhaltung der Verteidigungskraft und in besonderem Maße der bereits heute unterentwickelten ländlichen Räume, aus denen eine Abwanderung in die Ballungsräume zu befürchten sei.

Die CDU/CSU-Fraktion hat sodann 12 Fragen gestellt, die man in vier Gruppen aufteilen kann. Im Beitrag von Höhn werden Fragen zur gegenwärtigen und zur zukünftigen Bevölkerungsentwicklung, wie sie sich aus Modellrechnungen ergibt, und Fragen in verschiedenen gesellschaftlichen Teilbereichen unter Zugrundelegung dieser Modellrechnung behandelt.

Hier soll eine Beschränkung auf die Fragen nach bevölkerungsrelevanten Maßnahmen und nach der politischen Einschätzung erfolgen.

Hinsichtlich der Verhältnisse auf dem Arbeitsmarkt ist nach Meinung der Bundesregierung beim gegenwärtigen Erkenntnisstand auch langfristig keine Notwendigkeit für eine Zuwanderungspolitik gegeben.

Auf die Frage nach der Verstärkung oder Einführung einer Reihe von finanziellen und sonstigen Hilfen für Familien und Kinder antwortete die Bundesregierung, daß es eine schwer zu beantwortende Frage sei, inwieweit mit Hilfe solcher Maßnahmen im Einzelfall das generative Verhalten, das ausschließlich auf der freien und eigenverantwortlichen Entscheidung jedes Bürgers beruhe, tatsächlich beeinflußt werden könne.

Speziell zum Erziehungsgeld teilte die Regierung mit, daß ein monatlicher Betrag von 300,— DM, den ein früherer Gesetzentwurf der CDU/CSU-Fraktion vorgesehen habe, nach den Ergebnissen einer Repräsentativ-Erhebung von den Betroffenen als nicht ausreichend angesehen werde, um den damit verfolgten Zweck zu erreichen.

Die abschließende Frage und ihre Beantwortung geben die grundsätzlichen Einstellungen der Opposition und der Regierung zur Bevölkerungsentwicklung wieder. Sie sollen daher wörtlich zitiert werden:

Frage 12 der CDU/CSU-Fraktion

„Teilt die Bundesregierung grundsätzlich unsere Auffassung, daß die sich zur Zeit abzeichnende Entwicklung der deutschen Bevölkerung Anlaß zu größten Besorgnissen nicht nur im Hinblick auf Wachstum, Beschäftigung und Gewährleistung unseres Systems der sozialen Sicherung, sondern den weiteren Weg der Bundesrepublik Deutschland und die langfristige Wahrnehmung ihrer nationalen und übernationalen Aufgaben gibt?

Ist sie bereit, aus der sich abzeichnenden Entwicklung die notwendigen Konsequenzen zu ziehen und eine Prioritätenverlagerung im Sozialbudget zugunsten der Familien und zur Verbesserung der Lebens- und Zukunftschancen der Kinder und Jugendlichen einzuleiten?"

Hierzu die Antwort der Bundesregierung:

„Die Bundesregierung ist nicht der Auffassung, daß „die sich zur Zeit abzeichnende Entwicklung der deutschen Bevölkerung Anlaß zu größten Besorgnissen" gibt. Sie vertritt den Standpunkt, daß keinesfalls übereilte Maßnahmen angebracht sind. Bevor z. B. erhebliche finanzielle Aufwendungen in Verbindung mit der Bevölkerungssituation gemacht werden, gilt es, sorgfältig zu prüfen, ob die davon erhofften Wirkungen nach wissenschaftlichen Erkenntnissen überhaupt wahrscheinlich sind. Die Bundesregierung wird auch Sorge dafür tragen, daß die in der Vorbemerkung zur Antwort auf die vorliegende Kleine Anfrage aufgezeigten Unsicherheiten in der Beurteilung der Ursachen und Auswirkungen von Änderungen des generativen Verhaltens gründlich erforscht werden. Sie wird dabei die Erfahrungen der übrigen europäischen und außereuropäischen Industriestaaten mit ähnlichen Entwicklungen auswerten.

Wie aus der Beantwortung der vorangegangenen Fragen hervorgeht, verkennt die Bundesregierung nicht, daß sich aus der derzeitigen Bevölkerungsentwicklung und den Änderungen in der Bevölkerungsstruktur Anpassungsprobleme in Teilbereichen ergeben können. Zur Lösung dieser Anpassungsprobleme und möglicher weitreichender Konsequenzen wird die Bundesregierung auf die tatkräftige Mithilfe aller Verwaltungsträger, vor allem auch in den Ländern und Gemeinden, angewiesen sein."

7. Neueste bevölkerungsrelevante Aussagen der Parteien

Führende Persönlichkeiten von *CDU* und *CSU* sowie Untergruppierungen und Kongresse dieser beiden Parteien haben seit der Beantwortung der Kleinen Anfrage wiederholt unter Hinweis auf diese Modellrechnungen auf die Problematik des Bevölkerungsrückgangs hingewiesen und gefordert, durch eine Verstärkung familienpolitischer Maßnahmen den Geburtenrückgang zu überwinden.

Auf ihrem Parteitag in Hamburg im November 1977 hat die *SPD* auch Beschlüsse zur Familienpolitik gefaßt. In ihnen werden die bereits vor der Bundestagswahl erhobenen familienpolitischen Forderungen wiederholt. Darüber hinaus werden auch bevölkerungsrelevante Aussagen gemacht:

Kinder zu haben, sei persönliche Entscheidung und allgemeines Interesse. Um sich erneuern zu können, brauche die Gesellschaft Nachwuchs. Die wirtschaftliche Position einer Gesellschaft werde heute nicht in erster Linie von der Quantität der Bevölkerung, sondern von der Qualität ihrer Talente und Ressourcen sowie von ihrer sozialen Verfassung bestimmt. Das bedeute für ein Land auf dem Entwicklungsstand der Bundesrepublik Deutschland, daß nicht unbedingt ein Geburtenüberschuß bestehen müsse.

8. Regierungserklärung vom 19. 1. 1978

Am 19. Januar 1978 gab der Bundeskanzler vor dem Deutschen Bundestag eine Regierungserklärung ab, in der einer von 30 Abschnitten der „Demographischen Entwicklung" gewidmet war.

Der Bundeskanzler führte aus, die Veränderung in der Zahl und in der Alterszusammensetzung unserer Bevölkerung werde weit über die Studienplätze, weit über die Ausbildungsplätze hinaus die politischen Beschlüsse über viele Jahre hinweg nachhaltig beeinflussen.

Bis zum Jahre 1974 sei unsere Wohnbevölkerung gewachsen. Seit 1974 nehme sie alljährlich um etwa 200 000 Personen ab. Das bedeute zum Beispiel, daß der Bedarf an Kindergartenplätzen oder an Krankenhausbetten kleiner werde. An einigen Orten gebe es schon zu viele davon. Aber es bedeute auch Konsequenzen für Arbeitsplätze und Ausbildungsplätze.

Für einige Jahre müßten wir der geburtenstarken Jahrgänge aus den 60er Jahren wegen mehr junge Leute ausbilden als früher. Danach würden dann die ausgebildeten jungen Arbeitnehmer nach mehr Arbeitsplätzen verlangen. Wenig später werde aber dieser Lehrlingsnachwuchs schon wieder zurückgehen, weil dann die geburtenschwachen Jahrgänge folgen.

In den Jahren bis 1990 werde die Zahl derjenigen, die älter als 15 Jahre und jünger als 65 sind, also die Schicht der erwerbsfähigen Jahrgänge, um rund 1 1/2 Millionen Menschen ansteigen. Von einer Gesamtbevölkerung von dann knapp 56 Millionen, wie heute geschätzt werde, stünden dann rund 39 Millionen im erwerbsfähigen Alter. Erst danach werde die Zahl der Erwerbsfähigen wiederum sinken.

Daraus würden sich folgende politischen Nutzanwendungen ergeben:

„zum ersten: Heute Ausbildungsplätze und noch einmal Ausbildungsplätze schaffen,

zum zweiten: Weitsicht über diese Zeiträume, die ich andeutete, bei allen dauerhaft wirksamen Strukturänderungen in unserer Gesellschaft,

zum dritten: Wir können den gegenläufigen Entwicklungen und diesen ständigen Schwankungen im Altersaufbau unseres Volkes nur dann gerecht werden, wenn wir in Wirtschaft und Staat genug Flexibilität und genug Anpassungsfähigkeit erhalten, damit das Gesamtsystem der sozialen Sicherung stabil bleiben kann."

9. Schluß

Versucht man abschließend, die Aussagen der Bundesregierung und der Parteien zur demographischen Lage zusammenzufassen, so ist nicht zu übersehen, daß sich den Oppositionsparteien die aus dem Geburten- und Bevölkerungsrückgang ergebenden Probleme als schwerwiegender und dringlicher darstellen als der Bundesregierung und den sie tragenden Parteien.

Allerdings sind viele der von der Opposition vorgeschlagenen Maßnahmen zur positiven Beeinflussung der Geburtenentwicklung sehr kostspielig, so daß es zumindest kurzfristig schwierig ist, sie zu finanzieren, außerdem bleibt die Frage offen, ob sie tatsächlich im erhofften Sinne nachhaltig wirken.

Quellen:

Bundestag

Bevölkerungsrelevantes in der Regierungserklärung des Bundeskanzlers, abgegeben vor dem Deutschen Bundestag am 16. Dezember 1976. In: Zeitschrift für Bevölkerungswissenschaft, 4/1976, S. 114—117

Bevölkerungsrelevantes in der Aussprache des Deutschen Bundestags über die Erklärung der Bundesregierung am 17. Dezember 1976. In: Zeitschrift für Bevölkerungswissenschaft, 4/1976, S. 117 f.

Erklärung der Bundesregierung. Abgegeben von Bundeskanzler Helmut Schmidt vor dem Deutschen Bundestag am 19. Januar 1978. In: Bulletin, Presse- und Informationsamt der Bundesregierung, 7/1978, S. 57 ff.

Kleine Anfrage der Abgeordneten... und der Fraktion der CDU/CSU (Drucksache 8/478 vom 25. 5. 1977) zur langfristigen Bevölkerungsentwicklung und Antwort der Bundesregierung (Drucksache 8/860 vom 24. 6. 1977). In: Zeitschrift für Bevölkerungswissenschaft, 1/1977, S. 75—86

Bundesregierung
(siehe auch unter Bundestag)

Bevölkerungswachstum und Entwicklung in der Bundesrepublik Deutschland, Schriftenreihe des Bundesministeriums des Innern, Bd. 3, Stuttgart, 1973

Bevölkerungspolitik im Zusammenhang mit der Entwicklung 1976 (Dritte Untersuchung der Vereinten Nationen über Bevölkerungsfragen in den Mitgliedsländern). In: Zeitschrift für Bevölkerungswissenschaft, 2/1976, S. 95—130

CDU

(siehe auch unter Bundestag und CDU/CSU)

CDU, Zum Thema: Familienpolitik, Leitsätze zur Familienpolitik, Bonn, 1976

CSU

(siehe auch unter Bundestag und CDU/CSU)

Grundsatzprogramm der Christlich Sozialen Union, München 1976

CDU/CSU

(siehe auch unter Bundestag, CDU und CSU)

Das Wahlprogramm der CDU und CSU 1976, Bonn 1976

CDU/CSU-Fraktion des Deutschen Bundestages, Arbeitskreis IV, Sozial- und Gesellschaftspolitik: Bevölkerungspolitik (gpi-A 22/76), Bonn, 1976

FDP

Wahlprogramm, verabschiedet vom Wahlkongreß 1976 (a. o. Bundesparteitag) der FDP in Freiburg am 31. Mai 1976, Bonn, 1976

SPD

(siehe auch unter Bundestag)

SPD, Materialien. Familienpolitik der SPD. Zweiter Entwurf vorgelegt vom Familienpolitischen Ausschuß der SPD. Bonn, 1975

SPD, Dokumente: Familie. Parteitag Hamburg 15.—19. November 1977. Beschlüsse zur Familienpolitik. Bonn, 1977